媒体融合背景下
中国广播电视媒体管理会计应用研究

杨国瑞　周　霖　高华中　著
付念桃　刘佳庆　梁海根

·北京·

图书在版编目（CIP）数据

媒体融合背景下中国广播电视媒体管理会计应用研究 / 杨国瑞等著. —北京：科学技术文献出版社，2019.12
ISBN 978-7-5189-6386-7

Ⅰ.①媒 Ⅱ.①杨… Ⅲ.①广播电视—传播媒介—管理会计—研究—中国 Ⅳ.① G229.2

中国版本图书馆 CIP 数据核字（2019）第 293544 号

媒体融合背景下中国广播电视媒体管理会计应用研究

策划编辑：郝迎聪　　责任编辑：郝迎聪　　责任校对：文　浩　　责任出版：张志平

出　版　者	科学技术文献出版社
地　　　址	北京市复兴路15号　邮编 100038
编　务　部	（010）58882938，58882087（传真）
发　行　部	（010）58882868，58882870（传真）
邮　购　部	（010）58882873
官方网址	www.stdp.com.cn
发　行　者	科学技术文献出版社发行　全国各地新华书店经销
印　刷　者	北京虎彩文化传播有限公司
版　　　次	2019年12月第1版　2019年12月第1次印刷
开　　　本	710×1000　1/16
字　　　数	274千
印　　　张	20
书　　　号	ISBN 978-7-5189-6386-7
定　　　价	88.00元

版权所有　违法必究

购买本社图书，凡字迹不清、缺页、倒页、脱页者，本社发行部负责调换如果你不去自己探索生命的秘密，它就将毫无意义。

——毛姆

前　言

　　随着广播电视的快速发展特别是媒体融合给广播电视行业带来的巨大影响，广播电视媒体面临着巨大的生存和发展挑战。如何深化、优化广播电视财务管理方式、方法和效能，更好地服务于广播电视媒体融合发展，是新时代对广播电视财务管理提出的新要求。本书以管理会计基本理念和方法为基础，探讨管理会计与广播电视业务的有机结合，以期为广播电视媒体在加强媒体治理，强化内部控制，实现科学决策，提高社会和经济效益方面提供必要的理论与方法支撑，为促进广播电视媒体融合的快速发展发挥更大的作用。

　　本书对广播电视媒体融合和管理会计研究文献进行了梳理，分析了我国广播电视体制机制和行业特点，提出了媒体融合对广播电视产业和广播电视财务管理带来的深刻影响，分析了广播电视媒体发展战略，围绕现实管理中存在的主要问题，从预算管理、成本管理、内部控制、投融资管理、项目管理和管理会计报告等方面，总结剖析了媒体融合背景下广播电视财务管理的主要影响，提出了应对媒体融合的广播电视管理会计应用框架。本书从媒体融合背景下对广播电视生存发展的新要求和预算管理特点出发，提出引入管理会计思维和方法，改革预算管理制度，推行全面预算管理，实施全要素、全过程、全员预算管理。其中，全要素预算管理提出要改变传统预算管理仅指财务预算管理的限制，从业务预算出发，确定资源预算，综合形成财务预算，并延伸至专门决策预算、融资预算等预算；全过程管理强调广播电视媒体预算管理要贯彻预算编制、执行、分析和考评的整个过程；全员预算管理提出要由管理、财务、节目、经营、技术、人事等各方面、各层级人员全员参与。本书归纳了广播电视成本管理的内涵和特点，分析了媒体融合背景下广播电视成本管理的主要特点和媒体融合时代对广播电视成本管理带来的革命性影响，提出媒体融合打破了广播电视的行业垄断，加剧了广播电视行业的市场竞争，推动了广播电视行业的产业转型，广播电视应当坚持社会效益与经济效益并举，广播电视行业产业经营的多元化发展促进成本管理水平的提高的观点，从成本预算、成本核算、成本控制、成本分析和成本考核等角度，提出了深化成本管理在广播电视媒体中的具体应用。本书介绍了内部控制的概念、目的及建立和实施内部控制应该遵循的原则，从单位层面的内部控制和业务层面的内部控制两个角度分析了媒体融合下广播电视内部控制的主要内容，其中，单位层面的内部控制主要包括机构设置、建立科学合理的内部决策体系、建立健全内部管理规章制度等；业务层面的内部控制主要包括预算业务内部控制、收支业务内部控制、政府采购业务控制、资产控制、建设项目控制、合同控制等。本书以广告收入为研究案例，从解析广告收入的风险点入手，分别从单位层面和业务层面剖析内部控制在广播电视行业具体业务上的应用。通过两则案例，深入剖析了内部控制制度在广电业务层面的主要风险点和行业风险特征，指明了广播电视媒体内部控制体系建设的控制点。本书阐述了以资本运作和市场化手段实现广电媒体的转型升级的必要性，对广播电视投融资战略与管理、投融资决策原则、方式方法、操作程序和实施步骤，以及广电媒体投融资机制、平台和体系建设方案，结合案例作了详细介绍，并提出媒体融合新背景下的理论前沿观点。本书阐释了广播电视项目管理的基本理念、要素内涵、管理特点，从广播电视媒体的项目设置、预算管理、绩效管理、采购管理、成本管理、风险管理等角度，阐述管理会计的应用，并结合融媒体云平台项目案例，对构建符合广播电视项目特点、规律的项目管理要素体系、知识体系和流程管理体系提出了思考。本书提出，广播电视媒体应以项目库为载体实现项目的全周期滚动管理，做到"决策未来、监控过程、考评结果"，并涵盖项目目标设置、项目预算编制、实施过程监控及结果考评分析等环节。本书对广播电视媒体的管理会计报告的主体、目标和作用及运行机制进行了阐述，分析了管理会计报告的设计原则、设计思路及在实践中存在的问题,描述了管理会计报告的分类及主要内容,以及融媒体背景下广播电视媒体管理会计报告在实践中的探索。由于事业单位管理会计报告体系建设目前尚处于探索阶段,本书主要结合近几年广播电视媒体在战略管理、预算管理、成本核算、内部控制、投融资管理、项目管理等方面所做的一些探索工作,提出融媒体背景下广播电视媒体管理会计报告的应用框架。根据管理会计的职能和管理会计的内容及广播电视媒体的有益实践,在应用层面,将广播电视管理会计报告分为全面预算报告体系、成本管理报告体系、项目管理报告体系和专项分析报告体系等。

本书编写组成员主要有:杨国瑞、周霖、付念桃、高华中、刘佳庆、梁海根等。其中:杨国瑞主要负责第一章、第二章(部分)、第三章和全书的编汇审校等工作;周霖主要负责第二章(部分)、第四章和书稿审校等工作;高华中主要负责第五章、第六章;刘佳庆、梁海根主要负责第七章;付念桃主要负责第八章、第九章;梁海根对本书相关章节内容做了一定的补充。

由于时间、水平和能力所限,本书的不妥当和不准确之处,敬请读者批评指正。

目 录

第一章 概述 ·· 1
    第一节 研究问题与意义 ·· 2
    第二节 研究方法和技术路线 ·· 6
    第三节 结构安排与主要内容 ·· 7

第二章 媒体融合对广播电视的影响 ·· 10
    第一节 广播电视概述 ·· 10
    第二节 媒体融合对广播电视的影响 ···································· 13
    第三节 我国的广播电视管理会计发展 ·································· 16
    第四节 媒体融合对广播电视媒体管理会计的影响 ························ 24
    第五节 小结 ·· 30

第三章 广播电视媒体发展战略构建 ·· 31
    第一节 广播电视媒体发展环境分析 ···································· 31
    第二节 广播电视媒体发展战略 ·· 36
    第三节 广播电视媒体管理会计体系构建的思路 ·························· 39
    第四节 小结 ·· 45

第四章 广播电视预算管理 ·· 46
    第一节 广播电视预算管理概述 ·· 46

第二节　媒体融合对广播电视预算管理的影响……57
第三节　广播电视全面预算管理的主要思路……59
第四节　广播电视预算管理方案框架……63
第五节　小结……97

第五章　广播电视成本管理……98
　　第一节　广播电视成本管理概述……98
　　第二节　媒体融合对广播电视成本管理的影响……100
　　第三节　广播电视成本管理内容框架……102
　　第四节　广播电视成本核算方案框架……110
　　第五节　广播电视成本核算案例介绍……118
　　第六节　小结……121

第六章　广播电视内部控制……122
　　第一节　内部控制概述……122
　　第二节　广播电视内部控制方案框架……126
　　第三节　广播电视广告收入内部控制管理方案框架……146
　　第四节　广播电视内部控制案例分析……154
　　第五节　小结……155

第七章　广播电视媒体投融资管理……157
　　第一节　广播电视产业投融资管理概述……157
　　第二节　媒体融合背景下的广播电视投融资管理……164
　　第三节　广播电视产业投融资管理方案……173
　　第四节　广播电视投融资管理案例分析……188
　　第五节　小结……194

第八章　广播电视项目管理 ·· 195
第一节　广播电视项目管理概述 ·· 195
第二节　媒体融合发展背景下广播电视项目管理要素
　　　　　及运行机制 ·· 200
第三节　广播电视项目管理方案框架 ·································· 205
第四节　项目管理的案例分析——融媒体云平台项目建设 ········ 222
第五节　小结 ·· 235

第九章　广播电视管理会计报告 ·· 236
第一节　广播电视管理会计报告概述 ·································· 236
第二节　广播电视管理会计报告设计思路 ···························· 239
第三节　广播电视管理会计报告方案框架 ···························· 248
第四节　广播电视管理会计报告应用 ·································· 256
第五节　小结 ·· 262

附　录 ··· 263
附录 A ·· 263
附录 B ·· 270
附录 C ·· 278
附录 D ·· 284
附录 E ·· 287

参考文献 ·· 297

后　序 ··· 303

第一章 概述

近年来,广播电视事业产业发展迅速,取得了巨大的成绩。根据国家广播电视总局发布的有关统计数据,截至 2018 年年底,全国广播综合人口覆盖率为 98.94%,电视综合人口覆盖率为 99.25%,比 2017 年分别提高了 0.23 和 0.18 个百分点;全国有线广播电视覆盖用户数达 3.46 亿户,比 2017 年增加 0.10 亿户,其中数字电视覆盖用户数达 3.23 亿户;全国广播节目制作时间 801.76 万小时,比 2017 年增加 12.93 万小时,同比增长 1.64%;全国电视节目制作时间为 357.74 万小时,比 2017 年减少 7.44 万小时,同比下降 2.04%;全国广播电视服务业总收入为 6952.14 亿元,比 2017 年增加 881.93 亿元,同比增长 14.53%[①]。与广播电视事业产业快速发展相比,一些广播电视媒体财务管理手段单一、管理方式简单,特别是管理会计的研究和应用相对弱化,越来越不适应广播电视事业产业发展。特别是随着新媒体的飞速发展,互联网广告收入历史性地超过传统广播电视,越来越多的人将眼球从电视机屏幕转向了手机、IPAD 等移动终端,继报刊等纸质媒体之后,广播电视媒体也快速步入发展转型期、改革深化期和融合深水期,在这种情况下,如何运用管理会计学工具,进一步加强和改进广播电视管理会计工作,更好地助力广播电视事业产业度过漫漫寒冬,化挑战为机遇,早日完成弯道超车,是时代赋予广播电视财务管理人员的巨大课题。

---

① 2018 年全国广播电视行业统计公报.http://www.nrta.gov.cn/art/2019/4/23/art_113_42604.html.

第一节 研究问题与意义

一、研究问题

媒体融合是指随着互联网等信息技术的发展，媒体显现的集多种功能于一体的发展趋势，既包括不同的媒体形态上的"融合"，由物理反应过渡到化学反应，形成一种全新的媒体，也涵盖外延功能、传输覆盖手段、内部组织结构等所有媒体要素的聚合。当下由产业融合引发的产业结构体系调整正在全球范围内广泛展开，广播电视与新媒体产业融合是媒体融合的重要组成部分，在数字技术、网络技术、移动技术快速发展的推动下，广播电视已进入全球媒体融合大潮，各级广播电视媒体充分利用其平台和资源优势，探索建立融合型指挥调度系统，推进台网节目一体谋划、采编和运转，一大批广电媒体的微信、微博、客户端、网站建设纷纷搭建，广播电视与新媒体在业务形态上已基本实现融合。目前，我国的广播电视发展非常迅猛，加上三网融合、传统媒体与新媒体加速融合、制播分离改革等的推进，广播电视业态更加复杂，广播电视融合发展的规模性、一体性和协同性尚未实现。反观新媒体集团，经过多年的发展，以阿里巴巴、腾讯、百度这些互联网巨头为代表，无论从资金、用户、技术还是市场数据资源层面，都明显优于广播电视媒体集团，形成了反向收购传统媒体的浪潮趋势。可以说，受广播电视媒体管理体制和融合治理理念等因素影响，一些广播电视媒体财务管理战略筹划滞后，财务管理机制弱化、财务管理手段单一，未能很好地助力于广播电视媒体融合发展。

2014年，财政部提出关于全面推进管理会计体系建设的指导意见，是贯彻落实中央关于全面提高治国理政能力的重要措施，有利于推进国家治理体系和治理能力现代化，抓住了中国会计改革的关键所在。一直以来，我们的会计体系建设是以外部为主，服务内部决策管理功能被弱化。管理会计的主要特点就是充分利用信息服务于管理和决策，加强财政财务管理可以借鉴其管理理念，在规则制定、环节衔接等方面，提高政府管理效能。有利于推动优化管理，提高竞争力和提高自身价值，进而推进经济转型升级。对于行政事业单位来讲，财务管理的定位是围绕中心服务大局，核心是实现财政资金使用效益的最大化，努力为公共资金安上"防盗门""安全锁"，手段是精细化管理，包括利用绩效管理、内部控制规范、管理会计、权责发生制的政府综合财务报告等手段，实现行政事业单位的社会效益和经济效益的最大化。当前的管理会计实践仍处在自发状态，整体应用水平还不理想。通过管理会计来推进预算绩效管理，加强成本核算，深化内部管理，建立单位法人治理结构，已经成为行政事业单位一种内在要求。

2019年，行政事业单位全面施行《政府会计制度——行政事业单位会计科目和报表》（财会〔2017〕25号，简称《政府会计制度》），推行财务会计与预算会计适度分离并相互衔接的新会计核算模式，在会计理念、核算基础、会计处理方式和报告披露等方面进行了深层变革，"双功能、双基础、双报告"的会计核算模式为建设全方位、全过程、全覆盖的全面预算绩效管理体系打下了坚实基础，将极大提升政府行政事业单位治理水平。广播电视媒体施行政府会计准则和制度后，财务会计基于权责发生制核算，预算会计基于收付实现制核算，双轨并行核算后形成财务报告和决算报告，全面清晰反映单位财务状况、运行情况（含运行成本）和现金流量等财务信息，准确反映预算收支执行信息和绩效情况，有助于广播电视媒体的决策层通过阅读财务报告做出科学决策，进行监督管理，促进广播电视媒体各层级管理者转变管理理念，加快推进业务财务一体化进程，优化业务流程，提升运营管理效益，提升内部治理水平，在与新兴媒体的竞争中，先行解决好内部管理问题，理顺运行机制，全方位推进内容、渠道、技术、平台、经营、管理等方面的深度融合，着力建设具有核心竞争力的新型主流媒体。广播电视媒体在抓融合的同时抓好管理，借助于政府会计核算体系、管理会计的理念和方法，加强节目（项目）成本、运营成本、战略成本管理，推进管理会计在预算管理、内部控制和绩效评价等方面的应用，提高管理效能，加强单位治理，提高财政财务管理水平和资金使用效益，从根本上解决长期困扰广播电视财务管理者的战略筹划滞后，财务信息不全面不充分，不能如实反映"家底"，不能全面反映单位运行成本，不能客观考评运营绩效，传统的财务管理机制和管理手段难以适应媒体融合发展新形势等现实问题，更好地服务于广播电视媒体融合发展。

因此，在当前媒体融合的背景下，在广播电视媒体推进政府会计实施，建立现代财务管理体系之时，加强广播电视管理会计应用研究意义尤为重要。这与新时代中国特色政府会计与公共治理体系的构建密切相关。一般来讲，政府会计体系维度由一维会计（预算会计）、二维会计（财务会计和预算会计）、三维会计（预算会计、财务会计和成本会计）、四维会计（预算会计、财务会计、成本会计和管理会计）构成，本书拟从管理会计的视角，结合媒体融合对广播电视带来的深度影响，系统研究广播电视媒体如何运用管理会计思维、方法和工具，推动预算管理、内部控制、成本管理、投融资管理、项目管理等工作深入发展，以更好地发挥财务管理在广播电视媒体融合进程中的重要作用。本书所称广播电视媒体，包括各级广播电视行政主管部门举办的广播电台、电视台、广播电视台、广播电视总台、广播电视集团等。

二、研究意义

从学术价值和应用价值角度，本书研究具备一定的意义。当然，受研究精力和能力所限，还存在着许多不足，这也是下一步的研究和努力方向。

（一）学术价值

学术价值上，构建了广播电视管理会计主体应用框架。从预算管理、成本管理、内部控制、投融资管理、项目管理和管理会计报告等维度，全面分析了广播电视行业相关管理内容的内涵、特点和管理会计应用框架，力图为更加科学地、系统地评判广播电视管理会计工作提供分析依据，也为更好地推进广播电视财务管理工作提供借鉴。

（二）应用价值

应用价值上，提出了媒体融合背景下广播电视管理会计应对方案和重点。媒体融合对广播电视的体制机制创新、经营管理创新提出了新的要求，本书围绕体制机制创新和经营管理创新所急需的预算管理、成本管理、内部控制、投融资管理、项目管理、管理会计报告等方面，系统提出管理会计的具体应用，为广播电视媒体深入推进与新媒体产业融合发展、创新财务管理提供参考。本书力图通过借鉴管理会计理论和工具实现有所创新，主要创新内容见表 1-1。

表 1-1　广播电视媒体融合财务管理研究创新点和管理会计应用

项目	创新内容	管理会计工具应用
预算管理	（1）提出了媒体融合背景下广播电视预算管理调整思路；（2）提出了媒体融合背景下广播电视全面预算管理的方法和工具；（3）建立了广播电视媒体全面预算管理报表框架	（1）全过程预算管理方法：预算编制、预算执行、预算分析、预算报告、预算考核；（2）全员预算管理方法：明确了广播电视媒体预算管理的机构和机制；（3）全要素预算管理方法：业务预算、专门决策预算、资源预算、财务预算、融资预算
成本核算	（1）提出了以内部转移价格为主要方法的广播电视节目制作成本核算体系；（2）构建了符合广播电视节目制作生产规律的成本管理方案	（1）成本预算方法：成本定额法；（2）成本控制方法：成本预算目标控制法；（3）成本分析方法：比较法、结构分析法、动态分析法；（4）成本考核方法：投入产出法；（5）成本核算方法：内部转移价格法
内部控制	（1）从单位层面和业务层面提出了广播电视媒体的内部控制方法；（2）提出了广告收入内部控制方案	不相容岗位相互分离、内部授权审批控制、归口管理、预算控制、财产保护控制、会计控制、单据控制、信息内部公开等
投融资管理	（1）提出了广播电视媒体的产业经营问题，媒体与资本结合的必要性；（2）提出了投融资管理方案及实施步骤	贴现现金流量法、情景分析法、约束资源优化法、项目管理等
项目管理	（1）提出了项目信息系统平台建设的思路；（2）初步提出了项目绩效评价通用和专用指标体系	（1）项目库；（2）绩效管理；（3）绩效评价指标；（4）成本效益法等
管理会计报告	（1）提出了符合广播电视媒体特点的管理会计报告总体设计思路；（2）明确了广播电视媒体管理会计系统平台建设涵盖内容；（3）提出了广播电视管理会计报告的框架体系	图表法、体例法等

鉴于时间和精力所限,本书还有许多不足之处需要进一步深入研究,这也将是作者今后关注、拓展和努力的方向:一是管理会计工具应用还不够,对当前的一些研究热点如区块链技术等,研究借鉴得还不够;缺少更多实际应用的表格、程序、公式、数学模型等表现形式。二是研究范畴还很不够,缺乏对资产管理及管理会计中管理功能等方面的研究。三是创新性还有待进一步加强,如在管理会计报表等方面,还有很多内容亟待进一步补充完善。今后,我们将进一步丰富管理会计工具应用,将管理会计应用指引中的相关工具进一步充实到研究内容中;进一步拓展本书的研究范畴,将资产管理等内容纳入研究的领域;进一步补充本书研究的有关内容,细化管理会计报表体系,补充有关研究案例等。

第二节 研究方法和技术路线

一、研究方法

本书在研究中主要采取了案例研究法、文献研究法等方法:

(一)案例研究法

案例研究法是经济学和管理学研究的主要方法,结合实际,以典型案例为素材,并通过具体分析、解剖,促使人们进入特定的情景和过程,建立真实的案例体验和寻求解决问题方案的方法。本书运用案例研究的方法,在内部控制的有关内容中,分析了广告收入内部控制的具体应用;在投融资管理中分析了广电行业多个应用案例;在项目管理的有关内容中,分析了广播云平台项目建设的有关情况等,进一步诠释项目管理应用管理会计的具体内容和方式方法。

(二)文献研究法

文献研究法是基本的研究方法。本书通过国家图书馆、中国知网等的期刊、资料和电子资源,广泛收集国内外关于广播电视融合和管理会计发展等相关的论文、期刊和书籍,对已有的文献进行整理、汇总,及时了解掌握理论界和实务界相关动态，寻找现有研究中的空缺点，作为本书研究的主要参考和依据。

二、技术路线

具体来讲，本书通过分析媒体融合对广播电视行业和管理会计的影响，运用管理会计理论和工具，结合广播电视媒体体制特点，重点从预算管理、成本管理、内部控制、投融资管理、项目管理和管理会计报告等方面，提出了广播电视应对媒体融合改革的管理会计应对之路。具体如图1-1所示。

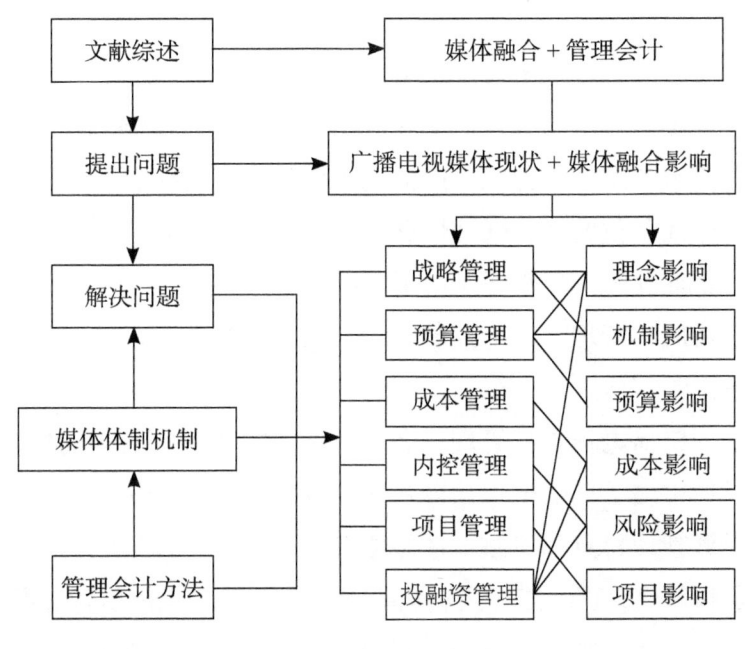

图1-1 技术路线

第三节 结构安排与主要内容

本书共分九章。除第一章概述外，其余部分的结构安排与主要内容如下：

第二章，媒体融合对广播电视的影响。介绍了我国广播电视的基本情况；描述了当前我国广播电视媒体在党管媒体的前提和基本原则下，受行政主管部门行业管理的特性，从决策机制、运营机制、激励机制等方面描述了当前我国广播电视媒体的内部运行机制；概括了我国广播电视媒体的主要特点；阐述了媒体融合对广播电视媒体带来的深远影响，主要包括内容、播出、平台、经营、管理、体制等方面；梳理了广播电视管理会计研究情况；分析了媒体融合对广播电视媒体管理会计的冲击和挑战，包括：融合治理理念有待进一步对标、管理战略有待进一步完善、管理机制有待进一步优化、管理内容有待进一步深化等。

第三章，广播电视媒体发展战略构建。采取SWOT分析框架，分析了广播电视媒体面临的优势、劣势、机会和威胁，在此基础上，提出媒体融合背景下广播电视媒体应重点推进一体化战略、品牌扩张战略和技术创新战略；根据管理会计服务宗旨，分析了广播电视媒体在构建管理会计体系时应当重点把握的操作性、重要性、联动性和可用性原则；根据媒体融合背景下广播电视媒体的战略目标和任务，提出了广播电视媒体应当重点从全面预算管理、广播电视节目成本管理、内部控制管理、项目管理和管理会计报告等几个方面建立管理会计体系。

第四章，广播电视预算管理。表述了广播电视预算管理的概念、演变；结合当前形势预测了广播电视预算管理的发展趋势，分析了媒体融合背景下广播电视预算管理特点和思路；在媒体融合背景下对广播电视媒体生存和发展的新要求和预算管理特点，提出全要素、全过程、全员预算管理。

第五章，广播电视成本管理。归纳了广播电视成本管理的内涵和特点；分析了加强广播电视成本管理的重要意义；介绍了媒体融合背景下广播电视成本管理的主要特点；从成本预算、成本核算、成本控制、成本分析和成本考核等角度，提出了管理会计的具体应用。

第六章，广播电视内部控制。介绍了内部控制的概念、目的及建立和实施内部控制应该遵循的原则；从单位层面的内部控制和业务层面的内部控制两个角度分析了媒体融合下广播电视内部控制的特点，提出了广告收入的风险点；从单位层面的内部控制和业务层面的内部控制的视角，提出了广播电视内部控制的管理会计应用，并以案例解析内控体系建设的关键点。

第七章，广播电视媒体投融资管理。介绍了投融资管理的概念、目标；论述了广播电视媒体投融资管理与产业发展的三个阶段；分析了广播电视产业经营问题；阐述了在媒体融合时代资本与媒体结合，以资本运作和市场化手段实现广电媒体转型升级的必要性；介绍了广播电视投融资战略与管理、投融资决策原则、方式方法、操作程序和实施步骤；列举了广电媒体投融资机制、平台和体系建设方案；以广电行业多个案例展现了广播电视行业投融资应用实践，提出了广电媒体投融资管理的发展方向。

第八章，广播电视项目管理。论述了项目管理的基本理论，梳理了项目管理的脉络；分析了广播电视媒体项目管理的现状、存在的问题；提出了媒体融合背景下广播电视项目管理的管理会计研究的基本内涵；通过对广播电视行业具有代表性的典型案例的分析，进一步阐释了项目管理的基本理念、要素内涵、技术方法在实践中的具体运用。

第九章，广播电视管理会计报告。阐释了广播电视媒体管理会计报告的主体、目标和作用，以及运行机制，管理会计报告的设计原则、设计思路；描述了管理会计报告的分类及主要内容；初步构建了媒体融合背景下广播电视媒体管理会计报告体系。

第二章 媒体融合对广播电视的影响

截至 2018 年 6 月 30 日,我国网民规模达 8.02 亿,互联网普及率为 57.7%,其中手机网民规模达 7.88 亿[①]。以互联网为平台的新媒体,无疑拥有巨大的传播力、影响力和动员力,加快传统媒体与新媒体的融合发展,将传统媒体的影响力向互联网平台、向新媒体拓展,是传统媒体生存发展和挑战机遇的不二选择。纵观我国广播电视发展道路,媒体融合对广播电视媒体来讲,是一次历史性的、重构性的深刻变革和挑战。

第一节 广播电视概述

广播电视不同于报纸、期刊等其他传统媒体,我国的广播电视媒体与欧美国家的广播电视媒体在产业规制、管理体制、运营机制等方面存在着一定的差异,为便于开展后续的研究工作,本节对广播电视媒体的概念、体制机制和特点等进行了梳理和阐释。

一、广播电视的概念

通过无线电波或通过导线向广大地区播送音响、图像节目的传播媒介,统称为广播。只播送声音的,称为声音广播;播送图像和声音的,称为电视广播。广播具有语言、音乐、音响等声音要素,电视除了声音以外,还包括动态图像、静态图片、文字等画面要素。从社会功能讲,广播电视具有传播

---

① 我国网民规模突破 8 亿. https://baijiahao.baidu.com/s?id=1609364474931894789&wfr=spider&for=pc.

新闻、社会教育、文化娱乐、提供信息服务等社会功能。目前,广播电视按照传播方式,分为无线广播电视、有线广播电视、卫星广播电视、网上广播电视;按照技术标准,分为模拟广播电视、数字广播电视;按照覆盖范围,分为地方广播电视、全国广播电视、国际广播电视。广播电视具有形象化、及时性和广泛性的特点,其中,形象化是指以声音和图像的形式来传递信息;及时性是指以电波传播的速度来传送信息;广泛性是指它是覆盖范围最广泛的一种传播媒介。

二、广播电视的特点

国外广播电视媒体主要分为公共广播电视和商业广播电视,多为企业主体,经费来源主要有广告收入、收视费收入、政府拨款等。与国外广播电视媒体不同,我国广播电视媒体主要呈现公益属性较强、四级办台体制、部分制播分离、重装备高投入、产业空间巨大等特点。

(一)公益属性较强

与国外的广播电视媒体多为私人投资明显不同,我国各级广播电视媒体作为国家设立的事业单位,从事宣传工作,提供公共文化产品,具有较强的公益属性。由其属性所决定,在社会效益和经济效益两者之中,广播电视媒体更为注重社会效益。由于我国广播电视媒体性质上属于国有,运转和发展主要依靠国有资本。

(二)"四级办"体制

新中国成立后,在中央和省两级均设立广播电台,部分省会等城市也设立了广播电台,但从总体上讲是"二级体制"。改革开放以后,省级和部分城市设立了电视台。1983年,经过中央同意,第十一次全国广播电视工作会议确定了"四级办广播,四级办电视,四级混合覆盖"的方针,简称为"四级办"。"四级办"体制极大地调动了地方特别是市县两级发展广播电视事业的积极性,有力地促进了地方财政增加对广播电视的投入和支持,从而大大加速了广播电视事业的发展。

(三)部分制播分离

20世纪80年代,在英国出现了制播分离的概念。制播分离,原意是指电视播出机构将部分节目委托给独立制片人或独立制片公司来制作,后来发展为将节目制作和广告经营等业务从电视播出机构剥离出去,实行市场化运作。最初,与传统的计划经济体制及简单的节目再生产方式相适应,我国广播电视媒体的节目制作和播出实行"制播合一"。随着市场经济的逐步发展,1996年,广播电影电视部发文指出,为了进一步深化广播影视的各项改革,适当引入竞争机制,适应电视台择优播出需要,除新闻类节目外,逐步实行电视节目制作和播出相对分开的体制。2009年,国家广电总局针对制播分离改革发布指导性文件,标志着制播分离改革进入了快速发展期。制播分离是广播电视核心业务的重大变革,也是我国广播电视事业、产业发展的必然选择,是广电媒体做大内容产业、繁荣发展视听节目市场的有效途径。经过多年的实践和发展,我国广播电视的制播分离,有了比较充分的发展。

(四)重装备高投入

广播电视是一个重装备、重人才的行业。随着科学技术的发展,广播电视新技术日新月异,广播电视设备使用周期越来越短、更新换代的速度越来越快。广播电视采、编、播水平的提高,在很大程度上有赖于广播电视设备的配置水准,有赖于在装备上的大量资金投入。新媒体时代,媒体的重要特征之一就是改变了传统的单向传播方式,实现双向互动,这在技术上对传统广播电视媒体造成了巨大的冲击,基于此的技术创新和改造迫在眉睫,改造更是需要大量的资金投入。

(五)产业空间巨大

产业化发展是在社会主义市场经济条件下发展广播电视的必然选择。尽管产业化发展的时间不算晚,但在产业化进程中受到体制不顺、法规不全等多种因素的制约,我国广播电视规模化、集团化、集约化和多元化经营发展不充分,产业价值链延伸不足,市场碎片化,创收结构单一,产业生态重构空间潜力较大。

第二节 媒体融合对广播电视的影响

一、媒体融合的内涵

媒体融合,是指以广播电视、报纸、杂志等为代表的传统媒体与以互联网为平台搭建起来的网站、OTT、微信、微视频等新媒体在内容、平台、终端、经营、产业等方面的融合。广义的媒体融合是指传统媒体产业与新媒体产业的融合与发展问题,狭义的媒体融合是指传统媒体如何进行全媒体构建的问题。

二、媒体融合对广播电视媒体的影响

媒体融合是传统媒体与新媒体的全方位融合,作为媒体发展史上的重要变革,媒体融合对广播电视行业带来了深远的影响。本书主要从内容、播出、平台、经营、管理、体制等方面进行阐述。

(一)广播电视内容方面

内容是广播电视产业的重要组成部分。互联网电视、IPTV、移动视音频等新媒体的迅猛发展,对广播电视节目制作方式和方法带来了很大影响。一是广播电视媒体与自办新媒体融合制作节目力度不断加大。通过在节目制作中共同研究策划、分别组织实施、统一编排制作、对外融合呈现等方式,实现传统媒体和新媒体内容制作的深度融合。二是广播电视媒体与民营新媒体融合制作节目力度不断加大。双方采用彼此合作投资等方式,共同创作和营运节目,使线上的播出和线下的电商充分融合,实现大数据技术的全覆盖,实现受众向用户的转变,以更加精细准确地提供内容方面的服务。

(二)广播电视播出方面

如果说广播电视节目是一辆辆行驶的汽车,那么广播电视播出平台就是承载汽车行驶的道路。在媒体融合浪潮影响下,传统广播电视媒体只有借鉴或者借助互联网渠道来扩大广播电视节目的覆盖面和影响力,才能更好地生

存和发展。随着广播电视全面进入全媒体传播阶段，全国绝大多数地市以上广播电视媒体都开办了视音频网站，有些开设了自己的微博账号、微信公众号等。有的实现了初步融合，将节目上传到网络平台，通过拆条、包装、重组等方式转化，适应手机、台式机和平板电脑等终端，以适应网络传播。目前，大多数地市级以上广播电视播出机构已经达到这一环节。但这种方式只是节目载体的简单的平移，在内容融合的传播效果上并不明显。有的实现了中度融合，在新闻采集和编发上，通过手持终端、台式、广播电视等渠道采集新闻素材，由采编人员将新闻事件在新媒体平台播发，然后制成音视频节目在广播电视媒体播出。有的实现了较深度融合，通过与专业视频网站和门户网站合作，"借力打力"，通过优势网络平台来扩展广播电视传输路径，以此增加广播电视节目的渗透率和影响力，开发精品节目应用程序和客户端。目前，省级以上广播电视媒体已初步实现了新闻资源的多级开发和利用。比如，"央视新闻"从借船出海转为自主发展，实现了用户和客户端下载量的新突破；中央人民广播电台"中国之声"微博粉丝量突破 800 万人，活跃度和影响力继续保持全国电台第一名；中国国际广播电台英语环球"NEWS PLUS"微信公众号订阅户数量增长 600% 等。

（三）广播电视平台方面

广播电视平台是指广播电视媒体开展节目采集、节目编辑、节目播出、节目监控等所需要和搭载的信息系统环境。随着信息网络技术的不断创新，广播电视媒体传统的、封闭的、孤立的节目采编播平台已难以承载媒体融合之需，需要新建新媒体或者搭载在新媒体平台上，才能在形态上实现传统媒体与新媒体的融合。从某种程度上讲，媒体融合之争就是平台之争，受媒体融合影响，我国的广播电视媒体需要在三个方面建设广播电视节目平台。一是建设云平台。加快建设面向多传输渠道和终端的云平台。比如，中央人民广播电台通过建设中国广播云平台，对接车联网和移动互联网市场。中国国际广播电台采取云、管、端构建，搭建中华云电视业务平台，打造全球媒体云和融合传播网。中央电视台致力中国视频云服务平台，集央视新闻、手机电视平台和央视影音等新媒体平台于一体,加快推进融合发展。推进央视影音和新闻客户端与中国移动合作机型的预装,建立不同接收终端平台的协同联动,向台式电脑、平板电脑、手机、电视机、户外大屏等多终端进行内容分发。二是建设融平台。打通传统广播电视平台和网站、手机电视、移动互联网、互联网电视等之间的藩篱。比如,湖南台加大台内平台整合力度,打造统一视听新媒体平台,使互联网电视、视频网站、IPTV、手机电视等新媒体平台实现了互联互通。三是建设新平台。包括客户端平台、微信平台、微博平台、二维码平台等。

(四)广播电视经营方面

长期以来,由于广播电视媒体的主体性质定性为事业单位,而其开办的新媒体实体有的为企业单位,有的仍在事业体制下运营,随着媒体融合的深入发展,急需整合运营传统媒体和新媒体,实现优势互补、功能共享,理顺台网关系,建立协作机制,形成一盘棋格局,推进媒体融合深入发展。比如,中央电视台以台资产管理中心全面代理新媒体广告业务,实现资源共享:一类是跨屏互动广告,如春晚二维码、世界杯合作伙伴项目;一类是台网捆绑广告,以打通电视、台式机、移动终端等。河南电视台成立大象融媒体集团,整合18个新媒体平台和13类户外平台,搭建全媒体布局。

(五)行业管理政策方面

媒体融合既带来新的业态,也带来新的问题。随着新媒体的海量涌入,一些低俗庸俗视频内容混杂,有的新媒体传输无序竞争,有的负面宣传被刻意放大等,对行业管理提出了新的要求。为加强广播电视和新媒体行业管理,国家不断出台政策加强和规范媒体融合发展。一是规范网络节目服务。2014年12月,国家新闻出版广电总局印发通知,明确将通过移动互联网开展视听节目服务,纳入《互联网视听节目服务管理规定》的管理范围。二是内容管理政策融合。国家新闻出版广电总局明确提出,要实施网上网下视听内容统一管理政策,实现审核标准一致,管理要求一致,版权保护原则一致。三是在产业体制管理上融合。文化体制改革政策推进广播电视经营性资产和业务实行转企改制和市场运营,对于新兴媒体也要求实行市场运营的产业体制,为传统广播电视和新兴媒体一体化运营提供了体制机制的保障。

(六)产业体制机制方面

媒体融合的难点之一是体制机制的融合,这是广播电视媒体面临媒体融合改革的挑战,一方面新媒体以其小、快、活的机制优势,依靠强大的互联网平台和资本市场,不断侵蚀传统媒体长期垄断的领域;另一方面传统媒体由于事业体制、重装备、战线长、人员多等特点,转身慢、转型迟,不断受到新媒体集团的挑战和冲击。广播电视媒体需要深刻借鉴新媒体在体制机制方面的巨大优势和市场经验,以博取媒体融合的先机。在体制机制融合创新方面,各级广电媒体都做了有益尝试和探索,以上海文化广播影视集团为例,2014年,在上海市政府推动下,上海文广传媒拉开改制整合发展大幕。上海文化广播影视集团事业建制取消,成立上海文化广播影视集团有限公司,新文广集团公司和旗下上海文广传媒股权进行整合。这是继2009年制播分离改革之后,上海新文广传媒在外有新媒体挑战、内有湖南广电等一线地方传媒竞争的境遇下,再次率先进行了传媒公司化体制改革。虽然上海的做法有很强的创新精神和时代勇气,但是,由于事业企业体制之间的不融合性,似乎仍有隔靴搔痒之嫌。

第三节 我国的广播电视管理会计发展

管理会计首先运用在美国企业的实践中,正如DR·斯科特所指出的,工业革命以前,会计主要是记录一个企业与另一个企业之间的业务关系,这种关系的记录是在市场中确定的;但是伴随着大规模生产经营的到来,竞争的各个单位需要更加重视会计工作和对作为管理控制企业的一种方法的会计记录的应用;新的生产方式必然伴随着新的会计活动的出现。管理会计作为会计学、财务管理学、管理学等的交叉学科,始终具有开放包容的属性。狭义的管理会计是指在当代市场经济条件下,以强化企业内部经营管理、实现最佳经济效益为最终目的,以现代企业经营活动及其价值表现为对象,通过对财务信息的深加工和再利用,实现对经济过程的预测、决策、规划、控制、责任考核评价等职能的会计分支。广义的管理会计是指用于概括现代会计系统中区别于传统会计,直接体现预测、决策、规划、控制和责任考核评价等会计职能的那部分内容的一个范畴。管理会计学意义上的管理会计是以使用价值管理为基础的价值管理活动,运用一系列专门的方式方法,通过确认、计量、归集、分析、编制与解释、传递等一系列工作,为规划、决策、控制和评价提供信息,并参与企业经营管理。

一、管理会计学的发展

西方学者关于管理会计学的研究发展,主要包括"三阶段""四阶段""五阶段""六阶段"等学说。

以日本的西村明教授为代表,将管理会计分为三个阶段:①传统的管理会计,主要将科学管理方法应用于管理会计,具体的方法主要包括传统核算方法等。②计量与信息的管理会计,主要着眼于以经济学为核算基础的最佳收益管理,采用了包括存货定价、信息分析、行为科学、收益预测、成本(差异)分析等的方法。③价值创造的会计,着眼于会计与知识管理的融合,以及企业核心竞争能力的培育。使用的主要方法包括平衡计分卡、经济增加值、供应链等。

以汉森和莫文为代表,将管理会计发展分为四个阶段:① 1880—1925 年,这段时间产生了大多数的产品成本计算方法和管理会计程序,但是管理会计停止了发展。② 1950—1960 年,出现了人们为改进传统的成本系统进行了一些努力,但是他们努力的方向是想让报告的财务信息更为有用而不是另行建立一套新的成本体系。③ 1980—1990 年,人们认为传统的管理会计不再能满足管理需要,开始致力于开发新的管理会计核算体系。④当代的管理会计，包括：作业成本法，客户导向，战略管理，价值链管理，全面质量管理，多功能的视角，以时间为竞争要素，效率及电子商务等。

以约翰逊和卡普兰为代表，将管理会计发展分为五个阶段：①管理会计的产生阶段，这一阶段管理会计的主要作用是为了满足19世纪纺织、铁路、钢铁制造及零售分销企业的多层次管理需求。②1880—1910年，金属制造等行业开发了服务于管理的产品成本方法，主要目的是借此计算价格如何确定，成本与财务记录逐渐分离。③1914年之后，为了满足审计财务报表的需要，成本与财务记录结合并统一于复式记账。④1925年，管理会计理论已经形成，但是发展停滞。⑤1925年之后，众多会计人员和管理者误认为资产负债表中的存货成本提供了精确的管理用成本信息，但这并非事实，此时的管理会计系统和核算方法已过时。

以卡普兰和阿特金森为代表，将管理会计发展历程作如下六个阶段的划分：①管理会计的起源时期；②科学管理运动时期；③综合性企业的管理控制时期；④1925—1985年管理会计系统发展停滞；⑤近年来制造业和服务业出现的新的发展和变化，对管理会计信息提出了新的使用要求；⑥20世纪80年代以来，面对新的经济形势，学术界和实务界开始致力于发现更具有相关性的管理会计方法。

我国关于管理会计的研究虽然起步相对较晚，但随着改革开放的深入发展，对管理会计的研究和应用日益深入，关于管理会计的发展阶段主要有以下观点。

以余绪缨教授为代表，认为管理会计分为两个阶段：一个阶段是20世纪50年代之前，这个阶段属于执行性管理会计阶段，以提高生产效率为目的，主要手段在于进行成本控制；一个阶段是20世纪50年代之后，这个阶段是决策型管理会计阶段，以提高经济效益为目的，将为决策服务放在首位。

以吕长江教授为代表，将管理会计发展分为三个阶段：①早期的管理会计——成本会计阶段（19世纪初至20世纪40年代）；②战后的管理会计——现代管理会计阶段（20世纪40年代至80年代）；③新时代的发展阶段（20

世纪 80 年代至今），产生了包括全面质量管理、战略管理、基准管理、目标管理、平衡计分卡等在内的一批新的管理方法。

以秦凌志为代表，提出了管理会计发展四阶段论：①工业革命之前：管理会计孕育和萌芽时期；②工业革命至 20 世纪 50 年代：管理会计的形成和确立时期；③20 世纪 50 年代至 80 年代中期：管理会计的完善与相对成熟时期；④20 世纪 80 年代中期至今：管理会计的重构和变革时期。

以刘志远教授为代表，提出了管理会计发展五阶段论：产生阶段、科学管理阶段、综合型企业的管理控制阶段、停滞阶段、管理会计的新发展阶段。

以李天民教授为代表，将管理会计分为以下阶段：①萌芽时期（20 世纪 20 年代至 30 年代），这一时期为满足财务报表的需求，寻找准确核算准确成本的方法，标准成本体系、全面预算管理和差异分析是这一时期的主要方法；②管理会计的形成阶段（20 世纪 40 年代至 50 年代），以变动成本法、预测决策分析为标志，形成以提高效率和提高效益为目标的现代管理会计体系；③管理会计的发展阶段（20 世纪 60 年代至 80 年代中期），系统管理理论、权变管理理论的影响使管理会计不断成熟，各种会计核算方法日臻完善；④管理会计的变革阶段（20 世纪 80 年代中期以后），涌现出许多新的核算方法和核算手段，其中最为引人注目的是作业成本法和 JIT 体系。

党的十八大以来，我国更加重视管理会计的研究和应用。为贯彻落实党的十八大和十八届三中全会精神，深入推进会计强国战略，全面提升会计工作总体水平，推动经济更有效率、更加公平、更可持续发展，根据《会计改革与发展"十二五"规划纲要》（财会〔2011〕19 号），2014 年 10 月 27 日，财政部印发了《财政部关于全面推进管理会计体系建设的指导意见》（财会〔2014〕27 号），明确提出了要根据经济社会发展要求，突出实务导向，全面推进管理会计体系建设，科学谋划管理会计发展战略，合理构建政府、社会、单位协同机制，以管理会计人才建设为依托，统筹推进管理会计各项建设，为经济社会健康发展提供有力支持。为促进单位（包括企业和行政事业单位）加强管理会计工作，提升内部管理水平，促进经济转型升级，根据《中华人民共和国会计法》《财政部关于全面推进管理会计体系建设的指导意见》等，2016年6月22日，财政部制定了《管理会计基本指引》，对管理会计的目标、单位应用管理会计应遵循的原则及单位应用管理会计应包括的应用环境、管理会计活动、工具方法、信息与报告等主要内容提出基本要求。为促进企业加强管理会计工作，提升内部管理水平，促进经济转型升级，2017年9月29日，财政部制定了《管理会计应用指引第100号——战略管理》等首批22项管理会计应用指引，标志着我国管理会计制度体系已初步形成。

二、广播电视管理会计研究应用发展

管理会计发展的历史表明，满足组织成功实现目标的信息需求是管理会计系统发展和演化的重要推动力量。外部环境的变化促使广播电视媒体加快了媒体融合的推进步伐，与此同时，也必须进一步强化单位的内部管理，使其产生内生动力。在此背景下，管理会计的进一步推进和有效实施成为一种必要且有效的管理工具。

新中国成立以来，广播电视行业一直在计划经济体制下运行，执行的是行政事业单位财务制度，管理会计的应用并不多见。1990年2月，广播电影电视部印发《广播电视发射台经费预算定额（试行）》（广发计字〔1990〕45号），建立了发射台的材料、电子管、电力等三项费用的预算定额和数学模型，进一步提高了发射台预算管理水平。这是管理会计工具在广播电视系统的首次应用。1991年6月，广播电影电视部和财政部《关于印发〈广播电视事业单位财务管理办法〉的通知》（广发计字〔1991〕378号），成为新中国成立以来首部广播电视行业综合性的财务管理制度，为进一步加强广播电视事业单位财务管理，提高财务管理水平，打下了良好的制度基础。值得一提的是，为加强和提高广播电视事业单位财务管理水平和地位，文件还特别规定：省级及省级以上广播电视主管部门和大中型事业单位应设立总会计师或副总会计师。为进一步提高广播电视事业社会效益、经济效益，改变广播电视内部管理中不讲资源合理配置、不讲成本核算、不讲投入产出比、忽视经济效益的现象，国家广播电影电视总局党组决定,从1999年4月1日起,国家广播电影电视总局直属事业单位全面开展内部成本核算。1999年7月,国家广播电影电视总局在上海召开了全国广播影视系统内部管理改革会议。会议明确提出:要逐步建立起一套适应市场经济体制的、以事业单位内部成本核算为主要内容的内部管理制度。这次会议掀起了全国广电系统财务管理改革的大幕。

自1999年7月在上海召开全国广播影视系统内部管理改革会议以来,全国各省(区、市)广播影视单位全面推广以事业单位内部成本核算为主要内容的财务制度改革,集中财力办大事,提高资金使用效率,在确保安全播出、完成宣传任务的前提下,根据条件对技术设施、传输网络、后勤保障等实行了集中管理和产业经营,内部管理改革取得了一定的成效。广东南方广播影视传媒集团以集团内部责任考评系统为中心,通过责任预算与业务会计核算的紧密结合、责任会计与财务会计的紧密结合,建立起广电传媒业责任会计管理体系应用模型,实现了责任中心的个性化、核算指标的灵活性、预算控制的实时性、责任中心收入成本分配结转的灵活性、内部交易核算的准确性、管理报告的多维度个性化实时性、数据入口的同一性等。湖南广播影视集团在遵循公正合理、全面可行原则的基础上,通过采取可靠的收视数据和内部各栏目的实际财务数据,选取了收视率、市场份额、收视负载比、贡献率等指标,并在此基础上,建立了电视节目财务评价模型。湖北省广播电视局在不改变收付实现制财务核算体系的情况下,以一个月为基本成本计算期,按月核算广播电视发射台的成本费用,解决了同一发射台的相关费用在广播电台和电视台之间的分配问题。海南广播电视台建立了标准成本模型,将广播电视节目分为按制作场地、节目内容、素材来源、播出时间等标准来核算成本,形成了以旅游卫视公司运营体制的成本核算和总台管理下分频道频率运营的财务直接成本核算体系。广西电视台通过细化成本核算内容,科学分配各频道的相关节目制作成本。河南省广播电视局通过对局属单位实行会计集中核算、资金集中管理、信息集中管理、会计人员集中管理等,不断推进财务管理的信息化、集成化、网络化。

在广电系统财务管理快速发展和改革的背景下，一些研究者从各自的领域和视角纷纷提出管理会计的应用思考。林洪美以独特的风格剖析了中国媒介组织公共产权下多方利益相关者利益诉求之间的博弈关系，演绎出政治、经济和公共三维绩效评估理论，基于二元价值判定视角，构建一套科学、系统的媒介组织绩效指标体系。这一成果对中国媒介改革的产权安排与资源重构具有重要的理论意义，同时也为该行业的实际改革提供可借鉴的具有一定创新性的绩效评价方法。杨国瑞从精细化管理的视角出发，在广播影视事业单位的财务体制、预算管理、收入管理、支出管理、内部成本核算管理、结转和结余管理、资产管理、负债管理、净资产管理、财务报告管理和财务控制管理、财务信息化管理等方面，提出了建立广播影视事业单位的财务精细化管理体系的建议等。

进入新的历史时期，随着国家全面推进管理会计应用发展和广播电视媒体融合的浪潮的推动，广播电视管理会计应用进入了新的阶段。2012年，为进一步规范广播电视事业单位财务行为，加强财务管理和监督，促进广播电视事业的健康发展，广播电影电视部和财政部对《广播电视事业单位财务制度》（财文字〔1997〕553号）进行了修订，在预算管理、收入支出、资产负债及净资产管理等方面全面予以完善，并调整了财务指标和业务指标，将广播电视节目纳入无形资产管理范畴。需要特别说明的是，该制度首次将广播电视节目纳入无形资产管理范畴，为加强广播电视节目版权等管理奠定了制度基础。2015年，为推进广播电视预算支出绩效管理工作，强化支出责任，广播电影电视总局制定并印发了《广播影视预算支出绩效评价管理暂行办法》，确定了绩效评价的对象和内容、绩效目标和评价指标、评价标准及评价的组成程序和评价报告、评价结果的应用等。2016年12月，我国广电系统首家财务公司——上海文化广播影视集团财务有限公司成立，该公司是上海文化广播影视集团以"文化＋金融全产业链"布局的又一重大举措。为进一步加强和完善国有资产的监督管理，全面规划台、集团下属各单位在预算年度的经营情况，提高国资营运管理水平，提升市场竞争力和风险防范能力，上海广播电视台研究制定了《全面预算管理办法》，将上海广播电视台和上海文化广播影视集团所属单位全面纳入管理范围。青岛广播电视台摈弃传统的财务报表静态数据的资源共享和实施监督，构建"战略、业务、财务、人力"四位一体的管理会计模式，以节目产品的投入产出核算为牵引，准确计量、精细化核算，寻找提出节目生产中不增值的作业和运营，实现了节目制作、频道管理、全台决策的精益管理。

三、文献分析

总体来讲，广播电视媒体在实践中对管理会计进行了一些有效的探索，主要包括：一是成本核算方面。在广播电视媒体的发展历程中，自广播电视媒体开展广告经营业务以来，特别是广告收入成为很多广播电视媒体的重要收入来源以后，市场竞争机制倒逼广播电视媒体逐步引入成本核算管理工具。经过多年的探索与实践，在规模较大的广播电视媒体中，成本核算技术已经日趋成熟。从行业来看，成本核算技术相对成熟，但并没有形成统一的核算模式、核算方法、核算流程乃至于具有行业可比性的成本报表，对成本核算的核心指标——电视节目成本定额也没有形成统一的核算口径。二是预算管理方面。预算管理是广播电视媒体普遍运用较多的一项工具，但大多数仍局限于财政经费的预算管理，与管理会计工具中的全面预算管理还有一定的差距。三是行业标准方面。近些年，在定额标准方面也形成了一些行业成果。譬如，在广播电视的发射技术领域，经过多年的实践及数据积累，通用的发射机已形成相对稳定的定额核定机制，已经能够编制出一套完备的发射机定额标准及维护费标准，并实现定期修订、更新，在行业内有一定的通用性和可比性。中央单位层级的中短波发射系统运行维护费定额标准、监测监管业务运行维护费定额标准已于2017年开始试行。

从价值角度来看，广播电视媒体是一个智力密集型行业，也是一项高技术、重装备、高投入的事业。因此，技术密集型、人力资源密集型的广播电视传媒业对高素质人才的吸纳与激励、对技术设备的使用与管理，必然成为广播电视媒体经营管理中举足轻重的关键环节和重点领域。同时，广播电视媒体的价值链也比较单一，传统广播电视媒体的主要收入来源对广告收入仍然有着高度的依赖性，近年来新媒体业务在有些广播电视媒体中已占据半壁江山，但其所带来的盈利增长点尚未构成主要的收入来源。从业务角度来看，广播电视媒体的产业链具有鲜明的特点，主要生产文化精神产品，具有过程的不确定性，内容的制作与平台的播出经常是多头多尾，线性较弱，投入产出的匹配较为复杂，产品生产流程的不可控因素较多。从核算角度来看，广播电视媒体的成本核算是职能与价值链管理模式，与传统制造业的价值流转及成本计算流程有重大的差异。经常存在多产品交叉作业，一个部门可以同时生产固定节目、临时节目、音频节目、视频节目、网络节目、新媒体业务，以及参与频道频率及媒体总体筹划的重大宣传报道活动等，而且间接费用的交互分配、内容产品成本的结转分配及管理费用的分摊规则等都不易把握，在一个媒体内部都很难达成共识，就更难形成行业标准。

我国广播电视行业已开始重视管理会计的应用和研究，并取得了一定的发展，但管理会计应用和研究的系统性、前瞻性和针对性还很不够，目前管理会计体系还不完善，虽然财政部陆续发布《关于全面推进管理会计体系建设的指导意见》《管理会计基本指引》《管理会计应用指引》，但是切实可行的实施办法需要国家进一步出台有关办法。特别是随着媒体融合的不断深入，广播电视媒体面临着日益严峻的生存危机，如何有效应对新媒体对广播电视传统媒体的巨大冲击，充分发挥管理会计的作用和功能，推动财务管理更好地适应和促进广播电视媒体深入开展媒体融合，是广播电视财务管理的重大课题和历史使命。

第四节 媒体融合对广播电视媒体管理会计的影响

中国媒体融合发展已经进入深水区，越来越多的新情况与老问题交织在一起，面临着巨大的考验。广播电视媒体融合是一次历史性的尝试，没有更多经验可借鉴，在艰难的改革中，作为财务管理的重要内容，作为为广播电视媒体决策提供专业支持的管理会计工作，也经受着巨大的挑战。

一、治理理念有待进一步对标

媒体融合是广播电视的发展方向，是党和国家赋予的重要政治任务，事关广电等传统媒体的生死存亡。由于长期以来形成的传统广播电视工作方式和业务惯性，以为建起微博、微信、移动客户端就是达到了融合[①]，广播电视媒体虽然在媒体融合上取得了一定的成效，但在受众影响、经济效益等方面，与广大人民群众的预期和广播电视媒体的定位还有很大差距。在实际工作中，有的广播电视媒体仍然存在对媒体融合认识的滞后和观念偏差。有的存在畏难情绪，固守现有的格局和利益，对未来市场的竞争存在悲观和消极态度；有的存在观望态度，对融合方式不敢试、不敢闯，坐等政策、资金和技术等；有的存在粗放观念，认为媒体融合就是简单地建个网站、设计几个客户端、开通微信和微博账号就行了；有的存在急躁情绪，希望媒体融合能够立竿见影、一蹴而就；有的创新意识不强，传统媒体强调不能用事业经费投资，不能吸引民间资本发展，市场运作程度低等。"用互联网思维思考传统媒体的价值，而不仅仅是从技术上嫁接"，2018年10月，国家广播电视总局党组书记、局长聂辰席在《求是》杂志上发表署名文章，提出加快推动广播电视公共服务标准化均等化，加快开发"移动化"趋势下的广播电视新业态新应用，全方位参与智慧城市、智慧社区、智慧乡村、智慧家庭建设，推动广播电视公共服务由"户户通"向"人人通""移动通"提升。广电与5G技术的融合对"智慧广电"业务的发展提升，面临重大机遇。广播电视与5G、物联网、人工智能、大数据分析等的融合，必将助力"智慧广电"更好更快发展，必将影响广播电视媒体宏观管理机制和治理理念，广播电视媒体管理会计工作必须跟上时

[①] 蒋宏宾.广电媒体的思维之变与融合之道.人民网.http://media.people.com.cn/n/2014/0610/c385781-25129021.html.

代、紧贴新业务、研究新生态，克服以往财务部门服务媒体融合缺乏主动性、缺少战略洞察力，存在管理机制弱化、管理手段简单粗放等问题，积极与媒体融合战略对标对表。

二、管理战略有待进一步完善

我国的媒体融合起步晚，加上与国外传统媒体的管理体制和运行机制的差异，存在媒体融合战略规划滞后的问题。2014年12月15日，时任国家新闻出版广电总局网络司司长罗建辉在第二届中国网络视听大会讲话中道出了融合发展中缺少战略规划的问题，他指出，融合发展没有现成的模式和经验，需要我们积极探索开拓，无论中央还是广播电视台还是报社，无论体量多少，要充分发挥自己的优势，积极探索适合自己的发展模式，走有特色的融合发展之路。目前，传统媒体都意识到了媒体融合发展的战略意义和紧迫性，但处于干着急的状态，不知道自己要干什么。受广播电视与新媒体产业融合发展的顶层保障性政策设计缺乏的影响，有的广播电视媒体由于还缺少对媒体融合整体预期科学研判，加上媒体融合的复杂性和艰巨性，融合发展力度和速度明显落后，特别是随着"三网融合"的全面推开，越来越多的地方有线网络公司上市，整合资源的难度越来越大，推动广播电视媒体和新兴媒体产业融合亟待加强战略统筹和规划引导。受整个产业融合战略规划滞后影响，广播电视财务管理的战略规划也存在不清晰、不明确的问题，难以对各种财务及非财务资源进行有效的配置、运营、监管，更难以有效地组织和协调广播电视媒体的生产经营活动，缺乏财务管理的效益性、市场适应性、主动性和综合性。

三、管理机制有待进一步优化

随着媒体融合的深入发展，广播电视媒体积极探索跨国际发展、跨区域发展、跨行业发展等新的发展模式和范式，媒体集团之间的竞争不断加剧，竞争形式逐渐由单一的价值链之间的竞争向价值网络竞争转变，伴随着媒体规模不断壮大，要求媒体要以集团整体利益为出发点，综合考虑全面业务成本，以期在协调局部成本收益的基础上，实现集团整体利益最大化的目的。因此，广播电视财务管理任务、难度不断加大，多维度、全方位、多领域的管理要求日益攀升。由于现行广播电视媒体的财务管理机制基本照搬一般事业单位财务管理的基本模式，财务机构设置和内部运行机制行政化、层级化，管理效率和效能较低，对媒体融合和市场化的敏锐度不够。尽管有的广播电视媒体成立了企业化运作的新媒体公司，但由于广播电视的喉舌属性，其业务主体仍属于事业体制，在这种体制机制下，广播电视管理会计要助力媒体融合发展，实现"弯道超车"和"后来居上"，存在很大的局限性。

四、管理内容有待进一步深化

一是节目成本管理有待深化。媒体融合加剧了广播电视行业的市场竞争。有专家分析，媒体融合不是在现有的广播电视传播渠道不受影响的情况下，另外开辟新媒体传播渠道，而是广播电视行业向互联网领域扩张，媒体融合将最终导致广播电视行业特征的消失。从技术角度讲，广播电视只是一种音频和视频；从信息化角度讲，广播电视只是一种电子信息。原来广播电视行业面临的竞争是内部竞争，加上独有的政策保护，使得竞争变得有些"一团和气"。而媒体融合的竞争是市场格局的重新调整，是优胜劣汰、"你死我活"的竞争。市场竞争是全方位的竞争，包括节目竞争、人才竞争、技术竞争等各个方面，但任何竞争都意味着资金推动，意味着成本管理，意味着科学决策，推进媒体融合，彻底地将广播电视行业带入现代企业竞争的轨道。媒体融合推动了广播电视行业的产业转型，媒体融合促使广播电视行业由传统的经济管理模式向市场经济管理转型，由单纯的事业发展向产业发展转型。这种转型过程是自我革命的过程，是痛苦的嬗变过程。广播电视行业从诞生的那一刻起，对市场经济就是自我免疫的。广播电视行业是广播电视节目生产、播出的行业，但广播电视节目不是商品，受众不用花钱，免费收听收看。所以广播电视媒体可以不用担心产品没有销路，可以不用考虑成本消耗。媒体融合的时代，深化广播电视节目成本管理，以成本战略驱动质量战略，强化媒体融合竞争优势，是广播电视媒体的必然选择。成本预算、成本核算、成本控制、成本分析、成本考核等一系列的管理手段将应用于日常的管理活动中。

二是融媒体管理与核算矛盾有待破解。目前，各级广电媒体的融媒体生产平台已在运行中，新的成本核算难题困扰着成本核算人员，融媒体节目制作模式与通行的成本核算模式存在矛盾。一是生产方式变化引来的"怎么算"矛盾。融媒体制播是"前端采集一体化、中段编播区块化、终端发布多元化、报道专题差异化"，全媒体记者要为广播、电视、网络、APP等不同平台提供稿件，成本核算线路变得异常复杂，完全打破了传统成本核算的"生产——产品"简单线性关系，要将生产成本精准归集到产品上，变得非常困难。二是生产关系变化引发的"算不算"矛盾。融媒体生产运营强调的是一个"统"字，统管资源、统一指挥，融为一体，而成本核算奉行的是以"产品"为圆心进行精细化核算。"管"与"算"的方向背离，特别是实行中心制、频道制的广播电视台，中心制融媒体要求人力、财力统一调配，集中力量完成节目制播，如果将生产成本分摊到制作者头上，融媒体部下属分部门派出的人力、物力越多，分摊到的成本越多，而收入分配因各种情况又不能同法配比，因此，搞精细化成本核算反而挫伤积极性，融媒体的"算""管"矛盾更加突出。

三是风险管理有待深化。随着广播电视媒体融合的不断深入，包括国家投入、社会资本、公益性基金等各类资金蜂拥而至，平台融合、内容融合、终端融合、技术融合等各种融合模式纷至沓来，广播电视媒体加强财务风险管理也随之提上管理日程。为加快推进媒体融合步伐，提高广播电视媒体影响力，各级党委政府越来越高度重视广播电视等传统媒体与新媒体产业融合工作，比如，2014年4月17日，中国广播电视网络有限公司注册成立，定位为国有大型文化企业，公司为国有独资，注册资金45亿元，由中央财政安排。2016年3月27日，总规模百亿元的广东省首支媒体融合投资基金——广东南方媒体融合发展投资基金在广州成立。但由于长期以来的事业管理体制，广播电视媒体与资本市场总是在两条平行线上。从广播电视的行政管理部门到广播电视媒体管理层和从业人员，资本意识和风险意识的缺乏是一种普遍状态。总体来看，由于媒体融合尚处于"摸着石头过河"阶段，传媒的跨区域、跨媒介运作、集团化改革等都没有稳定的、明晰的整体政策架构，属于"高难度、高风险"的动作，因此，加强广播电视媒体的风险管控就显得尤为重要。

四是项目管理有待深化。项目管理是广播电视媒体管理的重要组成部分。随着媒体融合时代的到来，IT技术、网络技术、数字技术、大数据、人工智能、高清图像采集、物联网、云计算海量存储技术等的不断发展，越来越多的新技术、新业务运用到了广电领域。由于广播电视行业需要高投入、重装备，技术风险大、项目周期长，因而广播电视系统的重大项目较多，多为财政补助项目，且项目管理内容和程序复杂。近年来，广播电视业内的项目管理模式已初具雏形，在单位内部也越来越受到重视。但是总体而言，一些广播电视媒体的项目管理理论与实践还停留在较为粗放化的"初级阶段"，对项目的运行和实施缺乏完善科学的规范化管理制度，投资和回报缺乏科学的分析论证，在项目实施和节目需求，项目资金投入和节目收视率、收听率之间没有建立必然的逻辑关系，缺乏切合实际需求的科学评估和分析体系。随着媒体融合的深入推进，一方面，由于面临新媒体对广播电视的冲击，传统的广播电视收入已面临前所未有的危机，各广播电视媒体利用自身的广告收入规划系统项目的动机越来越强，项目实践证明，基础设施及技术系统更新改造的资金及大型节目的制作投入往往与广告收入的增长存在明显的正相关；另一方面，一些广播电视媒体为适应媒体融合发展需要，进入媒体系统全面改造升级的高峰期，迫切需要将广播电视项目管理从理念和方法层面上升到现代管理科学的高度，在系统地研究总结广播电视项目化运作和管理实践活动的案例基础上，构建符合广播电视媒体融合发展规律的项目管理要素体系、知识体系和流程管理体系，对推进广播电视媒体融合发展极其重要。

第五节　小结

本章阐述了广播电视媒体的概念、体制机制和主要特点，介绍了我国广播电视媒体呈现公益属性较强、四级办台体制、部分制播分离、重装备高投入、产业空间巨大等特点。分析了媒体融合的内涵，从广义的媒体融合和狭义的媒体融合视角，阐明了媒体融合背景下，在内容播出、平台运行、经营管理中的融合与发展问题，分析了传统媒体如何进行全媒体构建的问题。以央广、央视视频平台建设为例，剖析了媒体融合对广播电视媒体带来的影响，提出了广播电视媒体管理会计在治理理念、管理战略、管理机制和管理内容等方面有待进一步优化等问题。

第三章 广播电视媒体发展战略构建

战略管理,是指对企业全局的、长远的发展方向、目标、任务和政策,以及资源配置做出决策和管理的过程。管理会计服务于企业发展战略和决策,广播电视媒体管理会计要以广播电视媒体发展战略为目标,直接服务于发展战略。因此,构建服务于广播电视管理会计体系,首先要进行广播电视媒体发展战略构建。

第一节 广播电视媒体发展环境分析

本节采取SWOT分析框架,分析广播电视媒体面临的优势、劣势、机会和威胁,为更好地制定发展战略,提供环境分析决策依据。

一、优势(S)

(一)内容优势

广播电视媒体是我国的传统主流媒体,近70年来,已形成了中央、省、地市、县四级并集广播电视采集、制作、播出、传输、覆盖于一体的庞大的产业体系,广播电视内容是其最大产业优势。以2018年为例,全国公共广播节目播出时间为1526.74万小时,比2017年增加34.85万小时,同比增长2.34%。全国广播节目制作时间为801.76万小时,比2017年增加12.93万小时,同比增长1.64%。全国公共电视节目播出时间为1925.03万小时,比2017年增加44.01万小时,同比增长2.34%。全国电视节目制作时间为357.74万小时,比2017年减少7.44万小时,同比下降2.04%。与传统广播电视节目相比,广播电视媒体的网络视听节目快速发展，达到了较为可观的数量。2018年，全国网络视听节目自制专业栏目（不包括网络剧、网络电影和电视剧）存量4571.96万分钟，用户生产节目（UGC）存量10.35亿个。

（二）政策优势

我国的广播电视媒体是各级政府举办的事业单位，承担着宣传党和政府政策、不断满足人民群众精神文化生活需要的重要职责。中央高度重视广播电视事业发展。1983年，广播电影电视部召开第十一次全国广播电视工作会议。会议确定了"四级办广播、四级办电视、四级混合覆盖"的事业发展方针，以及"广为开辟财源，以补充国家拨款不足"等经济政策，为广播电视开展有关经营提供了政策依据，充分调动了各级党委政府发展广播电视事业的积极性，以致全国很快兴起了办广播、办电视的热潮。2013年8月19日，习近平总书记在全国宣传思想工作会议上指出："要适应社会信息化持续推进的新情况，加快传统媒体和新兴媒体融合发展，充分运用新技术新应用创新媒体传播方式，占领信息传播制高点。"2013年9月，中共中央办公厅、国务院办公厅正式印发了《关于推动传统媒体和新兴媒体融合发展的指导意见》，吹响了传统媒体与新媒体融合发展的战斗号角。2013年11月，党的十八届三中全会通过的《中共中央关于全面深化改革若干重大问题的决定》，提出了"推动传统媒体与新兴媒体融合发展"的意见，全面拉开了媒体融合发展的历史帷幕，并步入全面推进和加快发展的新阶段。2016年2月19日，习近平总书记在视察中央媒体时再次强调，"要适应分众化、差异化传播趋势，加快构建舆论引导新格局，要推动融合发展，主动借助新媒体传播优势。要抓住时机，把握节奏，讲究策略，从时度效着力，体现时度效要求"，进一步指明了媒体融合的政治方向和发展方向。毫无疑问，在媒体融合的大潮中，广播电视媒体无疑是最具有政策红利和政策优势的机构。

（三）体制优势

按照1997年8月公布、2017年3月修订的《广播电视管理条例》（国务院第 228 号令）规定，国务院广播电视行政部门负责制定全国广播电视媒体的设立规划，确定广播电视媒体的总量、布局和结构。广播电视媒体由县、不设区的市以上人民政府广播电视行政部门设立。其他任何单位和个人不得设立广播电视媒体。国家禁止设立外资经营、中外合资经营和中外合作经营的广播电台、电视台。其中，中央的广播电台、电视台由国务院广播电视行政部门设立。地方设立广播电台、电视台的，由县、不设区的市以上地方人民政府广播电视行政部门提出申请，本级人民政府审查同意后，逐级上报，经国务院广播电视行政部门审查批准后，方可筹建。同时，广播电视媒体是事业单位，大多数广播电视媒体依靠国家财政拨款或者依靠媒体运营频道频率资源而带来的广告收入作为主要运营资金来源，体制上的优越性不言而喻。

二、劣势（W）

（一）体制劣势

广播电视媒体虽然拥有体制上的独特优势，但也正是因为这种优势，给其在媒体融合改革中带来了新的挑战。由于广播电视媒体"四级办"的特点，广播电视媒体的经营范围被行政固化，难以跨行政区域经营发展，难以形成规模效应和一体化发展。

（二）机制劣势

由于广播电视媒体被定性为事业单位，需要执行事业单位财务管理制度和会计核算制度，加上传统媒体长期以来的垄断优势，难以建立起现代公司式治理模式，也难以形成更加科学有效的绩效考评机制。此外，广播电视是重装备、高消耗的行业，其扩大再生产完全依靠广告收入和部分财政拨款，由于其事业单位属性，对外投资和外部融资被严格限制，难以建立起与资本市场有机的联动机制，面对有资本市场为坚强后盾、来势汹汹的新媒体集团的挑战和冲击，往往显得力量单薄和无可奈何。

（三）技术劣势

广播电视一直是高科技行业，在广播电视发展史上，曾经历从模拟到数字的深刻变革，当前又面临"互联网+"的技术变革，但与当年黑白电视到彩色电视的改良式变革不同，这次变革关乎广播电视整个产业链条，面对移动互联网、云计算、大数据、区块链等新技术的快速发展，广播电视的采集、传播和覆盖技术显得日益落伍，互联网已经成为一种社会基本结构，所有与之无关联的平台逐渐沦为小众，5G和人工智能将使传统的信息获取方式，甚至新媒体传播信息的方式发生更加深刻的变化，互联网之外的传播形态生存空间日益缩小，传统广播电视的技术优势反转为发展劣势，遭遇空前挑战。2017年，国家新闻出版广电总局科技委副主任杜百川在作题为《工业4.0环境下的广电转型》的演讲时指出，第四次工业革命是基于实际和虚拟世界融合的物网生产系统（CPPS），而未来的广播电视是以云平台为基础，以移动和社交网络为连接，以大数据分析商业模式为支撑的广播电视、通信和物联的混合业务平台。目前，互联网公司以雄厚的资本不断加大技术投入，不断提升技术驱动力，传统广播电视媒体在这场新技术比拼中，人才、资金、科技创新力严重匮乏。

三、机会（O）

（一）国家战略机遇

2015年8月，国务院办公厅发布《关于印发〈三网融合推广方案〉的通知》，加快在全国全面推进三网融合。随着广播电视有线电视网络整合的不断推进，"三网融合"的效应将不断呈现。作为广播电视节目的制作者和传播者，广播电视媒体也将在"三网融合"红利中分得一杯羹。2016年，国家新闻出版广电总局印发《关于进一步加快广播电视媒体与新兴媒体融合发展的意见》，对进一步加快广播电视与新兴媒体融合发展的总体要求、重点任务、实施保障等提出了明确要求。在国家发展战略的支持和带动下，广播电视的媒体融合发展已纳入国家发展战略，这也是广播电视媒体的最大红利和后盾。

（二）媒体生存驱动

挑战往往与机遇并行。以互联网为平台的新媒体群体敲响了以报纸、广播电视为代表的传统媒体的丧钟。当前，传统媒体已经深刻意识到媒体融合很可能是他们能抓到的最后一根稻草,因此,从中央到地方的各级传统媒体都在主动积极探索媒体融合之路,这也成为推动广播电视媒体转型发展的一个重要历史机遇。英国的传统媒体的改革之路不失为一个很好的借鉴,英国是老牌的广播电视媒体国度,在 DAB 数字平台上进行广播的电台有 198 家,数字广播的收听贡献率超过了 1/3,实现了广播数字化转型,听众可以通过 DAB 设备收听广播。

四、威胁(T)

(一)新媒体的威胁

随着技术的发展,信息传播进入新媒体时代,对传统广播电视行业带来了巨大的冲击,网络广播、网络视频、手机广播、手机电视、OTT 等新媒体新形式出现,广播电视的传输通道和节目形态及接收终端,都发生了巨大的变化,中国互联网络信息中心发布的《中国互联网络发展状况统计报告》显示,截至 2019 年 6 月,我国网民规模达 8.54 亿人,互联网普及率达 61.2%;我国手机网民规模达 8.47 亿人,网民使用手机上网的比例达 99.1%;我国网络视频用户规模达 7.59 亿人,占网民整体的 88.8%。如图 3-1 所示。

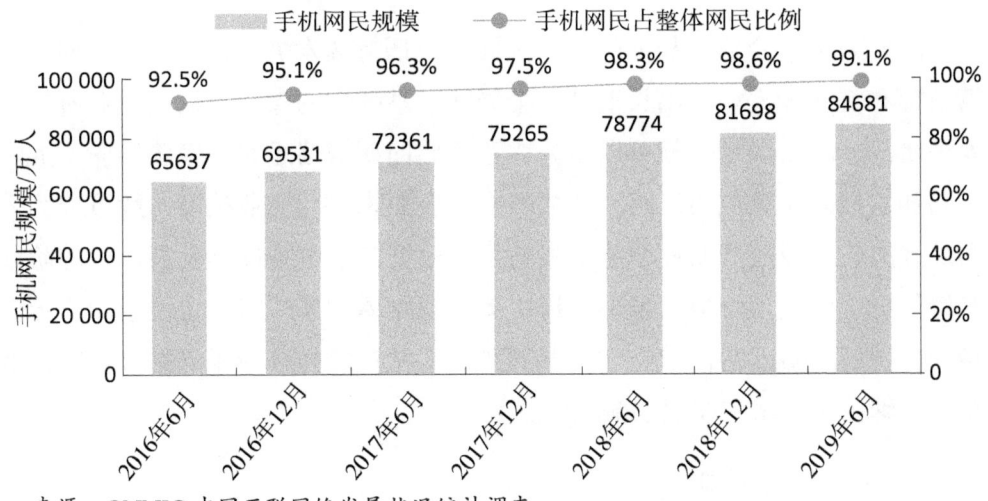

来源:CNNIC 中国互联网络发展状况统计调查

图 3-1　2016 年 6 月—2019 年 6 月中国手机网络用户规模及占比情况

可以说，媒体融合带来广播电视媒体的频率频道生存方式和盈利模式都发生了根本性的改变。网络视频行业将持续稳定增长，随着 5G 时代到来，网络视频行业移动化、精品化、生态化、广覆盖发展进程将更加迅猛。爱奇艺和优酷分别与 Netflix、索尼影视等海外版权方达成内容授权协议，通过引进海外正版视频资源提升其内容竞争力，广播电视媒体的竞争空间将趋向紧缩。

（二）传统优势的威胁

进入移动互联网时代，媒体更多提供的是新的生活平台和生存空间，更加重视内容、技术、经营等整个信息服务链条，"内容为王"已难以成为媒体发展的重要理念。以《纽约时报》为例，2000 年总营业收入 36 亿美元，营业利润 6.35 亿美元，到了 2013 年，其经营收入仅为 16 亿美元，营业利润 1.58 亿美元，为此，该报致力于由"内容提供者"向"信息服务者"转变，一改以往单纯传播新闻和信息的业务，获得了积极有效的竞争力。

第二节 广播电视媒体发展战略

战略是为了企业的长期生存与发展（包括持续发展），对经营方向、经营目标和实施步骤等做出长期性、全局性、系统性的谋划。根据企业所处的发展阶段，战略谋划一般可以划分为竞争导向型战略思路、经济导向型战略思路和发展导向型战略思路。从战略框架层面来讲，企业战略一般可分为公司层战略、事业层战略和职能层战略等。根据广播电视媒体发展所处的阶段和媒体融合的发展形势，本书所指广播电视媒体发展战略应定位于竞争导向型的公司层战略。结合 SWOT 分析框架，广播电视媒体应重点推进一体化战略、品牌扩张战略和技术创新战略。

一、一体化战略

一体化理论的基础是交易费用理论。该理论起源于罗纳德·科斯 1937 年的《企业的性质》，根据该理论，如果用企业体制来组织经济活动比市场体制来组织更好，那么为什么不把所有的经济活动都组织到一个企业中去？为此，罗纳德·科斯提出了交易费用的概念，他认为，使用市场一定产生了成本，并可以在厂商内部得到消除。根据交易费用理论，当市场交易费用大于管理费用时，就应当扩展企业边界，实行一体化。

广播电视媒体一体化战略就是要通过兼并、收购、合并和新建等方式，将传统媒体和新媒体的生产、播出、传送、覆盖等上下游产业链吸收合并为一个媒体集团，形成一条完整的价值链和产业链，实现产业的规模经营和资产结构优化。一是创新运行体制机制，加强顶层设计，培养全媒型、专家型人才，对原有采编、新媒体发布和经营管理流程进行深入的数字化、集约化改造，完善融合规划布局和项目方案，推进从"相加"阶段迈向深度"相融"阶段。二是在全国打造若干跨媒体、跨区域、跨行业的大型全媒体集团，以大型全媒体集团为核心，打通相关行政区域内各媒体，实现统一布局、统一运营和统一管理。三是实施特殊的事业单位治理方式，打破事业单位的用人机制、薪酬机制和绩效管理机制，推进成本管理，建立财务共享服务中心，全面实施以权责发生制为基础的广播电视媒体会计制度，探索建立公司化运营的事业单位治理模式，充分激发和调动广播电视媒体的生产力和生命力。

二、品牌扩张战略

品牌扩张战略的理论基础是能力理论，根据该理论，资源几乎没有生产能力，企业的资源包括大量的有形资源和无形资源，与核心能力的形成密切相关；核心资源是指企业拥有的对企业核心能力的形成，对企业获得超额利润、持续竞争优势起到关键性作用和突出贡献的资源。品牌战略是企业的一种竞争力，品牌延伸是企业借助消费者对品牌已有的联想，将品牌用于新的产品上，以便缩短新产品被消费者所接受的时间，减少开辟新市场的投资，降低失败的概率。

在新媒体领域的突破中，广播电视媒体要坚持特色优势战略，继续细分媒体市场，电视要坚持"视频"特色，广播要充分发挥"声音"优势，把优势和特色发挥到极致，坚持自己的特色、风格和气质，扩大自身优势，拓展更多形式新业务。要探索适应分众化、差异化传播战略，对内容进行定制生产、精细加工、精准推送，集中打造新闻信息内容的"中央厨房"。要坚持移动优先战略，积极占领手持移动终端市场，以移动网络为重点，以互动为抓手，以用户为核心，以"三微一端"为平台，以融合矩阵为窗口，全方位利用云计算、大数据等新兴技术，开展大众化、社交化、分众化、精准化传播，创建多维度的知名品牌的新媒体集群。英国BBC在品牌扩张战略方面的做法可圈可点，该台始终坚持一个品牌，呈现十个产品，凡是与之不相适应的栏目、节目甚至频道都予以取消。同时，通过与新媒体的融合，利用移动互联网、大数据、云计算等信息网络技术，实现传统媒体与新媒体的取长补短，共同发展。国内以中央电视台（简称"央视"）为例，央视在2016年两会宣传报道中，注重加强传播，新媒体主打"一V一云一平台"，取得不俗效果："一V"即央视新闻独家微视频，精选两会核心现场，第一时间推送；"一云"即两会"云直播"，通过云直播摄像头带领网友全天候、全方位看尽两会会场内外；"一平台"是央视新闻"三微一端"两会互动平台，平台上搭载了"两会解码""两会热搜""两会大数据"等多个互动产品，方便代表委员、权威专家和网友互动交流。

三、技术创新战略

创新来自熊彼特的《经济发展理论》，他认为创新就是建立一种新的生产函数，即实现生产要素和生产条件的一种从来没有过的新组合，并引入生产体系。根据创新理论，技术创新是一种能够把握市场和技术机会的能力，企业不但要善于捕捉所在领域的世界最新技术成就，还要捕捉本行业中市场对产品的需求。

无论是传统广播电视产业，还是新媒体产业，都是高技术带动的技术密集型产业。广播电视产业媒体融合发展，毫无疑问也是由高新技术带动和引领的。广播电视媒体要通过实施重大项目带动战略，加强融媒体中心和"中央厨房"建设，实现"采编播存用"全流程再造，积极推进传统媒体平台和新平台项目融合，建设私有云和公有云相结合的大数据平台，努力推动从数字化传播向智慧媒体转型。要开展关键技术研发应用战略，开展云计算和智能互联等关键技术的研发应用，为个性化节目生产和分发提供技术平台、数据支撑。要加快建设统一的移动资讯发布平台，做到统一出口、统一品牌、统一标识。以江苏台为例，该台积极促进媒体融合发展，率先搭建基于三云融合的"荔枝云"新闻平台，面向媒体融合再造新闻生产流程。"荔枝云"平台集存储、制作、分发、审核功能于一体，各版块记者随时进行文稿编辑、素材共享、传片剪片、审稿审片，实现不管前方后方、线上线下、会场内外，都可开展报道，有效提升新闻发布的便捷性、时效性、丰富性和针对性。与"荔枝云"配套使用的全媒体转播平台车载4G专网系统，可直接接入"荔枝云"平台，实现传统电视信号传输与全媒体内容采集发布系统的融合，为融合报道、立体发布提供强大的技术支持。

第三节 广播电视媒体管理会计体系构建的思路

管理会计的宗旨是服务于主体的内部治理，广播电视媒体管理会计体系应当服务于广播电视媒体的战略目标和战略任务，并以此不断调整管理会计的体系内容和管理工具。

一、体系构建的原则

广播电视媒体在构建管理会计体系时应当重点把握操作性、重要性、联动性和可用性原则。

（一）重要性原则

管理会计是一个庞大的体系，涉及财务管理和非财务管理等各个方面，因此，在设计广播电视媒体管理会计体系时要充分考虑其可用性和必要性，应当结合媒体融合改革发展的实际需要，本着重要性和关键性的原则，选择对广播电视媒体融合急需和必要的管理会计工具和指标，并在实施过程中不断改进和完善。

（二）操作性原则

由于广播电视媒体长期以来在事业体制下管理和核算，加上管理会计体系在事业单位的实施推广尚未全面开展，管理会计专业人才缺乏，因此，广播电视媒体管理会计体系构建要本着简便易行的原则，在指标设定、工具应用、体系搭建、信息系统操作等方面要便于操作，降低实施成本。

（三）联动性原则

广播电视媒体管理会计是一个有机整体，各个部分并不是孤立和静止的，往往彼此相关，"你中有我，我中有你"，因此，在设计和实际操作过程中，要充分考虑管理会计工具和指标、报表等之间的关联，加强各部门和各责任中心的协同管理，实现管理会计的协同效应。同时，管理会计体系的建设和施行依赖于本单位业务流、服务流、财务流、信息流整体生态系统的顺畅运行，必须建立统一领导、责任明确、协同联动机制，高效解决遇到的各种问题，推动管理会计融入管理，嵌入流程中。

（四）有用性原则

当前理论界对管理会计和财务管理的边界存在一定的争议，在有的方面存在边界模糊的问题，因此，在设计管理会计体系时应本着实用至上的原则，以实现管理会计工具和应用最大化为目标，大胆创新管理会计理论和工具应用。

二、管理会计应用体系内容

管理会计应用是一个复杂、庞大的体系，其体系构建是一个漫长的发展过程，不可能一蹴而就、面面俱到。结合事业单位管理特点，根据媒体融合背景下广播电视媒体的战略目标和任务，广播电视媒体当前应当重点从全面预算管理、广播电视节目成本管理、内部控制管理、投融资管理、项目管理和管理会计报告等几方面建立管理会计体系。具体来讲，就是以全面预算管理为抓手，服务媒体战略方向，优化广播电视媒体资源配置；以广播电视节目成本管理为抓手，推进内部精细化管理，打造广播电视媒体成本优势；以内部控制管理为抓手，建立风险防范机制，提高广播电视媒体安全发展能力；以投融资管理为抓手，撬动广播电视媒体产业体系升级和产业结构优化重组；以项目管理为抓手，提高媒体管理和生产经营效率，推进广播电视媒体一体化战略和技术创新战略；以管理会计报告为抓手，重构广播电视媒体管理报告体系，服务和助推广播电视媒体发展战略。

（一）全面预算管理体系

一体化发展战略需要广播电视媒体与深度市场化的新媒体全面接轨，对媒体体制和内部治理机制提出了新的要求。由于传统预算管理的预算服务内向化不足，预算内容全面性不够，预算机制引导性不强，迫切需要运用全面预算管理理念和工具来改进预算管理的效能和效率。全面预算管理是指全要素、全过程、全员预算管理。其中，全要素预算管理延伸至业务预算、办公预算、专门决策预算、资源预算及财务预算等；全过程强调广播电视媒体预算管理要贯彻预算编制、执行、分析、报告、考评的整个过程；全员预算管理要由最高领导者、管理层、执行层等各层面及管理、节目、技术、人力、财务和其他专业各方面人员全员参与；全面施行预算绩效管理将促进资源配置效率和经营效益显著提升。

（二）广播电视节目成本管理体系

无论是一体化战略、品牌扩张战略还是技术创新战略，成本领先都是战略实现的基础。成本领先要求加强成本与费用的严格控制，通过降低成本来获得持续的竞争优势。媒体融合加剧了广播电视行业的市场竞争，客观上推动了广播电视行业的产业转型。广播电视媒体只有在坚持社会效益与经济效益并举、促进成本管理水平提高的基础上，才能实现媒体融合乃至自身生存发展的战略转型。因此，建立集成本预算、成本核算、成本控制、成本分析和成本考核于一体的广播电视媒体节目成本管理体系，是广播电视媒体管理会计的重要内容和急需应用。

（三）内部控制管理体系

随着广播电视媒体一体化战略的不断推进，为有效解决因广播电视媒体融合途径不断多元、融合资金不断涌入等带来的经营、决策和内部管理风险，需要建立适合媒体融合、包含单位层面和业务层面的广播电视媒体内部控制管理体系。其中，单位层面的内部控制主要包括机构设置、建立科学合理的内部决策体系、建立健全内部管理规章制度等；业务层面的内部控制主要包括预算业务内部控制、收支业务内部控制、政府采购业务控制、资产控制、建设项目控制、合同控制等。

（四）投融资管理体系

在媒体融合时代，广播电视媒体转型发展，必须跨界经营，积极推动资本与媒体结合，产业与金融结合，构建广播电视媒体投融资管理体系，重点解决战略与投融资的统辖联动，建立投融资决策系统、价值估算模型、投融资操作程序和实施平台，风险控制平台，不断完善广电媒体投融资机制和体系建设方案。

（五）项目管理体系

在广播电视媒体一体化战略和技术创新战略带动下，广播电视媒体将在优化新闻信息采集、节目多媒体展现、形态全媒体布局、搭建互联互通平台等方面密集推进，与之相伴的是项目管理内容和体量的空前巨大。在此情况下，迫切需要建立包括项目预算管理、采购管理、成本管理、风险管理、绩效管理等在内的广播电视项目管理要素体系、知识体系和流程管理体系。

（六）管理会计报告体系

随着广播电视媒体品牌扩张战略带来的融合新形式新业态的不断出现，将对广播电视媒体的预算战略、节目成本、内部控制、媒体项目等提出新的管理要求，需要结合媒体融合的发展重构广播电视管理会计报告对象、分类、要素、流程、内容等，科学构建广播电视媒体管理会计报告体系。新施行的权责发生制政府综合财务报告设计思路值得借鉴，"从'会计要素'铺开的传统思维向'业会融合'业务循环的现代思维转变"，构建管理会计报告体系，解决好管理会计体系中成本核算"项目要素"与政府会计"费用要素"的映射对接，解决好管理会计成本核算口径中的"本年利润"与政府会计费用口径下"本年盈余"的数据统一性和差异性问题，既保持管理会计报告的客观性、独立性，又保证与财务会计报告体系的协同性、互补性，同时充分发挥管理会计与业务管理融为一体的特性，善于挖掘本单位业务运行、内部管理中的细节问题、关键问题、全局性问题，以点带面，全面系统分析运行风险、管理漏洞，提出具有前瞻性、针对性，系统性的解决建议，让管理会计报告的实效功能得到决策层和管理者的高度认同。

三、管理会计应用问题

媒体融合对管理会计提出了更高要求，全媒体传播重塑了广电媒体生产和管理流程，业务场景多元化与预算编制多向性问题、融媒体成本核算问题、绩效考核的规则问题、跨界经营的投融资界限问题等，都需要广播电视媒体通过管理会计做出响亮回答，并在实践中迅速解决。管理会计在广电媒体的应用中应坚持问题导向、盯紧短板效应，自我加能，为广电媒体改革发展赋能，讲应用策略、讲应用方法、讲应用效能。

当前，管理会计在广播电视媒体管理中还存在"贤而不知、知而不用、用而不任"的现象，管理会计体系建设和应用推广要将着力点放在"数据"硬功上，走大数据、云计算道路，从全面提升单位绩效管理为基点，打通媒体内部IT各系统的信息孤岛，打通业务和财务的信息壁垒，有机融合媒体治理、管理。针对广电媒体内部存在的管理问题或者短板，管理会计要用有力的数据支持决策，用科学的分析支撑绩效评价，用嵌入作业流程的控制手段为媒体发展赋能，为业务运营赋能，多方位运用管理会计工具，多场景参与成本效益核算，新视角提出解决方案，有的放矢解决广电媒体存在的老矛盾、面临的新问题,充分体现出管理会计的价值,树立形象展示能力。

当前广播电视媒体面临发展危机,管理会计应用重点解决的是问题识别,全面分析约束资源。以往,财务部门只发挥"账房"作用即可,现在管理会计应起到"参谋本部"的作用,因为广播电视媒体发展资金、资产、资本管理都在财务部门,各项经济活动产生的大数据资源也在财务部门,这是管理层决策的重要依据,财务部门责无旁贷。管理会计工作者必须深入了解业务,练就"火眼金睛",在内控中发挥非同以往的作用,通过运用成本效益评价工具,对单位的每一项业务进行评价,促进单位剔除不增值作业,把有限的资金用到价值提升上来,促使全台(集团)人员聚焦改革,专注核心业务、创新业务、增值业务,把一些陈冗业务、过时业务剔除。

四、组织实施

管理会计体系的构建是一项系统工程,牵一发而动全身,需要调动广播电视媒体的整体力量,在组织机构、监督管理、人才培养等方面全面入手。

(一)设立管理会计组织

为切实做好管理会计工作,更好地为广播电视媒体改革发展服务,广播电视媒体应当设置管理会计部门或岗位,配备一定数量的管理会计人员,具体负责管理会计的战略规划、规章制度、内容体系、信息系统、管理机制、绩效考评等的制定、组织实施、监督指导等工作。

(二)建立管理会计信息系统

广播电视媒体应当结合媒体特点,围绕管理会计内容、工具、流程等,建立包括全面预算管理、节目成本管理、内部控制、投融资管理、项目管理、管理会计报告等在内的信息管理系统,打通财务和业务之间的壁垒,建设业财融合、开放互动、信息共享的管理会计平台,打造业务信息和财务信息的大数据采集、多样性分析、体系化呈现平台,依靠平台进行全资源核算、预算、汇算,推进全价值链、精细化管控。

（三）健全管理会计监管

广播电视媒体应当在完善管理会计组织机构和人员的基础上，建立完善管理会计监管信息系统和平台，实时对管理会计各子系统的运转情况进行监督和调控，并根据监督和调控的具体情况，定期或不定期调整、修正管理会计体系、制度和指标、工具等。

（四）加强管理会计人才培养

管理会计是一项重要的管理工作，随着媒体融合的不断推进，应当着力加强媒体管理会计领军人才的培养，为广播电视行业打造一支懂经营、善管理的管理会计人才队伍。广播电视媒体应当安排熟悉广播电视媒体业务、掌握管理会计知识和工具的专业人员到管理会计部门或岗位，并加强对管理会计人员的培养和使用，定期委派管理会计人员参加国内外相关专业培训，适时开展财务和非财务管理岗位交流，使管理会计人员不断开阔专业视野、培养管理会计思维、丰富业务经验、提高管理和服务的能力。

第四节　小结

本章采取 SWOT 分析框架，分析了广播电视媒体面临的优势、劣势、机会和威胁，在此基础上，提出在媒体融合背景下广播电视媒体应重点推进一体化战略、品牌扩张战略和技术创新战略。根据管理会计服务宗旨，分析了广播电视媒体在构建管理会计体系时应当重点把握的操作性、重要性、联动性和可用性原则，根据媒体融合背景下广播电视媒体的战略目标和任务，提出了广播电视媒体应当重点从全面预算管理、广播电视节目成本管理、内部控制管理、投融资管理、项目管理和管理会计报告等几个方面建立管理会计体系。

第四章　广播电视预算管理

预算管理是财务管理的重要组成部分,是组织管理的支柱型管理方式,承接战略管理,连接成本管理、运营管理、绩效管理,是管理会计工具的重要应用领域。广播电视媒体长期以来在事业单位体制框架下运行,预算管理的功能更多的是服务于财政和上级主管部门,是各级财政预算及部门预算的基础,内部治理功能相对弱化。进入媒体融合时代,广播电视媒体与深度市场化的新媒体全面接轨,媒体体制和内部治理机制发生了根本性改变,传统预算管理理念、方式、范畴、制度等已难以适应广播电视媒体融合改革,预算服务内向化不足,预算内容全面性不够,预算机制引导性不强。客观环境要求预算的资源配置和业绩评价职能必须充分发挥出来,预算目标设置、预算编制、预算控制、预算绩效评价不能是流程化的浅层管理,而应是战略落实的"压舱石",业务展开、业绩提升、解决各种运营矛盾的"推进剂",广播电视媒体迫切需要运用全面预算管理理念和工具来改进预算管理的效能和效率,以更好地服务媒体融合发展。

第一节　广播电视预算管理概述

本章所指广播电视预算管理是指广播电视媒体利用预算对本台各部门的各种财务及非财务资源进行分配、考核、控制,以便有效地组织和协调宣传与发展等各项任务,完成既定的目标。

一、广播电视预算管理演变

主要从两个方面阐述广播电视预算管理的演变过程,一是按时间序列概述,二是考虑广告收入在广播电视媒体中的重要作用,单独梳理其政策调整情况。

(一)分阶段变化

我国广播电视媒体预算管理基本上遵循各级财政部门的管理规则和要求,各级广播电视媒体预算管理的实践也随着财政管理方式的变化经历了几个阶段的变化。

部门预算改革之前,我国的事业单位普遍没有严格意义上的预算管理。与计划经济相适应,不同类型的拨款经费,遵循经费主管部门的不同要求,分别实行财务收支计划管理。各级广播电视媒体按照其事业发展需要,从不同渠道获取拨款,如从行政主管部门获取的广播电视事业费、从国家科技主管部门获取的科研事业费、从国家计划发展部门获取的基本建设经费,以及从国家外事管理部门获取的外事经费等,一种经费一本财务收支计划(预算),以收定支,实行计划(预算)管理。

2000年,国家开始实行部门预算改革,即常说的"一个部门一本预算",要求各部门统一实行新的预算编制方法,编制独立完整的部门预算。各级广播电视媒体按统一要求,依据国家政策相关规定及职能需要,编制年度单位财务收支计划,直接或经本级广播电视行政管理机构审核后汇入各级年度部门预算。各级广播电视媒体的收入预算主要包括财政补助收入、事业收入(含预算外资金)、上级补助收入、附属单位上缴收入、经营收入、其他收入等,对广播电视媒体而言,财政补助收入和广告收入占到主要部分;支出预算主要包括事业支出、经营支出、对附属单位补助支出、上缴上级支出和其他支出,其中,事业支出占最主要部分,包括维持正常运转、完成日常工作任务所需的基本支出和为完成其特定的工作任务或事业发展目标所需的项目支出。

十几年来,与部门预算管理改革相适应,财政部门组织实施了政府采购、非税收入、国库集中支付、政府收支分类、结转结余资金管理、预算绩效评价、支出标准定额制定等一系列的制度改革,提出了许多新的预算管理要求,各级广播电视媒体作为预算单位,均须遵照有关要求执行。

2015年起，财政部门在组织编制下一年度预算的同时，要求各部门各单位要编制三年滚动规划，即根据中期财政规划和各部门各单位改革发展需求，编制三年支出规划，统筹当前长远，实行滚动管理。各级广播电视媒体也按要求编制三年滚动规划。三年滚动规划，类似于预算管理领域应用的管理会计工具之"滚动预算"，即以年度为滚动频率，各级广播电视媒体根据上一年预算执行情况和新的预测结果，对原有的三年支出方案进行调整和补充，逐期滚动，持续推进。

（二）广告收入预算管理方式变化

在此值得一提的是，在各项预算收支管理中，广播电视媒体与其他一般事业单位最大的区别在于，其收入中除财政补助收入之外，列入事业收入的广告收入是另一重要组成部分。因此广播电视预算管理，除了上述随国家预算统一管理要求的发展而分阶段变化外，随着财政对广告收入预算的管理要求的变化，又具体区分为不同的阶段。

随着市场经济的起步和发展，各级广播电视媒体取得的广告收入逐渐形成一定的规模。初期，广告收入作为财政拨款的补充，直接用于广播电视媒体的事业发展。广播电视媒体将广告收入作为收入来源之一，列入内部收支计划管理。1991年12月广播电影电视部和财政部印发的《广播电视广告收入管理暂行规定》（广发计字〔1991〕984号），明确提出了广告收入抵顶单位预算的规定。

1996年开始，按照国务院颁布的《关于加强预算外资金管理的决定》（国发〔1996〕29号）和财政部《关于请将你部收取的行政事业性收费基金纳入中央预算外资金专户管理的通知》（财综字〔1997〕100号），各级政府和政府部门主办的广播电台、电视台、报社等事业单位直接收取的广告收入属于预算外资金，实行"上缴财政专户，收支两条线"的管理办法，即各级广播电视媒体收取的广告收入属于财政性资金，需按照财政有关规定部分上缴中央和地方财政专户，经返还后作为预算外资金归广播电视媒体使用；部分被核准为单位直接留用。对预算外资金部分，绝大部分广播电视媒体需要按要求编制预算外资金收支计划,经财政部门审核报经同级政府部门批准后实施。极个别实行集团化改革的广播电视媒体,经当地财政批准后,实行自收自支,照章纳税管理。

随着 2000 年部门预算改革的实施,上缴财政后返还作为预算外资金管理的广告收入和按规定留用的广告收入,均纳入部门预算,按照部门预算管理的相关规定进行管理。

2011 年,财政部印发《财政部关于将按预算外资金管理的收入纳入预算管理的通知》(财预〔2010〕88 号),要求除教育收费纳入财政专户管理外,其他预算外收入全部上缴国库,支出通过一般预算或政府性基金预算安排,进一步强化综合预算管理。根据该通知,有的广播电视媒体的广告收入纳入预算管理,按照"收支两条线"的原则管理。

二、广播电视预算管理现状

大多数广播电视媒体作为国家预算基层预算单位,按照国家预算的统一要求实行预算管理。个别广播电视媒体在对外遵循国家预算要求进行预算管理的基础上,探索科学的预算管理方法,强化内部预算管理,如上海广播电视台、青岛广播电视台等近年来开始推行全面预算管理。

(一)预算编制

各级广播电视媒体主要遵循国家预算"二上二下"的程序,编报单位预算。

1. 基本做法

先由各级广播电视媒体按照国家预算编报的各项要求,编制"一上"单位预算,填报单位基础信息数据库,制定项目支出预算及项目绩效目标、新增资产配置相关预算等,经同级主管部门审核汇总编入部门预算,报送同级财政部门。财政部门进行综合平衡,核定下达各部门财政拨款预算"一下"控制数。广播电视媒体严格按照预算"一下"控制数,编制包含财政补助收入和非财政补助收入在内的全口径收支预算,同时编制"三公"经费预算、政府采购预算、新增资产预算等,按程序报送"二上"预算。次年,财政部门将经过同级人大审议通过的预算，批复至主管部门，主管部门再批复至广播电视媒体。

由于国家预算目前主要侧重财务收支管理，各级广播电视媒体基本上都由财务部门来主导和从事预算编制工作。普遍做法是：财务部门按照国家预算要求的内容、格式和时间等要求，组织各业务部门和行政后勤部门等编报预算，财务部门负责审核、汇总、统筹，报经台长办公会或台务会等决策机构审议通过后对外报送。在具体编报方法上，不少广播电视媒体采取"固定加变动"的方法，各部门的历年预算有一个相对稳定的基数，保证正常的工作项目开展，在此基础上视当年具体情况由台里统筹平衡，核定"变动"部分。例如，有特殊重大宣传任务的年份加大节目部门节目制作预算，有重大技术改造需求的年份加大技术部门技术设施保障预算等。

2. 主要原则

广播电视媒体预算编制要遵循事业单位相关原则：一是合法性原则，预算编制要符合国家《预算法》等各项法律法规规定，充分体现党和国家的方针政策，并结合广播电视媒体的事业发展目标、宣传任务和职责、计划等。二是稳妥性原则，要做到稳妥可靠，量入为出，收支平衡，不得编制赤字预算。收入预算要留有余地，没有把握的收入项目和数额，不列入预算，以免收入不能实现时，造成收入小于支出，收支预算不能平衡；支出预算要建立在稳妥可靠的收入基础上，不能预留硬缺口。三是完整性原则，要体现综合预算的要求，将所有收入和支出全部纳入广播电视媒体预算，对各项财政资金和其他收入，统一管理，统一编制综合预算。编制预算时要将单位依法取得的包括财政补助收入在内的各项收入及相应的支出作为一个有机整体进行管理，对各项收入、支出预算的编制做到不重不漏，不得在单位预算之外保留其他收入支出项目。四是真实性原则，必须力求各项收支数据真实准确。机构、编制、人员、资产等基础数据资料要按照实际情况填报；各项收入预算要结合近几年实际支出情况测算，不得随意虚增或虚列支出预算；各项收支要符合单位的实际情况，测算时要有真实可靠的依据，不能凭主观印象或认识提高开支标准编制预算。五是科学性原则，主要体现在：预算收入的测算和安排预算支出的方向，要与国民经济社会发展状况相适应，要有利于促进事业协调健康、可持续发展；预算编制的程序设置要科学，合理安排预算编制每个阶段的时间，既要以充裕的时间保证预算编制的质量，也要注重提高预算编制的效率；预算编制的方法要科学，基本支出预算要依照定员定额等科学的方法测算，项目支出预算编制中要对项目进行论证和遴选，区分轻重缓急排序，科学合理地选择项目。六是合理性原则，要做到合理安排各项资金，按照保证重点、兼顾一般的原则，优先确保支出重点；妥善安排其他各项支出，基本支出是维持单位正常运转所必需的开支，如人员工资、离退休费、日常公用经费等，要优先安排，不能留有缺口；项目支出应根据财力情况和事业发展需要，按照轻重缓急进行排序，优先安排符合国民经济和社会发展计划、符合国家有关政策和事业发展目标和计划的项目等。七是统一性原则，要按照国家统一设置的预算表格和统一的口径、程序及统一的计算方法填列有关收支数字指标。

（二）预算执行

各级广播电视媒体的预算执行，主要按资金来源区分为财政拨款和非财政拨款两类进行管理。

1. 基本做法

国家对包括广播电视媒体在内的各预算单位预算执行的管理要求，主要集中在财政拨款的支出预算执行上。在国库集中支付改革前，广播电视媒体使用财政拨款，需定期报经主管部门向财政部门报送请款申请，财政部门审核后将款项经主管部门拨付至广播电视媒体账户，由其按照实际需要支用款项。在财政国库集中支付改革后，广播电视媒体按规定开设零余额账户，按照年初确定的预算执行计划，直接向财政部门申请财政拨款额度，分为直接支付和授权支付两种形式支用财政拨款。因此，广播电视媒体的财政拨款预算执行全部在国库集中支付体系中进行，置于财政的监控之下，预算执行更加规范，管理要求更加严格。广播电视媒体对非财政拨款部分的预算执行，相对具有较大的自主权，在年初确定的预算框架之内，按照实际工作需要进行支用。但广播电视媒体的资金，无论是财政拨款，还是非财政拨款，都属于预算资金，执行过程中，属于政府采购范围的，按要求实施采购；费用支出标准国家对事业单位有规定的，按规定的标准执行。

广播电视媒体内部，对预算执行一般分权限进行管理。一定额度以下的，由相关项目责任部门负责人审批后支用；一定额度以上的，需由台领导审批；属于"三重一大"的"大额资金"范围的，还需要经过台务会等集体决策机构审议通过后才能执行。部分广播电视媒体根据其管理需要，成立了类似"财经审核委员会"等专门机构来行使预算执行工作涉及的部分决策工作机制。

此外，广播电视媒体在预算执行过程中，出现突发事件等调整因素时，除财政拨款预算调整需按照国家《预算法》的规定，按程序报经主管部门审核后报财政部门做相关调整外，非财政拨款预算的调整，多数广播电视媒体通过内部报批和决策程序来实现，年度终了后将执行结果通过单位决算反映。

2. 主要原则

目前，广播电视媒体的财政拨款的支出预算执行，须遵循财政部门对预算单位的相关要求。一是序时性原则，预算执行要按照年初确定的预算执行计划执行，接受财政部门和行政主管部门的定期考核，在规定的统一考核时点，原则上要达到序时执行进度。二是规范性原则，要遵循国家关于事业单位财务管理、采购管理的各项规章制度规定，采购活动属于国家规定的政府采购范围的，要严格执行政府采购规定的程序和要求；费用支出等的标准，要执行国家和部门等规定的标准；账务会计核算，要遵循政府会计准则和制度等。目前财政拨款全部经由国库集中支付方式支付，资金使用的规范性，在技术上也受到较强的制约。三是及时性原则，要于年度内及时执行当年的财政拨款预算，原则到年底预算执行率要达到100%，避免资金结转和结余，按照近几年国务院关于消化存量资金的管理要求，财政拨款预算两年以上未支出完毕的,除了特殊因素外,原则上要全部收回同级财政。

广播电视媒体的非财政拨款资金的支出预算执行,国家未对执行原则作出明确和统一的规定,但同样适用于预算执行的规范性约束,只是在序时性和及时性方面,广播电视媒体相对拥有较大的自主权。

(三)预算考核

和其他不少事业单位一样,各级广播电视媒体在过去很长的时间里,在预算管理上存在"重分配、轻效益"的倾向,预算绩效理念不强,缺乏对预算执行科学有效的考核工作机制。随着我国财政管理体制改革的推进,预算绩效理念逐步强化,预算管理越来越强调预算支出的责任和效率,更加关注预算资金的产出和结果。目前各级广播电视媒体主要按照财政预算绩效管理的要求,对其财政拨款资金预算执行实施两方面的考核:一是预算执行过程中定期考核预算执行进度;二是预算执行结束后,配合主管部门和财政部门对项目预算和单位总体支出预算的产出和结果开展绩效评价。随着我国全方位、全过程、全覆盖的预算绩效管理体系的逐步完善,多层次的预算绩效评价将解决拨款部门和资金使用单位的预算绩效管理主体责任问题,预算考核将得以全覆盖。

1. 基本做法

近年来,为提高财政预算资金使用效率,各级财政部门对各部门各单位的财政资金预算执行进度予以了更多的关注,在预算执行过程中,一般以计划进度或序时进度为标准,定期对预算执行进度进行考核,通过通报、警报、约谈、督查等机制,促进各部门各单位预算执行。为推动预算执行,各级广播电视媒体对其内部各预算项目承担部门,也建立了一定的预算考核机制。由财务部门定期对各部门的预算执行结果进行统计,在一定范围内进行通报、警报等,与计划进度或序时进度有差距的,分析原因,约谈或督查部门,督促执行;对于执行确有困难的,通过按程序报批调整预算内容或部门间调剂的方式,统筹推进预算执行。年度预算执行结束后,个别广播电视媒体比照财政做法,将内部各部门新一年度的预算分配与上一年度预算执行结果挂钩。

此外，预算绩效管理要求建立以绩效目标实现为导向、以绩效评价为手段、以结果应用为保障的预算管理体系。随着财政预算绩效管理的全面推进，各级广播电视媒体也按照财政预算绩效管理有关要求，配合主管部门和财政部门实施预算绩效管理。具体做法是：各级广播电视媒体在编制下一年度预算时，按要求对预算项目编报绩效目标，经主管部门审核并报财政部门审定。设定的项目预算绩效目标是项目预算资金预期达到的产出和效果，并以相应的绩效指标予以细化、量化描述，主要具体化为产出指标、效益指标和满意度指标等及其预期值。预算执行过程中，广播电视媒体配合主管部门或财政部门对绩效目标实现程度进行监控，及时修正预算执行或调整预算安排。预算执行结束后，广播电视媒体逐项对照绩效指标，对项目预算执行情况进行自我评价，提交预算绩效报告，将实际取得的绩效与绩效目标进行对比，如未实现目标需说明理由。主管部门或财政部门组织开展绩效评价工作，出具绩效评价报告，分析研究评价结果所反映的问题，查找资金使用和管理中的薄弱环节，提出改进和提高工作的措施，将评价结果与次年预算安排建立一定的挂钩机制。

2. 主要原则

各级广播电视媒体对年度过程中预算执行的考核，主要是以财政部门的预算执行工作要求为目标进行考核，因此，预算执行考核的主要原则可以归纳为：一是目标单一性。对预算执行的定期考核，目前主要关注考核进度，对预算执行效果的关注相对较少。二是标准简化性。考核预算执行进度时，主要将实际预算执行进度与年初制定的计划执行进度相比较，衡量其是否达到计划要求，或者更简化的，与按照时间进度得出的序时进度（如3月底的序时进度应为3/12，即25%）相比。三是结果应用性。财政部门在分配各部门的财政预算额度与各部门的预算执行实际进度间，建立了一定的挂钩机制，对预算执行进度不力的，视情况减少次年预算额度，或扣减当年预算。部分广播电视媒体也对其内部各部门，实施相应的执行考核结果挂钩机制。

近年来国家推行的预算绩效管理改革，主要手段是对财政拨款项目开展预算绩效评价。广播电视媒体配合财政部门和主管部门，对取得的财政拨款项目支出实行预算绩效评价，遵循的原则主要有：一是目标导向性，广播电视媒体在申报财政拨款项目预算的同时，需编报确定项目绩效目标，细分为各项绩效指标及其目标值，预算执行过程中和执行完毕的结果都要与事先确定的绩效目标相比较，衡量预算支出效果。二是评价客观性，财政部门或主管部门对广播电视媒体预算项目开展预算绩效评价，一般由其组织力量或者借助中介力量实施，以第三方评价的方式进行评价，结果较为客观。三是循序渐进性，财政预算绩效评价工作正在逐步从对部分项目支出进行绩效评价，扩展到对所有项目及单位整体绩效进行评价，绝大多数广播电视媒体目前的预算绩效评价工作，主要还在配合财政部门或主管部门进行绩效评价的阶段。四是结果应用性，要求预算绩效评价的结果要有实际应用，做到与次年的预算安排相结合。财政部门或主管部门会结合预算项目绩效评价的结果，考虑下一年度该项目或单位的预算额度安排。

三、广播电视预算管理趋势

从外部客观环境和内部主观要求来看，近年来的广播电视媒体的预算管理发展存在以下趋势：

（一）更加注重预算编制的计划性和前瞻性

国家不断强调高质量发展和持续发展理念，对事业单位的改革和发展，提出了同样的要求。各级广播电视媒体要在新媒体时代提高竞争力和实现长期发展，也必须对自身事业产业的发展方向、目标和业务重点等提前做好综合规划。国家财政体制改革，现也已推出了编制中期财政规划的改革措施，与此相适应，广播电视媒体预算编制也越来越注重计划性和前瞻性，提前规划未来几年的预算规模及重点，全盘衡量，确定年度预算，实现对财务收支的控制和管理。

(二)更加注重预算资金使用的效益性

众所周知,事业单位惯有的管理理念是"有多少钱办多少事",同时由其性质决定,事业单位在花钱上也相对更加关注社会效益。广播电视媒体长期作为事业单位队伍中的成员,再加上过去较长一段时间里依靠财政补助资金及伴随市场经济发展增长的广告收入,资金效益性压力并不大。近年来,随着财政公共支出预算绩效管理理念的引入,更加强调预算支出的效益性。新媒体时代下,广播电视媒体面临更大的资金压力,从长远发展看,也势必要更加强调以绩效为导向的管理和发展,资金的使用管理将在注重规范性的基础上,更加注重效益性,包括对资金绩效目标进行科学设定、对预算资金使用的过程实施绩效监控、对资金使用结果进行深入的绩效评价及其他考核等。

(三)更加注重预算管理的综合性

主要表现在:①注重财务收支预算和资产预算等的统筹。近年来国家对事业单位的预算管理,已进一步强调财务预算和资产预算的结合,对事业单位用预算资金购买车辆以及大型资产等,要求编报新增资产预算。在年初编报财务收支预算的同时,除按要求编报新增资产预算外,部分广播电视媒体还根据内部管理需要开始汇编设备购置和修缮预算,加强财务预算和资产预算的衔接。②注重财政拨款资金和非财政拨款资金的统筹。目前国家预算管理,重点关注财政拨款资金预算,预算执行、预算绩效评价等很多管理措施,主要针对广播电视媒体取得的财政拨款部分。而越来越多的广播电视媒体从生存和发展的内在需要出发,更加注重对所有资金的统筹规划和使用,也在逐步强化对非财政拨款资金的预算管理。③注重预算考核和业务、人事考核等的结合。随着事业单位绩效工资改革的推进,部分广播电视媒体把预算执行纳入了绩效工资的考核因素。实现预算和业务、人事等考核的密切结合,是一个单位管理科学化的体现。

(四)更加注重拓宽预算收入渠道

在新媒体迅速发展的当下,广播电视媒体广告收入普遍呈现下滑趋势,财政拨款增长有限,难以满足广播电视媒体改革和发展支出所需。部分广播电视媒体已经开始动用以往年度广告收入形成的事业基金,填补资金缺口。广播电视媒体将比以往更加注重创收,利用和改进创收政策,增加创收收入。

第二节 媒体融合对广播电视预算管理的影响

作为广播电视媒体的重要管理内容,预算管理也受到媒体融合改革带来的影响和冲击,需要做出改变,主要体现在预算管理的理念、导向、内容、监督、机构等方面。

一、预算管理理念需更新

受现有的管理体制制约,广播电视媒体的预算管理整体上遵循事业单位的理念和思路,核心原则是收支平衡,所谓"有多少钱,办多少事"。同时,过去广播电视媒体因其巨大的受众市场而很大程度上享受着广告市场的"红利"。在新媒体时代,一方面在新媒体发展的巨大冲击下,广告市场逐步被"侵占",广播电视媒体广告收入形势不容乐观;另一方面,广播电视媒体要想继续生存和发展,急需加快媒体融合,需要大量的资源投入。因此,现有的财政拨款及广告收入等"收",已难以满足其媒体融合所必需的双向技术改造、内容建设等所需的"支"。各级广播电视媒体正在逐步转变观念,树立媒体融合治理理念。作为重要管理内容之一的预算管理,要想助力广播电视媒体的融合发展,也必须从根本上更新理念,更多地引入企业预算管理的科学理念,调整预算管理的思路和方法。不仅应在支出预算管理上更加科学化、精细化,更加注重支出效益,还要在收入预算管理上创新机制,主动拓宽收入渠道,最大程度地为广播电视媒体的发展提供资金支持,适应时代变化。管理基础好的广播电视媒体,在预算管理上有必要引入"以支创收"的理念,实现发展的良性循环。

二、预算管理导向需调整

从事业单位预算管理的初衷和实践来看,预算管理原发挥的主要功能为实现计划"控制"。广播电视媒体目前的预算管理也主要是通过各项预算管理措施和方法,将各项经济活动支出控制在年初确定的预算金额内,将广播电视媒体的年度总支出控制在预计的收入总额内。以"控制"为核心的预算管理导向,很大程度上弱化了预算管理的另一重要功能——"决策"。这一预算管理导向,对于传统的纯事业单位而言,无可厚非,但在新媒体时代,广播电视媒体的生存环境发生了重要变化,广播电视媒体正在积极摸索媒体融合战略道路,预算管理的导向也必须与之相适应,重心逐步转向"决策"导向,更大程度地体现预算管理服务于战略管理的功能,即预算管理不仅应更好地体现广播电视媒体的发展战略、定位等,也能为广播电视媒体科学规划发展战略、定位等提供决策参考。

三、预算管理内容需扩延

广播电视媒体目前正在实践的预算管理,基本上仅限于财务预算管理,普遍呈现出一种"为算而管"的状态。随着新媒体时代的到来,广播电视媒体面临更大的竞争压力,从竞争的激烈程度和宽泛程度上说,是广播电视传统媒体前所未遇的一场竞争。广播电视媒体必须用科学的管理手段整合和利用资源,提高自身竞争力,适应并实现融合发展。预算管理作为管理工具之一,要真正发挥其管理功能,必须向"为管而算"转型。所谓的"算",不应是算财务的"小账",而是算一本围绕广播电视媒体战略的"大账"。广播电视媒体的预算管理,除进一步科学化财务预算管理(资金、资产等)外,还要把预算管理的内容涵盖至业务、资源、融资等方方面面,建立一体化的预算管理体系,综合利用资源,优化资源配置,应对媒体融合带来的各项挑战。

四、预算管理考核需强化

如前文所述,当前广播电视媒体的预算管理,主要遵循国家对广播电视媒体财政拨款的预算管理要求。对于各级广播电视媒体预算管理,考核主要来自各级财政和各级主管部门等。广播电视媒体的预算绩效考核理念整体在逐步加强,但绝大多数广播电视媒体预算管理考核的动力不足、措施不多。随着新媒体时代竞争压力的加大,广播电视媒体会有内生的动力对单位预算管理的规范性、科学性、效益性乃至市场适应性、主动性、综合性进行诊断,对管理方式进行自我修整,提升预算管理水平,服务于融合发展战略。

五、预算管理机构需完善

当前各级广播电视媒体中,预算管理工作主要由财务管理部门承担,财务管理部门基本上承担了财务预算的组织编制、审核汇总、执行管理、报告编制等各项基本工作。单位领导主要在确定和报送年度预算、预算执行过程中大额资金的支付、预算绩效评价结果的确认等环节,进行决策和把关。各业务部门和其他职能部门在财务管理部门的组织下,进行预算编制,实施预算执行,对预算管理整体参与度还不高。形成的局面是:预算管理主要是财务管理部门"为算而管",预算管理的全局功能、战略功能等均体现不足。媒体融合背景下,广播电视媒体的战略管理日趋重要,预算管理作为重要管理工具,要充分发挥其体现战略、服务战略的功能,因此需要有一个更完善的预算管理机构体系,统领、推进、实施预算管理工作,纵向上在预算管理的各个环节、横向上在各项具体预算工作组织和统筹,发挥应有作用。

第三节 广播电视全面预算管理的主要思路

广播电视媒体的全面预算管理方案,以预算为管理工具,围绕媒体发展战略,对广播电视媒体运营的所有主要要素,实施从预测到规划到控制的全过程管理,实现资源的综合统筹和全体人员的参与。就广电媒体全面预算应用思路所做的要点研究如下:

一、再造预算管理流程

广播电视媒体实行全面预算管理，与现行的预算管理体系在流程管理上有很大区别。在现有的事业单位管理体制下，各级广播电视媒体仍需遵循财政预算管理的要求，履行"二上二下"的流程，纳入部门预算管理。实施全面预算管理，更大程度上是为了满足广播电视媒体在媒体融合背景下应对挑战和实现发展的内部管理需要。在国家对广播电视媒体的管理体制未予根本改革的情况下，两套预算管理体系不可避免需要并行。另外，两者在某些环节可实现衔接。虽然两套预算管理体系是为了实现不同的管理目的，有不同的管理流程，但在某些环节可以实现衔接，例如，全面预算管理的预算编制流程中，除了预算审议确定环节需按照内部管理需要在时间上相对提前外，其他组织预算编制、审核平衡等环节的时点，均可与财政预算编制工作保持一致；全面预算相较财政预算，范围更大，两者的预算执行实际上是融合一致的，财政预算执行监控、差异分析、决算等工作，均可嵌入全面预算管理的执行监控、差异分析、预算报告等环节中；财政预算执行结果则可作为全面预算考核和奖惩的独立因素之一。

二、构建预算管理信息系统

全面预算管理的核心要义，是以预算为管理工具，实现内容涵盖全要素、贯穿全过程、全员参与的综合管理，因此可以说是一套庞杂的管理系统。在预算编制到执行到分析到报告到考核的全过程中，涉及多个层面多个主体的信息传递，比如预算编制中节目部门和新媒体部门编制的业务预算汇集到资源管理部门，资源管理部门统筹规划的资源预算反馈到节目部门和新媒体部门；预算管理机构审核平衡预算过程中与各部门间的审核调整的双向反馈；预算执行过程中预算执行结果的实时呈现、分析情况的反馈等。这些过程如果全部通过传统的方式，比如"文来文往"，效率可想而知。构建完善的预算管理信息系统，把广播电视媒体从最高领导者到管理层到执行者，从预算编制信息到执行和分析信息到报告和考核信息全部纳入其中，实现信息的多个节点相互传递和实时更新，不仅有助于实现所有要素的综合和所有资源的统筹，还有利于部门间的横向比较和参考及历年数据的纵向比较和分析，将有效地提高全面预算管理工作的效率和效果。广播电视媒体原有的账务处理系统，也可与该套系统中的预算执行模块相衔接甚至合而为一。

三、推进预算绩效管理

2018年9月1日，中共中央、国务院印发了《关于全面实施预算绩效管理的意见》，文件要求创新预算管理方式，更加注重结果导向、强调成本效益、硬化责任约束，力争用3~5年时间基本建成全方位、全过程、全覆盖的预算绩效管理体系，实现预算和绩效管理一体化。李克强总理指出，要将绩效管理覆盖所有财政资金，贯穿预算编制、执行全过程，做到花钱必问效、无效必问责。预算绩效管理将是今后财政资金乃至单位自有资金预算的管理重点，无效益预算（社会效益和经济效益等）恐难再堂而皇之存在了。开展事前绩效评估将成为预算管理的"常规动作"，将实施预算执行进度和绩效目标实现程度"双监控"，实行绩效自评和外部评价的多层次绩效评价体系，全面促进提高资金资产的使用效益及预算的绩效。

四、推广实践探索经验

在广播电视领域，全面预算管理取得了一定的实践经验，青岛广播电视台的具体做法就是例证。该台实现"计划—预算—控制—考核"的闭环式管理，实现全台所有经济业务与财务收支项目及资源耗费均纳入预算管理，包括有形的资金资产和无形资源消耗，重点做好宏观预算和微观预算的筹划与编制。年初，在编制《全台综合运营测算表》的基础上，编制全要素、全资源的"总盘子"预算，分解编制收入预算、人员费用预算、业务预算、管理费用预算、技术预算、专项预算、公用资源消耗预算、税费预算、固投计划预算、重点方向投资预算、机动费预算等。鉴于广播电视是重装备行业的特点，青岛广播电视台探索将技术预算与业务预算紧密结合，在频率频道等业务部门提报业务计划后，财务部门根据成本管理系统中的大数据，编制一套精细化的技术预算，即按照每年初公布的技术设备收费标准，耗用资源的时长，参考上年的使用量及今年预测的增减量，编制每个节目、项目（常规和非常规都计划在内）在每一类设备上的耗费成本，汇总生成《全台技术成本预算表》，这张表可反映全台业务运行的概貌，勾画出全台节目生产的运行轨迹，而且双方形成数据链、管理链的勾稽、制约关系，节目生产部门的技术成本支出，同时也是技术部门的技术服务收入，互相牵制，有效避免了预算的虚空。财务部门反复测算，不断压实预算，通盘考虑经费余缺，预判实施变量，在全面系统、精细核算基础上，编制完成年度预算。

青岛广播电视台积极应对广电媒体行业性经营困难的局面，突出核心战略，围绕战略，依据全台年度目标制定预算体系，细化量化年度计划目标，在台、部门经费收支预算基础上引入资本预算、利润考核预算、综合运营预算、现金流计划，以全要素规划、全覆盖编制、全成本核算、全过程管控制定预算管理目标。

在执行中，实行"预算＋利润＋现金流"联动管控制度，制定下发《预算及利润管控实施细则》，按照利润中心考核改革总要求，以利润为主线，以业务计划、经费收支、利润、成本、现金流等多线索编制融合式预算，编制"以预算为核心，利润为关键指标，全成本为计量基础"的考核表，以责任书的形式作为利润中心的"责任状"。制订年度现金流计划，采取内部收支配比及运营单元损益编制，科学配置预算资源，全面核算、管控各部门的资源消耗预算损益。将总盘统筹与细微控制紧密结合，刚性执行预算，无预算的概不列支，预算的纲领功能更加彰显，利润的效益作用表现突出。

绩效评价中又合二为一，全台目标绩效考核与预算执行情况评价都在利润中心利润表中体现，这一挂钩制度自始至终贯穿到底。任何一项预算调整、业务经费变动都会引起连锁反应，牵一发而动全身，也促使每年中期的预算调整更加科学规范，也要求年初的预算编制必须严谨周全。青岛广播电视台的预算管理实践为广电行业构建全面预算管理新体系做了有益探索。

第四节　广播电视预算管理方案框架

媒体融合时代背景下，广播电视媒体预算管理不能停留在传统的事业单位预算管理要求下的理念、内容和方法等，应作为最重要的管理活动之一，服务于广播电视媒体的战略目标的实现。预算管理要以明确的战略目标为导向，通过对未来一定期间内的经营活动和相应的财务结果进行全面预测和筹划，科学、合理配置单位各项财务和非财务资源，并对执行过程进行监督和分析，对执行结果进行评价和反馈，指导经营活动的改善和调整，进而推动实现其战略目标。广播电视媒体要在这场媒体融合的变革中，实现其发展战略，增强影响力，壮大经济实力，应当主动地学习和运用现代企业管理理念、方法和工具，全面预算管理是一个很好的选择。全面预算管理是一种现代企业管理模式，通过信息、业务、资金的整合，以及适度的分权、授权、业绩评价等，实现合理配置资源、有效贯彻战略、持续改善经营、价值稳步增长等目标，能快速应对环境变化、提高经营决策效率、加强控制和规划。

财政部《管理会计应用指引第 200 号——预算管理》的发布，旨在对预算管理的内容、原则、工具方法、机构设置、工作机制等进行规范和指引。本章根据该指引的框架，结合媒体融合背景下广播电视媒体预算管理的需求和具体特点，对广播电视媒体实施全面预算管理的内容、要素、流程、机构等进行了一些具体的研究，提出以广播电视媒体的战略目标为统领，构建内容涵盖全要素、贯穿全过程、全员参与的全面预算管理方案（表 4-1）。

表 4-1　广播电视预算管理方案对照表

内容	广播电视媒体现状	媒体融合影响	探索广播电视预算管理方案框架			
			方向	理念、方法		
预算管理理念	事业单位管理理念	实施融合治理	现代企业管理理念	全面预算管理		
预算管理导向	控制	强化战略管理	控制+决策	全过程	全要素	全员
预算管理内容	财务预算管理	强化战略管理	业务、办公、专门决策、资源、财务综合预算等		全要素	全员
预算管理考核	预算执行进度考核财政预算绩效评价	强化战略管理	全面预算考评		全要素	全员
预算管理机构体系	财务管理部门及人员	强化战略管理	最高领导者、管理层、执行层参与（预算管理决策机构、预算管理机构、预算执行机构）	全过程	全要素	全员

一、全要素预算管理

广播电视媒体全要素预算管理是指将人力、物力、财力、信息等多项资源、有形资产和无形资产，全部通过预算按照战略目标整合为一体。在某种意义上，全面预算管理实际上是把单位的碎片化管理转变为整合化管理，为广播电视媒体实现战略发挥作用。因此，全面预算管理应当涵盖广播电视媒体运营的所有主要要素。

广播电视媒体的全面预算管理包括业务预算、办公预算、专门决策预算、资源预算、财务预算。其中，业务预算包括节目预算、创收预算；办公预算包括行政、人事、财务、经营等管理事务所需预算；专门决策包括专项预算、投资预算、融资预算；资源预算包括人力资源、材料和设备资源预算、信息系统资源预算、基础设施资源预算、版权资源预算等；财务预算包括收支预算、资产负债预算、关键指标预算等。广播电视媒体各要素预算中，以业务预算、专门决策预算为出发点，转化为资源预算，进而表达为财务预算，实现全面预算管理。如图4-1所示。

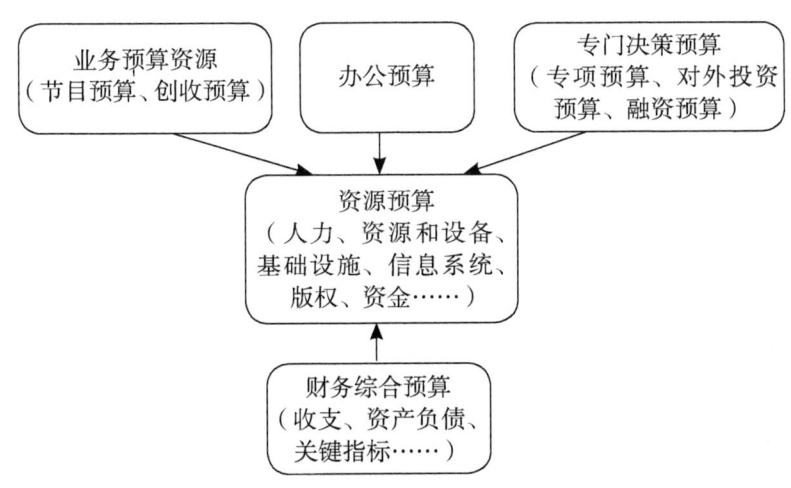

图 4-1 全要素预算管理示意图

（一）业务预算

业务预算，在一般企业中主要包括产品的生产和销售等预算。广播电视媒体的核心业务是视听节目，因此节目预算是其最主要的业务预算。此外，除了视听节目管理这一核心业务外，广播电视媒体的创收状况关系着其发展战略的实现，创收预算是另一重要业务预算。

1. 节目预算

节目预算管理，旨在对节目来源、节目播出、节目销售及相关的节目策划推广等加强预测、决策、控制。节目预算，可视为广播电视媒体全面预算管理体系的出发点。各频道（频率）、新媒体平台等业务部门，围绕广播电视媒体年度战略，制定节目来源预算、节目播出预算、节目销售预算、节目策划推广预算等。其中，广播电视媒体的节目来源，主要有制作（自制和合作）和购买两种途径，节目可细分为新闻类、专题类、综艺类等类型。节目播出，包括现场直播、录播、重播等。节目销售，分自制节目、合作节目、其他节目等类别销售。节目策划及推广等预算，从节目策划及推广的元素入手，预测数量。各频道（频率）、新媒体平台等业务部门预测节目相关数量的同时，要预计需使用相关资源的数量等，作为进行资源预算管理的基础（表4-2至表4-4）。

表4-2　XX广播电视台节目来源预算

年度：

项目			合计	制作节目						购买节目			……
				自制节目			合作节目						
				新闻类	专题类	综艺类	新闻类	专题类	综艺类	新闻类	专题类	综艺类	
节目数量						……			……			……	
使用资源数量	人力资源	XX职级											
		XX职级											
		……											
	材料和设备资源	材料1											
		材料2											
		……											
		设备1											
		设备2											
		……											
	基础设施资源	录制机房使用											
		直播间使用											
		演播室使用											
		播出机房使用											
		转播车使用											
		办公用房使用											
		……											

续表

项目			合计	制作节目						购买节目			……
				自制节目			合作节目						
				新闻类	专题类	综艺类 ……	新闻类	专题类	综艺类 ……	新闻类	专题类	综艺类 ……	
使用资源数量	信息系统资源	信息系统1											
		信息系统2											
		……											
	版权资源	使用版权1											
		使用版权2											
		……											
	资金资源	差旅费											
		会议费											
		劳务费											
		……											
说明													

表 4-3　XX 广播电视台节目播出预算

年度：

项目			合计	频道（率）1			频道（率）2			……	新媒体平台			……
				现场直播节目	录播节目	重播节目	现场直播节目	录播节目	重播节目		现场直播节目	录播节目	重播节目	
节目数量														
使用资源数量	人力资源	XX 职级												
		XX 职级												
		……												

续表

项目			合计	频道（率）1			频道（率）2			……	新媒体平台			……
				现场直播节目	录播节目	重播节目	现场直播节目	录播节目	重播节目		现场直播节目	录播节目	重播节目	
使用资源数量	材料和设备资源	材料1												
		材料2												
		……												
		设备1												
		设备2												
		……												
	基础设施资源	录制机房使用												
		直播间使用												
		演播室使用												
		播出机房使用												
		转播车使用												
		办公用房使用												
		……												
	信息系统资源	信息系统1												
		信息系统2												
		……												
	版权资源	使用版权1												
		使用版权2												
		……												
	资金资源	差旅费												
		会议费												
		劳务费												
		……												

表 4-4　XX 广播电视台节目销售预算

年度：

项目			合计	自制节目	合作节目	其他节目	……
节目数量							
使用资源数量	人力资源	XX 职级					
		XX 职级					
		……					
	材料和设备资源	材料 1					
		材料 2					
		……					
		设备 1					
		设备 2					
		……					
	基础设施资源	录制机房使用					
		直播间使用					
		演播室使用					
		播出机房使用					
		转播车使用					
		办公用房使用					
		……					
	信息系统资源	信息系统 1					
		信息系统 2					
		……					
	版权资源	使用版权 1					
		使用版权 2					
		……					
	资金资源	差旅费					
		会议费					
		劳务费					
		……					
说明							

2. 创收预算

除了财政拨款，各级广播电视媒体的创收收入是支撑广播电视运营和发展的重要因素。广播电视媒体近年的广告收入呈现下降趋势，媒体融合背景下，广播电视媒体更要借助媒体融合趋势，创新经营策略，拓宽经营渠道，实现经营收入的增长。经营预算，在广播电视媒体的全面预算管理中尤为重要。同样，要围绕广播电视媒体发展战略，对广播电视广告、新媒体平台广告和节目销售、视听服务、对外投资等其他经营渠道及所需各项资源数量等做出科学预计，实施预算管理（表4-5）。

表4-5　XX广播电视台创收预算

年度：

项目			合计	广告销售			节目销售			视听服务			对外投资	其他
				广播电视广告销售	新媒体广告销售	其他广告销售……	广播电视节目销售	新媒体节目销售	其他节目销售……	广播电视服务	新媒体服务	其他服务……		
节目数量														
使用资源数量	人力资源	XX职级												
		XX职级												
		……												
	材料和设备资源	材料1												
		材料2												
		……												
		设备1												
		设备2												
		……												

续表

项目		合计	广告销售			节目销售			视听服务			对外投资	其他
			广播电视广告销售	新媒体广告销售	其他广告销售……	广播电视节目销售	新媒体节目销售	其他节目销售……	广播电视服务	新媒体服务	其他服务……		
使用资源数量	基础设施资源	录制机房使用											
		直播间使用											
		演播室使用											
		播出机房使用											
		转播车使用											
		办公用房使用											
		……											
	信息系统资源	信息系统1											
		信息系统2											
		……											
	版权资源	使用版权1											
		使用版权2											
		……											
	资金资源	差旅费											
		会议费											
		劳务费											
		……											
说明													

(二)办公预算

广播电视媒体中,除了节目、广告等相关部门直接生产和销售广播电视视听产品外,各行政职能部门的有效管理,也是支撑广播电视媒体运转,促进战略实现的重要因素。办公预算也是全面预算管理体系中不可缺少的因素,需对行政、人事、财务等行政职能部门的办公预算进行科学管理(表4-6)。

表4-6　XX广播电视台办公预算

年度:

	项目		合计	行政	人事管理	财务管理	版权管理	……
使用资源数量	人力资源	XX职级						
		XX职级						
		……						
	材料和设备资源	材料1						
		材料2						
		……						
		设备1						
		设备2						
		……						
	基础设施资源	录制机房使用						
		直播间使用						
		演播室使用						
		播出机房使用						
		转播车使用						
		办公用房使用						
		……						
	信息系统资源	信息系统1						
		信息系统2						
		……						

续表

项目			合计	行政	人事管理	财务管理	版权管理	……
使用资源数量	版权资源	使用版权1						
		使用版权2						
		……						
	资金资源	差旅费						
		会议费						
		劳务费						
		……						
说明								

（三）专门决策预算

新媒体时代，广播电视媒体面临的形势瞬息万变。为适应新形势，广播电视媒体需要及时做出应对，做出一些专门决策，这些决策需要调动全台资源，涉及众多因素，需要全台范围内综合和协调。因此，除业务预算这一日常要素预算外，还可以编制专门决策预算服务于管理。专门决策预算，包括专项预算、对外投资预算、融资预算等。

1. 专项预算

专项预算，是对某项决策进行研究论证并立项后，对该项决策的具体任务及项目建设期间各年度所需各项资源等做出计划，对决策的执行推进进行控制等。专项预算形式相对灵活，以"XX广播电视台"拟新上某系统项目为例（表4-7）。

表4-7　XX广播电视台专项决策预算

年度：

内容	第0年	第1年	第2年	……	折现值	说明
一、预计投入						
1.人力投入						
2.材料投入						

续表

内容	第0年	第1年	第2年	……	折现值	说明
3.设备投入						
4.资金投入						
……						
二、预计产出						
……						
三、预计净收益						

2. 对外投资预算

利用创收积累的资金，进行对外投资，获取投资收益，再用于事业发展，是现在不少效益较好的广播电视媒体的普遍做法。因此，对外投资预算管理也是全面预算管理体系的重要内容之一。相关投资部门，根据广播电视媒体战略，对投资方向、投资结构、投资规模、投资进度、投资风险、投资效益等做出预计，编制计划和规划，据此对投资活动进行管理。年度终了，回顾和总结对外投资预算的结果，对不断改善广播电视媒体投资管理具有积极意义。同时，对外投资预算的制定也旨在对投资期间各年度所需资源进行预测，服务于资源预算的管理（表4-8）。

表4-8　XX广播电视台对外投资预算

年度：　　　　　　　　　　　　　　　　　　　　　　　　　　　　单位：万元

投资项目	投资形式	投资时点	投资资金额度	资金来源	预计投资收益	说明
合计						
一、投资项目1						
二、投资项目2						
……						

3. 融资预算

目前，对于社会资本进入广播电视媒体，国家有相关的禁止规定。但媒体融合背景下,广播电视媒体出于内容建设和技术改造的资金需求,要远远超出以往,进行社会融资,在一定程度上成为广播电视媒体的迫切需求。如何在国家政策允许的范围内,有效地利用社会资本,以最经济的方式吸收投资,将是广播电视媒体下一步面临的一大课题。融资预算,对融资的成本、方式、结构、风险等做出预计,也是重要的管理内容(表 4-9)。

表 4-9　XX 广播电视台融资预算

年度：　　　　　　　　　　　　　　　　　　　　　　　　　　　单位：万元

融资方式	上期累计	本期融资	本期还款	本期利息	期末累计	说明
合计						
一、银行借款						
1. 短期借款						
2. 长期借款						
二、应付票据						
1. 银行承兑汇票						
2. 商业承兑汇票						
3. 银行本票						
……						
三、应付债券						
1. 短期债券						
2. 长期债券						
……						

(四)资源预算

全面预算管理,旨在对预算年度业务活动中的各项资源进行合理的安排,以达到资源的最优化使用,完成战略目标。因此,服务于广播电视媒体运营、发展的各相关资源,都有必要通过预算管理来实现规划和控制,包括：人力资源、材料和设备资源、基础设施资源、信息资源、版权资源等。以各部门制定的业务预算、专门决策预算、办公预算为基础,汇总编制资源预算。资源预算,旨在汇集各部门所需各项资源的数量,进行规划、分配和控制。人力资源预算,包括各部门所需各职级人力资源的数量，预计引进和预计离职的人数及其工资福利等成本，以及对人力资源进行奖惩的计划；材料和设备资源预算，包括节目采、编、播、售等各环节需耗用的专用材料及技术设备数量、创收部门及各行政职能部门运转所需的耗材及设备数量等，以及由此做出的材料和设备采购及处置等计划；基础设施资源预算，则包括广播电视录制机房、直播间、演播室、播出机房、转播车及行政办公用房等资源的需求，以及由此产生的改造、建设、报废计划等；信息系统资源预算，是对广播电视媒体各类信息系统资源的需求和建设等做出计划；版权资源预算，是对使用节目版权需求及引进、生产、销售节目版权等制定计划，强化版权管理；资金资源，是对广播电视媒体各部门直接使用资金的需求进行预测、计划和控制。各项资源预算，应指定专业的管理部门来统筹管理（表4-10至表4-15）。

表 4-10　XX 广播电视台人力资源预算

年度：　　　　　　　　　　　　　　　　　　　　　　　　　　　　单位：万元

项目	单位	数量	平均成本	年度预算	说明
合计					
一、本年所需人力资源					
1. 职级1					
2. 职级2					
……					
二、年度计划					
1. 上一年度实有人员					
（1）职级1					
（2）职级2					
……					
2. 本年计划新增人员					
（1）职级1					
（2）职级2					
……					

续表

项目	单位	数量	平均成本	年度预算	说明
3.本年计划减少人员					
（1）职级1					
（2）职级2					
……					
三、本年奖惩计划					
……					

表 4-11　XX 广播电视台材料和设备资源预算

年度：　　　　　　　　　　　　　　　　　　　　　　　　　　　　　　　单位：万元

项目	单位	数量	平均成本	年度预算	说明
合计					
一、计划使用材料和设备					
材料1					
材料2					
……					
设备1					
设备2					
……					
（一）广播电视节目部门					
材料1					
材料2					
……					
设备1					
设备2					
……					
（二）新媒体部门					
……					
（三）行政职能部门					
……					

续表

项目	单位	数量	平均成本	年度预算	说明
二、材料和设备增减计划					
（一）已有材料和设备					
材料1					
材料2					
……					
设备1					
设备2					
……					
（二）计划采购					
……					
（三）计划报废					
……					
（四）计划销售					
……					

表 4-12　XX 广播电视台基础设施资源预算

年度：　　　　　　　　　　　　　　　　　　　　　　　　　　　　单位：万元

投资项目	单位	数量	年度预算	说明
一、计划使用基础设施资源				
1. 录制机房				
2. 直播间				
3. 演播室				
4. 播出机房				
5. 转播车				
6. 行政办公用房				
……				
二、基础设施改造计划				
……				

续表

投资项目	单位	数量	年度预算	说明
三、基础设施建设计划 ……				
四、基础设施报废计划 ……				

表 4-13　XX 广播电视台信息系统资源预算

年度：　　　　　　　　　　　　　　　　　　　　　　　　　　　单位：万元

项目	单位	数量	年度预算	说明
合计				
一、信息资源使用 信息系统 1 信息系统 2 ……				
二、信息系统改造计划 ……				
三、信息系统建设计划 ……				

表 4-14　XX 广播电视台版权资源预算

年度：　　　　　　　　　　　　　　　　　　　　　　　　　　　单位：万元

项目	单位	数量	平均成本	年度预算	说明
合计					
一、版权资源使用 1.广播节目使用 频道（率）1 频道（率）2 ……					

续表

项目	单位	数量	平均成本	年度预算	说明
2.电视节目使用					
频道（率）1					
频道（率）2					
……					
3.新媒体视听节目使用					
……					
二、版权资源引进计划					
……					
三、版权资源生产计划					
……					
四、版权资源销售计划					
……					

表 4-15　XX 广播电视台资金资源预算

年度：　　　　　　　　　　　　　　　　　　　　　　　　　　　　单位：万元

项目	单位	数量	平均成本	年度预算	说明
合计					
一、差旅费预算					
（一）节目部门					
（二）新媒体部门					
（三）行政职能部门					
……					
二、会议费预算					
（一）节目部门					
（二）新媒体部门					
（三）行政职能部门					
……					

续表

项目	单位	数量	平均成本	年度预算	说明
三、劳务费预算					
（一）节目部门					
（二）新媒体部门					
（三）行政职能部门					
……					
……					

（五）财务综合预算

全面预算管理制度下，由各部门的业务预算、办公预算、专门决策预算，汇总整合得出了各项资源预算，通过专业的分析方法等，再转化为财务数据和语言及综合数据，形成财务综合预算。广播电视媒体财务预算要突破传统事业单位预算主要对收入、支出作出规划的限制，还要对资产负债结构进行预算管理，并将资产负债率、资产收益率、单位节目制作成本、广告收入增长率、资产周转率等财务指标，以及广播电视节目覆盖率、广播电视与新媒体融合度、重点节目（栏目）收听收视率等非财务指标，作为关键指标进行管理，是更为完整和综合的预算概念。财务综合预算，不是对其他预算的简单汇总，是对广播电视媒体的价值创造进行综合反映和计划，是全面预算管理体系的核心，是广播电视媒体战略的集中体现。由于财务综合预算体系庞杂，本节只取其中典型样表为例（表4-16至表4-20）。

表4-16　XX广播电视台收支预算

年度：　　　　　　　　　　　　　　　　　　　　　　　　　　　单位：万元

项目	合计	说明
一、上年结转结余		
二、本年收入		
三、本年支出		
四、年末结转结余		

表 4-17　XX 广播电视台收入预算

年度：　　　　　　　　　　　　　　　　　　　　　　　　　　　　　　　单位：万元

项目	合计	部门1	部门2	……	说明
合计					
一、财政拨款收入					
二、广告收入					
三、节目销售收入					
四、视听服务收入					
五、对外投资收入					
六、其他收入					
……					

表 4-18　XX 广播电视台支出预算

年度：　　　　　　　　　　　　　　　　　　　　　　　　　　　　　　　单位：万元

项目	合计	部门1	部门2	部门3	……	说明
合计						
一、人力支出						
二、材料和设备支出						
三、基础设施使用支出						
四、信息系统费用支出						
五、版权费用支出						
六、资金支出						
……						

表 4-19　XX 广播电视台 XX 年度资产负债预算

年度：　　　　　　　　　　　　　　　　　　　　　　　　　　　　　　　单位：万元

科目	年初金额	预计增加	预计减少	预计年末金额	说明
资产合计					
一、流动资产					
1. 现金					

续表

科目	年初金额	预计增加	预计减少	预计年末金额	说明
2. 银行存款					
3. 零余额额度					
4. 应收及预付款项					
5. 存货					
6. 短期投资					
……					
二、非流动资产					
1. 固定资产					
2. 无形资产					
3. 长期投资					
4. 在建工程					
5. 长期应收款项					
……					
负债合计					
一、流动负债					
1. 短期借款					
2. 应付及预收款项					
3. 其他					
……					
二、非流动负债					
1. 长期借款					
……					
净资产合计					
一、事业基金					
二、非流动资产基金					
三、专用基金					
四、财政补助结转结余					
……					

表 4-20　XX 广播电视台关键指标预算

年度：

指标	目标预算值	说明
一、资产负债率		
二、资产收益率		
三、单位节目制作成本		
四、广告收入增长率		
五、资产周转率		
六、广播电视节目覆盖率		
七、广播电视与新媒体融合度		
八、重点节目（栏目）收听收视率		
……		

二、全过程管理

按照财政部管理会计应用指引第 200 号，企业预算管理一般按照预算编制、预算控制、预算调整、预算考核等程序进行。广播电视媒体实施全面预算管理，进行一个完整的预算管理循环，细化为编制、执行、分析、报告、考核等环节，实现全过程管理。各个环节的无缝衔接保证预算信息的完整流动，保证预算管理的计划决策、管理控制、激励等功能的发挥。如图 4-2 所示。

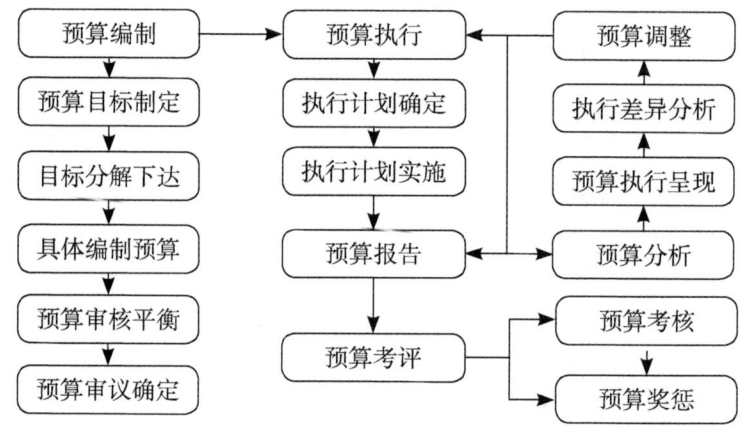

图 4-2　全过程预算管理示意

（一）预算编制

一个完整的预算管理流程，预算编制环节是起点。预算编制包括制定预算目标、分解下达预算目标、编制预算、审核平衡预算、审议确定预算等过程。

1. 制定预算目标

制定合理的预算目标是广播电视媒体有效实施预算管理的第一步。广播电视媒体预算目标，指广播电视媒体根据战略目标，设定的通过预算管理在一定时期内预期达到的产出和效果等。预算目标在广播电视媒体全面预算管理中起着多方面的重要作用：

一是可以保证广播电视媒体总体战略的实施。广播电视媒体要求得长期的生存与发展，必须有一个明确的战略导向，媒体融合背景下，广播电视媒体发展战略的科学性决定了广播电视媒体发展的方向和质量。管理决策者要科学确定本台在未来年度的战略和定位，从时间跨度上分为长期战略、中期战略和年度战略。广播电视预算管理以发展战略为统领，预算管理战略也要积极对标融合发展战略，体现在预算目标中。预算目标是预算编制的指导目标，不仅是指标化、数字化明确地表达了战略目标，实际上更为各责任主体编制预算指引了方向。

二是可以平衡广播电视媒体内部不同部门的战略。通常，广播电视媒体内部的不同部门，由于其性质不一样，目标有区别，因此制定的部门战略会不尽相同，甚至存在一定的矛盾。例如，节目制作部门的战略目标通常以提高节目质量为核心，势必倾向于追求高精尖采录编设备，而资产管理部门的战略目标通常以提高资产使用效益为核心，必然会追求在增购新设备和鼓励充分利用旧设备间取得平衡点，这两个部门战略之间，就需要一个更高的目标来平衡。在全面预算管理体系中，预算目标就起到这样的平衡作用。在预算管理过程中，通过对各部门所编制的预算进行分析，特别是对预算目标拟达成情况的分析，可以评价不同部门战略制定的合理性与其所编制预算的合理性。在预算的审核、平衡过程中，一般会将广播电视媒体的总体战略和总体预算目标作为平衡点，通过调整相关部门的战略和预算，使所编制预算满足总体战略和预算目标的要求。

三是可以起到过程监控的作用。全面预算管理，要求广播电视媒体在预算执行过程中，通过预算的实际发生情况，对预算目标达成情况进行差异分析，这不仅可以随时发现各部门执行过程中的问题，而且可以通过对问题的根源分析，及时调整节目制作、经营、管理等各项经济活动，对整体资源进行合理安排和科学规划。

四是可以作为考核结果的依据。一个广播电视媒体的预算管理是否有效，最终取决于预算目标是否得以实现。预算目标体现在各项指标及其预期值上，为广播电视媒体在预算年度终了对预算管理进行考核提供依据。

广播电视媒体编制预算，首先是由预算管理机构根据全台发展战略，确定预算管理战略，从而确定年度预算目标。预算目标的确定要科学、合理，过低导致目标过于易实现而很难提升广播电视媒体竞争实力，也不足以激发预算执行部门和员工的潜力；过高则不切实际，难以实现而失去控制功能，易挫败预算执行部门和员工的工作积极性。广播电视媒体预算目标应尽可能量化，以利于实现，利于考核，主要以关键指标及其预期值来体现。对应前文全要素预算章节，预算管理机构可通过财务综合预算中的关键指标预算，来展现所确定的预算目标。预算关键指标是管理决策者控制各责任部门战略执行的关键指标，是管理决策者向执行部门提出的要求。例如，一个品牌扩张战略的广播电视媒体，其预算目标必然围绕自制节目的生产和宣传推广，体现在制作节目在节目来源中的比例和宣传推广投入上；技术创新战略的广播电视媒体，预算目标必然围绕技术创新，体现信息系统资源的改造和建设的投入上。在当前的媒体融合背景下，各级广播电视媒体主动以传统广播、电视业务为依托，全面开展新媒体业务，因此，如何实现新旧媒体深度融合，在多大程度实现融合，都应该在广播电视媒体的预算目标中有所体现，广播电视和新媒体融合度指标体系有待科学构建。

2. 分解下达预算目标

广播电视媒体制定的年度预算目标，需由预算管理机构分解下达至各预算执行责任主体部门具体承担和落实。预算目标的分解下达，实际上是将预算关键指标分解下达至各部门的过程。一个广播电视媒体的预算关键指标，不仅要包含与收入、支出、资产、负债等相关的通用财务指标，还要有单位节目策划成本、节目制作成本、广告收入增长率等广播电视媒体专用财务指标，同时还要收视收听率等专业指标。通常，对广播电视媒体来说，各种关键指标的设定，能集中反映其发展战略。关键预算指标的分解下达工作，通常应由预算管理机构来负责。关键预算指标的分解下达科学与否，与预算历史数据的积累是否充分，预算数据的分析是否到位，以及广播电视媒体对内部各个部门的职责定位是否明晰等密切相关。分解下达工作，通常要经过预算管理机构和各预算责任主体部门间的协商、反馈、调整的过程。

3. 编制预算

各预算责任主体部门是直接占用和使用资源是预算的执行主体，为广播电视媒体实现预算目标的单位。按照传统的广播电视媒体内部管理机构设置方式，一般包括业务序列的各个节目频道（频率）和经营部门及管理序列的行政部门和人事、财务等职能部门，再加上新媒体时代应运而设的、也属于业务序列的新媒体部门。为提高预算准确性，同时为充分调动预算责任主体部门的积极性，起到激励作用，自下而上的预算编制比较符合广播电视媒体预算管理规律。

由各部门以部门年度工作任务和计划为依据，以预算管理机构分解下达的预算关键指标为目标，编制预算。业务部门编制业务预算，包括节目部门和新媒体部门编制节目预算，经营部门编制创收预算；行政职能部门编制办公预算；相关部门编制专项预算、对外投资预算、融资预算等专门决策预算。业务预算、办公预算、专门决策预算与部门的工作任务和计划有机结合，量化到对人力资源、材料和设备、基础设施、信息系统、版权、资金等各项资源的需求上。再由指定的相关资源管理部门，汇集各部门所需各项资源的数量,进行统筹规划,制定各项资源预算。例如,由人事管理部门负责人力资源预算,资产管理部门负责材料和设备及基础设施资源预算,版权管理部门负责版权预算,技术管理部门负责信息系统资源预算,财务管理部门负责资金资源的预算等。管理权限的指定和具体方式可因不同的广播电视媒体管理方式而不同,但一项资源预算必须由一个部门统筹管理。最终,财务管理部门作为财务综合预算管理职责的承担者,将各项资源预算通过专业方法,转化为财务数据和语言及综合数据,形成财务综合预算。

高效的预算编制应由预算管理机构统一预算制定的方法,为各部门编制预算提供标准化格式(如各要素预算表)和相关的指导原则,以提高预算的标准性、可比性,利于后期的预算考核、分析等管理。

对不同类型的预算事项,相关部门可采取不同的思路和方法来编制预算。对经常性性质的预算事项,可采用增(减)量预算方法,在历年实际数据的基础上,结合年度战略和预算目标的要求,测算增减幅度,确定预算数额;对新增预算事项,如广播电视技术系统更新项目等专项决策,则更适用于零基预算方法,以预算事项的最基本要素为起点,借鉴国家、行业、市场等数据,进行测算,一事一测。

4. 审核平衡预算

广播电视媒体的预算管理机构审核平衡预算,是一个将各部门编制的预算与已确定的预算目标对标并进行调整的过程。审核工作分为三个层次,一是审核各部门编制的业务预算、办公预算、专门决策预算。以全台发展战略的角度审验预算事项的必要性和可行性;通过与国家标准、行业标准、历史标准等进行对比,同类事项预算部门间横向对比等方式,审核各部门提出的资源需求的合理性和科学性。二是审核资源管理部门汇集编制的资源预算,审核人力、材料、设备、版权等成本预算是否科学合理,采购计划、信息系统改造和建设计划等是否必要可行和科学合理等。三是审核汇集转化成的财务综合预算是否达到预期预算目标,是否与全台发展战略相匹配,预算所对应的工作计划等对实现年度发展战略是否有所助益等。预算管理机构要在综合全台拥有的资源情况下，对各部门制定的具体策略、计划和资源配置等进行平衡，经过调整修改预算的过程，使各方目标调整一致，预算更为可行和科学合理。

审核平衡预算，是全面预算管理的核心环节，是以各部门提出的预算需求为基础，以全台发展战略为统领，以实现预算目标为目的，在需求和资源之间找到平衡点的一个过程，因此在这个过程中能否运用科学的原则和合理的方法，找到最佳平衡点，体现了广播电视媒体预算管理的水平。各部门作为个体，基于其自身立场，通常会在承担既定的任务量和预算目标的情况下，倾向于占有和使用更多的资源，而全台作为整体，其资源是有限的，因此预算审核平衡过程，一定程度上是一个博弈过程。传统的预算管理中，这个过程通过"谈"的方式来进行，其科学性和客观性无法保证。笔者认为，在广播电视媒体日益注重成本控制和管理的趋势下，更广泛地运用支出定额，更大程度地实现标准化管理，是提高预算编制的科学性、预算审核的客观性和审核效率的有效方法之一。近年来国家财政大力推动预算支出定额标准制定工作，出台了财政补助培训费、会议费、差旅费等一系列通用定额标准；各个部门和单位都在积极探索制定相关专用定额标准，目前广电行业内还暂无广播电视媒体通用的相关专业定额标准。广播电视媒体开展全面预算管理，可借鉴此思路，进一步推进广播电视媒体内部预算标准定额的制定工作。精准的成本管理是准确的预算管理的重要基础，可使单位的成本管理系统标准化与预算管理相关联。广播电视媒体在开展内部成本核算，积累一定的成本数据的基础上，通过对历年预算执行数据的分析，对最常用到的采访费、节目劳务费等探索制定预算定额标准，也可探索制定行政职能部门和业务部门均适用的相关费用预算标准定额。以统一的预算标准定额为基础，审核平衡预算，能在很大程度上简化预算博弈过程。

此外，借鉴近年来财政预算评审工作机制经验，广播电视媒体预算管理机构在预算审核平衡工作中，也可引入第三方预算评审机制。借助第三方专业力量，对各部门申报的预算进行评审，特别是对一些专门决策预算事项或者弹性较大的预算事项，第三方预算评审能以更客观的角度提出专业意见。在保证预算评审工作质量的前提下，广播电视媒体预算管理机构可充分参考第三方预算评审意见，进行预算审核平衡。

5. 审议确定预算

经过预算管理机构审核平衡后汇总形成的预算草案，最终需要提交预算管理决策机构审议通过，确定广播电视媒体的年度预算，作为预算执行的有效依据。广播电视媒体的预算管理决策机构，同时也是本台最高管理决策者，结合本台发展战略等，对预算草案进行审议。对预算草案的审议过程，是再次检验预算是否与广播电视媒体的总体战略和预算战略匹配的过程，也是对预算的效力和在台内的约束性的认可过程。预算审议程序，应当纳入广播电视媒体内部控制制度，保证预算确定程序的严谨和决策的科学。审议确定的预算，预算管理机构应以一定的方式向各预算责任主体部门确认，作为其年度预算执行的根本依据。

（二）预算执行

1. 执行计划的编审

审议确定的预算规定了各部门年度预算目标和预算任务等，为便于实施，便于考核，有必要细化为具体的预算执行计划。广播电视媒体的预算管理机构在下达预算的同时，组织各部门编报预算执行计划，明确各项预算的目标执行进度、具体措施等。与审核平衡各部门的预算一样，对各部门的预算执行计划，预算管理机构还有一个在总体资源的限定下进行综合平衡、审核确定的过程。经审核、汇总后的预算执行计划，作为年度预算执行工作的直接依据，细化明确至各部门。

2. 执行计划的实施

广播电视媒体各部门是预算执行的主体，预算执行计划的实施过程，实际上就是各部门实施职责任务、开展各项业务和经济活动的过程。一套科学设计的内部控制制度，能对提高预算执行的规范性、有效性，发挥基础性作用。

（三）预算分析

1. 预算执行监控

各级广播电视媒体中有不少已经利用现代信息化技术，对预算执行过程进行实时呈现，并以预算执行计划和预算目标等为依据，设置预警控制。当出现偏离状态时，自动提示和警告。也已有不少广播电视媒体内部建立了预算执行结果及时反馈的工作机制，以保证各预算执行部门实时掌握本部门预算执行进度和效果。全面预算管理体系中，由于预算管理涵盖了更多的要素和不同的层次，因此预算执行监控工作也分为了更多的层次，首先是各预算责任主体部门内部的监控，部门负责人要实时地掌握本部门预算执行的情况；其次是各项资源的管理部门对各部门资源使用情况的监控，统筹掌握资源预算的执行情况；然后是预算管理机构对包括业务预算、办公预算、专门决策预算及各项资源预算的执行情况的监控，全盘掌握预算执行情况。

2. 预算差异分析

为保证预算目标的实现，在对预算执行进行监控的过程中，广播电视媒体预算管理机构还应定期进行差异分析，通过预算数据与实际数据的对比，分析预算执行部门的预算和战略执行情况。预算分析，要以预算差异为切入点，找出预算完成程度偏离预算计划较大的项目，进行进一步的深入分析，得出预算偏差产生的原因。广播电视媒体预算差异偏大，一是广播电视媒体自身在执行过程中存在问题，需要找出问题产生的根源及责任所在，及时纠正偏差；二是预算本身存在问题，或是原有预算要求不科学，或是外部或内部环境等意外变化。对于前者要及时采取措施进行纠偏，达到预算执行过程控制的目的，后者则通过预算调整程序来修正差异。预算纠偏和预算调整都是保证预算科学执行的有效措施。

（四）预算调整

预算执行应当有刚性约束，但是预算刚性并不等同于预算的固定不变。外部环境及内部环境的改变是无法精确预测的，如国家相关政策的变化、市场环境的突变甚至是突发自然灾害等，引起广播电视媒体广告创收环境的改变或者节目战略的调整等，同时预算的编制是在预测的基础之上，难免会出现一些没有预想到的情况，因此有必要适时对预算做出适当的调整。但是预算调整权限应当受限，调整的幅度和频率也应有一定的限制。各广播电视媒体应根据自身的管理状况制定适合自身的预算调整程序，为维护预算的约束力和严肃性，预算调整应当视同于预算审定事项，权限仍应当限于管理决策机构，调整程序也应比照预算审定的程序。

（五）预算报告

目前，通过信息化技术已可以实现预算执行结果的及时同步呈现，年度终了，广播电视媒体预算管理机构还有必要对预算执行结果做一次全面的报告。报告不只是预算执行结果的数据呈现，更应是对预算执行的分析。即在年度终了，编制一套全面预算报告来反映预算战略计划的实施情况，反映各项预算，包括业务预算、办公预算、专门决策预算和各项资源预算及财务综合预算的编制、执行、调整、监控等预算管理各方面情况，反馈给决策者、管理者及执行者，使其了解年度预算执行及预算管理制度存在的问题，以便在今后年度进行纠正和改进，了解和掌握年度预算管理对本台战略实现起到的作用，适时调整预算战略等。此外，预算报告除了要全面反映预算执行结果，广播电视媒体还应对年度预算的布置、编报、审批、执行、调整等预算组织工作进行回顾和总结，以利于下一年度预算管理工作的改进。预算报告的报表部分可以参考"全要素"章节中的各例表，在其中加入预算执行数量及金额、近三年预算执行对比、预算及执行结果对比分析等内容，直观呈现预算及预算执行结果及其差异原因等。

（六）预算考评

实施全面预算管理，预算考评也是关键步骤之一。预算考评工作质量，关系到下一期预算管理工作质量，关系到对部门和员工积极性的激发程度。

1. 预算考核

预算考核，主要是考核预算执行的实际情况同预算目标的一致性和偏离度，同时也是对预算编制质量的一个检验。广播电视媒体开展预算考核，为保证考核的客观公正性，应预先设计合理的预算考核指标体系，围绕预算管理各项指标，确定考核的方法和标准等，包括各项加分因素、扣分因素及评分标准等。由预算管理机构在预算执行年度终了，据以对各部门的预算目标的完成情况和预算工作组织情况等进行考核。各个预算执行部门还可以细化为对其内部部门的预算执行情况的考核。传统意义上，广播电视媒体的绩效成果主要体现在收听收视率上，因此对节目部门的业绩评价体系，主要围绕收听收视率建立。近年，随着国家对预算执行工作的强调，部分广播电视媒体将预算执行进度纳入单位绩效考评体系，但单纯从预算编制、控制、考核内循环中解决预算节超奖惩问题，收效不大，没有真正激发业务部门节约资金的积极性，多编预算多受益，"预算松弛"现象依然存在。福建广播电视台、青岛广播电视台等单位建立了以利润为中心的考核机制，将预算绩效考核与全台的绩效考核体系绑在一起、融为一体，要求全台的绩效考核严格按照预算目标进行，预算与利润考核联动推进，极大地激发了责任部门的节支动力，各部门由被动控制支出变为主动控制，预算结余率大大提高。媒体融合背景下广播电视媒体实施的全面预算管理，围绕广播电视媒体总体战略设计和实施，因此预算考核工作，在一定程度上成为广播电视媒体综合绩效考核工作。广播电视媒体开展预算考核，可应用管理会计的工具方法来构建一个综合评价体系。鉴于广播电视媒体特有的社会责任，在现阶段广播电视媒体可选择的工具主要有：

一是关键绩效指标法。在全过程预算管理的预算目标制定和分解下达环节，已确定了关键预算指标及其预期值，反映战略指标。以关键指标为核心构建评价体系，实施评价。

二是平衡计分卡。有管理基础的广播电视媒体还可探索从财务、客户、内部业务流程、学习与成长四个维度确定构建评价体系，分台、部门、员工三个层级分别确定评价指标。对媒体融合背景下的广播电视媒体，财务维度常用指标主要有资产负债率、资产收益率、资产周转率、收入增长率、自由现金流、频率（频道）收入成本比率、单位节目（栏目）制作成本等；

客户维度常用指标主要有收听收视率、广播电视受众满意度等；内部业务流程维度常用指标主要有节目自办率、节目首播率、广播电视与新媒体融合度等；学习与成长维度常用指标主要有员工保持率、培训计划完成率、员工满意度等。多个维度构成、设计科学的评价体系，促进广播电视媒体战略的实现。

2. 预算奖惩

奖惩机制的目的在于将责任部门和人员的经济利益与其工作绩效相挂钩，形成责、权、利相统一的责任共同体，最大程度调动部门和人员的积极性和创造性。通过全面预算管理体系，能使广播电视媒体内部各部门、各层面、各岗位的权责利都明晰界定，实现科学化的部门或岗位的预算管理与考核，从而为广播电视媒体实施科学而有力的预算奖惩奠定基础。要以预算考核结果为依据，将结果与各责任部门及其员工的经济利益等挂钩，对超额完成预算目标任务的部门进行奖励，对未达标者进行惩罚。奖惩分明，科学激励，激发部门和员工的积极性，提高广播电视媒体的竞争力。

三、全员预算管理

全面预算管理是一个综合性的管理系统，需有一套完善的预算管理机构体系，这个预算管理机构体系中应当包括预算管理决策、预算管理及预算执行三个层级的机构。预算管理决策机构是预算战略的制定者及预算的最终决定者，一般由广播电视媒体的最高领导者来履行相关决策职责。企业管理层的素质在很大程度上影响管理会计的发展水平，对管理会计的建设具有举足轻重的作用。广播电视媒体预算管理决策机构的水准，也在很大程度上影响着全面预算管理实施的效果。预算管理决策机构，负责确定预算管理战略，审定管理政策、制度，年度预算草案和预算调整草案等。预算管理机构负责预算管理相关事项，包括草拟预算管理政策、制度，组织编制预算草案和预算调整草案，组织、协调、推进、监督、考核、分析预算执行情况，提出奖惩建议等。目前已有部分广播电视媒体成立了预算管理委员会、预算管理小组等类似机构，行使预算管理职责，由包括财务部门在内的台内多个部门和层级的人员构成，具体工作多由财务部门承担。预算执行机构是广播电视媒体内各预算责任主体，即各个业务部门、创收部门、行政职能部门，具体编报、执行预算，接受各项预算管理监督和考核。这套综合性的管理系统，涉及全台权责利关系的安排，需要上下配合，全员参与。全员预算管理是指广播媒体所有层级、所有部门和员工，都必须纳入预算管理体系，并不同程度地参与预算管理过程。如图 4-3 所示。

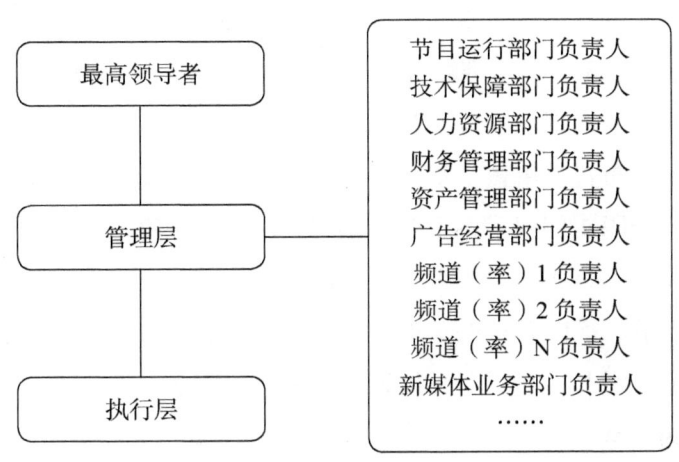

图 4-3　全员预算管理示意

（一）最高领导者

全面预算管理既涉及广播电视媒体战略和定位，又影响到日常管理；既涉及业务，又涉及行政办公；既涉及决策，又涉及执行。广播电视媒体的高层管理者作为最高领导者，也是广播电视媒体全面预算管理体系中的战略层，不仅肩负着战略决策者的重任，还承担起预算管理最高决策者的角色，直接领导和参与整个预算管理过程，在全过程预算管理中，负责单位战略的制定、预算目标的确定、预算及其调整的审议确定、预算评价方案和奖惩计划的确定等。最高领导者预算管理职责的正确行使，才能让预算管理顺利实施，完成各预算执行部门之间的协同和预算目标的实现。

（二）管理层

全面预算管理的实施，既有目标下达、任务分解等自上而下的过程，又有数据编报、情况报告等自下而上的过程。因此，以预算目标为中心的责任主体，在全面预算管理中起着重要作用。责任主体通常与内设部门相对一致，在广播电视媒体，主要包括业务序列的各个节目频道（频率）、新媒体部门、经营部门及管理序列的行政部门和人事、财务等职能部门。这些部门的管理者，在全面预算管理过程中起着关键性的作用。

值得一提的是，传统预算管理工作中，财务管理部门是预算管理的主要参与者和承担者。全面预算管理制度下，要求全台所有部门及所有人员参与其中，聚力于全台战略的实现。财务部门及其财务人员可作为预算管理事务的具体承担者，承担预算布置、审核、汇总、控制和考评等具体事务。除财务管理部门以外的其他各个职能部门、各个业务部门，不但是预算执行者，还是预算编制等一系列预算管理事务的承担者。所有部门的管理者，在全过程预算管理链条中起着承上启下、横向对接的关键点作用，他们对预算管理制度的正确理解和执行，在一定程度上决定了全面预算管理工作的质量。

（三）执行层

预算执行等工作最终要落实到具体的作业层面人员。全面预算管理制度下，广播电视媒体职能部门和业务部门所有工作人员对预算管理制度和对所承担的预算指标的认同，是全面预算管理发挥作用的基础。特别是相关资源管理部门，除了具备各自领域具体专业技能外，还要有结合广播电视业务，深入理解预算数据，分析数据背后动因的能力。全员预算管理的落实点就在每个员工、每项预算个体上，激励和约束预算执行人员增收节支、创造效益，预算要落实到执行部门各环节、各岗位。一是及时合理分解预算，预算到岗，责任到岗，明确预算控制的职责分工，严格预算执行责任制，横向到底，纵向到边，只要每个岗位都有控制预算的责任心、使命感，预算执行就不成问题。二是预算机制设计，传统的预算是被动控制，执行层只要做到不超预算，就万事大吉，改变这一状况的最好模式是将预算绩效考核与全台绩效考核体系绑在一起融为一体,一些广播电视台已实行以利润为中心的考核机制,每名员工的利益与全台及部门预算节约、收入创造息息相关,改变了以往在"预算编制—控制—考核"的内循环考评中,执行个体宁可虚报多花也不愿少报领奖的状况,变被动控为主动控,节省财务、审计等部门的监管成本。

第五节 小结

本章从广播电视预算管理概述、媒体融合背景下广播电视预算管理特点、广播电视全面预算管理三方面探讨媒体融合背景下广播电视预算管理中管理会计的应用。广播电视预算管理概述部分主要表述了广播电视预算管理的概念、演变,从预算编制、分配、执行、考核等环节详细描述了广播电视管理的现状,结合当前形势预测了广播电视预算管理的发展趋势,即更加注重预算编制的计划前瞻性、预算资金使用的效益性、预算管理的综合性。媒体融合背景下广播电视预算管理特点部分,从媒体融合背景下对广播电视媒体生存和发展的新要求,指出广播电视预算管理观念应更新,广播电视预算管理导向应调整,广播电视预算管理内容应扩大,广播电视预算监督方式应改变,广播电视预算管理机构应完善。广播电视预算管理应用研究部分,从媒体融合背景下对广播电视媒体生存和发展的新要求和预算管理特点,推出应引入管理会计思维和方法,推行全面预算管理,提出全要素、全过程、全员、全要素预算管理。全要素预算管理提出要改变传统预算管理主要是财务预算管理的限制,构建一套从业务预算、办公预算、专门决策预算出发,汇集为资源预算,进而转换为财务综合预算的综合预算。全过程强调广播电视媒体预算管理要贯彻预算编制、执行、分析、报告到考核的整个过程。全员预算管理提出要改变传统预算管理以财务人员为主的管理理念和方式,预算管理要从业务到行政职能部门,从最高领导者到管理层到执行层,各方面各层级全员参与,同时以案例形式分析了全面预算管理的应用要点。

第五章 广播电视成本管理

成本管理是广播电视行业财务管理的重要内容,广播电视媒体作为党和政府的喉舌,长期在事业单位管理体制下运行,成本管理意识淡化,成本管理动力不足,成本管理机制弱化,成本管理制度欠缺。一个企业要在市场中获得竞争优势,关键在于能否持续维持企业战略某一方面优势。进入媒体融合时代,在传媒业竞争激烈的大环境下,以较少的投入获得较高的节目质量日益成为广播电视媒体竞争的重要手段和比较优势,不断提高成本管理水平,是竞争环境下传媒业的必然选择。因此,建立适合广播电视媒体融合发展的成本管理战略框架就显得尤为重要。本章从广播电视媒体成本管理现状入手,从成本预算、成本控制、成本分析、成本考核、成本核算等维度,提出广播电视成本管理的具体方案。

第一节 广播电视成本管理概述

成本是指特定对象的费用消耗。产品成本是指生产产品而发生的费用消耗。广播电视行业生产的产品是广播电视节目。广播电视节目成本是指为生产广播电视节目而发生的各种费用消耗。

一、广播电视成本管理现状

受事业单位体制管理影响,长期以来广播电视媒体成本管理成效不甚明显,不讲成本、不计成本的现象较为突出,成本核算方式简单粗放,主要有以下几个方面:

（一）成本管理缺乏外部压力

广播电视媒体是政府举办的事业单位，而且是公益性事业单位，享受国家财政拨款政策。同时由于是行业垄断，依靠垄断资源，通过广告及其他形式来获取相关收入。前些年，作为主流传播媒体，广播电视深受广告业的青睐，广告收入源源不断，节目制作资金比较充足，加上长期受事业单位体制影响，有的媒体存在不计成本、未充分考虑经济效益、缺乏绩效考核等现象。

（二）成本管理缺乏内在动力

受事业单位体制机制影响，有的广播电视媒体的节目生产还没有完全从传统的计划经济模式中脱胎换骨，仍然带有浓厚的计划经济管理色彩。由于广播电视节目本身不是商品，而是一种宣传载体，生产广播电视节目更多的是为了完成宣传任务，对节目成本则少有人关注，再加上广播电视节目是单向播出，受众免费观看，广播电视媒体节目生产部门的产品销售压力相对较小。

（三）成本管理缺乏标准制度

广播电视媒体是公益性事业单位，在财务管理上执行《事业单位财务规则》和《广播电视事业单位财务制度》。近些年来，广播电视行业一直在积极探索成本核算的方式、方法，建立符合广播电视行业特点的成本核算制度。但由于是单位、部门自发兴起，加上各单位的内部管理水平、管理要求不尽相同，对节目生产成本的认知各异，核算方法、核算口径、核算范围都不一致，形成了广播电视行业成本核算百家争鸣、百花齐放的局面，始终没有形成统一的标准成本核算制度。

二、广播电视成本管理的特点

（一）广播电视成本管理服务的对象是非营利组织

广播电视媒体不是以盈利为目的的经济组织，虽然不排斥成本耗费的价值补偿，但也并不追求成本耗费的价值补偿。维持广播电视媒体的生存和发展，取决于资金的供给。资金的供给渠道有两种：一种是自己创收，一种是申请财政拨款。当收不抵支，成本得不到补偿时，便会申请财政拨款。因此，广播电视媒体推行成本管理与企业成本管理在管理的目的、内容、手段和策略上都有差异。

（二）广播电视成本管理是以保证社会效益为前提

广播电视媒体生产电视节目，将产生一定的费用消耗，因此必须要考虑成本负担，也就是经济效益的权衡。为完成特定的宣传任务，不能因为成本因素而打折扣，要突出社会效益。在经济效益与社会效益发生矛盾时，社会效益优先。

（三）广播电视媒体成本管理目标是追求成本的合理性

广播电视行业成本管理的主要目标不是成本高低的价值判断，不是单纯的降低成本，而是要追求成本的合理性。为了降低成本而牺牲社会效益，为了降低成本而牺牲节目质量，都是不可取的办法。广播电视成本合理性的判断标准主要基于三个方面：一是节目制作过程中的各项费用支出都在正常的标准之内，节目制作所占用的各类资源没有铺张浪费的现象，没有过分夸张的技术装备；二是节目播出后的社会效果较好，达到了预期目的，圆满完成宣传任务；三是节目带来的广告经营收入有较大增长。

第二节 媒体融合对广播电视成本管理的影响

媒体融合是信息时代的产物，是对传统媒体的一场声势浩大的革命，任何因循守旧、故步自封，任何拒绝融合或消极融合，都将被媒体融合的滚滚历史洪流所淹没。

一、深化成本管理刻不容缓

媒体融合对广播电视媒体既是挑战，也是机遇。媒体融合打破了广播电视行业自我封闭、自我垄断的格局，带来了极大的挑战。同时，媒体融合给广播电视媒体的发展提供了更加广阔的发展空间，展现了巨大发展机遇。媒体融合打破了广播电视的行业垄断，以前的传媒格局是报纸就是报纸，广播就是广播，电视就是电视，都有各自的传播载体，彼此分工明确，自成系统，互不干涉，自我封闭，各自垄断。随着互联网时代的到来，媒体数字化转型，传统的媒体分工不复存在，体现在网络上，都只是一种数字信息，有声音，有文字，有图像的数字信息。这种信息，可以展现在电视上、手机上、电脑上，随着未来科学技术的发展，电视、电脑、手机的展现功能将趋同。失去垄断的市场地位，失去保护垄断的政策基础和技术体系，广播电视媒体赖以生存的客观环境也随之发生了深刻的变化，因此，加强广播电视媒体内部管理特别是成本管理是必然的选择，迫在眉睫。

二、更加注重社会效益与经济效益并举

在媒体融合背景下，市场竞争更为激烈，各种新媒体纷纷崭露头角，甚至"人人都是媒体"，广播电视媒体要想在激烈的媒体竞争环境下坚守住主流媒体阵地，在"精耕细作"媒体节目的同时，还要树立成本意识，将节约成本、降低成本作为一种社会责任，作为一种生存发展的基础，在追求社会效益的同时实现经济效益与社会效益双赢的局面。广播电视媒体要融入经济发展的大潮，就要尊重经济发展规律，走产业发展的道路，壮大自己才能扩大影响力，才能更好地引导社会舆论。

三、成本管理范畴发生较大变化

长期以来，广播电视媒体赖以生存的经济来源有两个：一是国家财政拨款，二是产业经营收入。传统的产业经营以广告营销为主。广告业是一个独立于广播电视行业之外的行业，有自己的行业运行发展模式。广告业与广播电视产业的结合是广告寻找载体的需要。广播电视媒体作为主流传播媒体，是广告商青睐的对象，依托传媒进行广告宣传，是一个双赢的局面。广播电

视促进了广告业的发展壮大，同时给广播电视发展创造了资金。但广告资金毕竟是广播电视行业外的资金，当广播电视行业有影响力时，广告资金源源不断地投入；当广播电视行业影响力下降时，广告资金会重新选择合作对象。广播电视媒体经营风险大，过度依赖广告经营，一旦市场环境发生变化，会给广播电视产业经营带来冲击。媒体融合给广播电视产业发展带来了广阔的发展空间，随着新媒体业务的不断拓展，广播电视媒体除广告经营之外，会有更多的经营模式涌现，比如节目版权销售、有偿收看、信息服务、IPTV、网络广播电视等，这些经营活动都要纳入成本管理范畴，广播电视媒体成本管理的管理理念、管理方式、管理手段都将发生深刻的变化。

第三节 广播电视成本管理内容框架

广播电视媒体的成本管理是财务管理的重要内容。完善的成本管理体系，主要包含五个方面的内容：成本预算、成本核算、成本控制、成本分析、成本考核。其中，成本预算是事前管理，成本控制是事中管理，成本核算、成本分析、成本考核是事后管理。五个环节相互关联、相互依赖。成本预算要以之前年度的成本核算为依据，保证预算的科学合理；成本核算、成本控制又以成本预算为依据；成本分析是对成本核算的结果进行分析，相关信息反馈后，又对成本预算产生影响；成本考核是推动成本预算的执行，强化成本控制的动力。五个环节相互作用，形成一个完整的管理链条。（由于成本核算在后面的章节要详细表达，在此不再赘述。）

一、广播电视成本预算

广播电视成本预算就是根据具体的广播电视节目生产情况，预先编制其费用消耗总额计划的管理活动。成本预算管理是事前管理，是成本管理的首要环节，也是成本核算、成本控制的依据，在成本管理过程中处于十分重要的地位。

（一）成本预算分类

广播电视成本预算一般可分为年度成本预算和日常节目成本预算。

1. 年度成本预算

年度成本预算是年度成本总预算。根据对象不同，可以是整个广播电视媒体的成本总预算，也可以是频道（频率）、部门、栏目的成本总预算。年度成本预算只是一个总量控制目标，随着广播电视节目生产、播出任务的变化，随时调整变化。

2. 日常节目成本预算

日常节目成本预算是针对具体广播电视节目而编制的成本预算总额。日常节目成本预算的费用构成比较具体，依据比较充分。如果不是制作周期较长的节目，其预算总额一般不做变动调整，预算控制力较强。日常节目成本预算是在频率频道或栏目年度预算的框架内编制的，是年度预算随着节目制作任务的推进而做的进一步分解工作，是实行预算精细化管理的具体措施，有助于年度预算的顺利执行。

（二）成本预算在成本管理中的作用

成本预算是成本管理的首要环节，科学合理的广播电视成本预算不仅能保证节目生产的需要，而且能优化节目生产流程，减少不必要的费用消耗，以较为合理的投入获得较好的产出效果。

1. 成本预算是成本控制的依据

广播电视节目生产需要一定的经费投入，而较为充足的经费投入，也是节目质量的保证。但不能盲目追求经费投入，更不能片面认为花钱越多，节目质量就越好。经费投入与节目质量及艺术水平并非正比例关系。一般而言，没有经费投入或经费投入不足，节目质量没有保证。当经费投入达到一定水平时，增加的投入对提升节目质量没有质的提升。合理的成本预算，既能保证节目生产的需要，不以牺牲节目质量为代价，又能控制节目生产过程中的不合理支出。任何节目生产应事前申报预算，经过一定的审核程序批准下达节目预算，在节目制作过程中，要强化预算的严肃性和约束力，不能随意突破。

2. 成本预算是优化节目制作流程的动力

广播电视节目生产活动与工业产品的生产不同。工业产品的生产有成型的设计蓝图，有固定的生产工序，有完整的生产工艺流程，所有人、财、物的消耗都是可知的。而节目生产是一个艺术制作过程，艺术创作渗透到节目生产的各个环节。不同的人有不同的艺术思维，同一个人在不同的时间，艺术思维也会发生变化。艺术创作的不确定性给成本费用消耗带来了不确定性。如果不推行成本预算管理，节目制作成本就是未知数，不利于经费的管理。只有推行成本预算管理，才能对没有量化边际的艺术创作进行合理约束，使广播电视媒体不断优化节目创作流程，在现有的预算下完成节目制作任务。

（三）成本定额在成本预算中的运用

广播电视媒体成本预算的编制基本方法主要有两种：一种是以历史成本数据为依据编制成本预算，这种方法适用于年度成本预算；一种是以成本定额为依据编制成本预算，这种方法适用于日常的节目预算。由于广播电视媒体的特殊性，在编制成本预算时，需要交叉使用这两种预算编制方法。成本定额是对形成成本的要素制定标准，按标准核定费用消耗水平。广播电视节目生产过程复杂，变化没有规律。不同的节目有不同的制作方法，即使是同一栏目，每期的制作方法都有差异。因此，试图以节目为整体制定不同形态的节目生产定额是比较困难的。但是，广播电视节目制作也有共性的方式、方法和手段，应该抽象出每个具体的节目内容和表现形式，分解其制作方式、方法和手段，按成本费用的形成要素来制定成本定额。这种方法类似于企业分解产品的生产加工工序，按加工工序来制定工时定额。一旦制定出成本要素的定额标准，节目制作便可按制作活动所对应的成本要素编制预算，进而汇总成完整的节目预算。

二、广播电视成本控制

广播电视成本控制是以成本预算为目标，对广播电视节目在生产制作过程中的费用消耗，采取一系列方法进行管理控制的行为。广播电视节目制作过程包括三个阶段：第一阶段是生产准备阶段，涉及节目的选题、策划、调研、样片制作等；第二阶段是节目制作阶段，涉及节目的录制、采访、编辑，直到节目制作完成、入库备播；第三阶段是节目播出前的节目宣传和节目推介阶段，为提高收视（收听）率、提高节目影响力，有些重点节目要进行专门的宣传推介活动。广播电视节目制作成本涵盖了节目制作过程的全部费用消耗，广播电视节目成本控制是节目制作的全过程控制。

（一）成本预算目标控制法

广播电视节目成本控制方法主要是节目成本预算目标控制法，是以广播电视节目成本预算为依据进行成本管理控制。为此，要强化节目成本预算的约束性，避免预算失控，削弱预算的执行力。特别是要遵守"先有预算，后有费用消耗"的预算管控原则，避免节目制作已经完成，相关预算申报、审核、批准、下达工作还没有启动，逃避预算监管的情形发生。

（二）划分成本控制责任主体

有效的成本预算控制必须明确预算控制执行的责任主体，为后续的成本考核奠定基础。按照"谁消耗、谁负责、谁控制"的原则，成本控制责任要进行有层级的分解落实，做到目标明确，责任明确。

（三）划分可控成本和不可控成本

成本控制是建立在成本可控的基础之上。可控成本和不可控成本的划分是由相对具体的责任主体来区分的。广播电视可控成本是指在节目制作过程中，对发生的各项费用能为特定的责任主体所控制。反之，就是不可控成本。判断可控成本有3个条件：一是责任主体能预知将要发生的各项费用消耗；二是责任主体能通过实施干预行为对各项费用进行调节和控制；三是责任主体的管控结果能准确地计量。

（四）控制效果与考核挂钩

为调动广播电视媒体各个责任主体的积极性，确保成本预算和成本管理的严肃性，充分发挥成本管理的杠杆作用，广播电视媒体应该加强成本分析，及时将成本情况与成本预算进行对比，根据对比情况，调整成本费用开支或修正成本预算，年度终了，应将成本实际执行情况与绩效考核挂钩，奖优罚劣，确保控制活动的有效执行。

三、广播电视成本分析

成本分析是指利用成本数据和其他相关资料，采用一定的分析方法，对数据资料进行汇总、加工和再加工，以达到揭示成本状况的目的。

（一）成本分析的作用

①通过成本分析，能够正确评价成本预算的执行情况，揭示预算执行过程中，成本的差异和变化，为后续的预算编制提供翔实的数据资料，提高预算的编制水平。

②通过成本分析，能正确认清成本状况，准确把握合理的费用消耗，逐步降低不合理的费用消耗，从而寻找优化成本消耗的方法和途径。

③通过成本分析，为推进成本控制提供数据支持，进而改进控制方法，提高成本控制水平。

④通过成本分析，为科学决策提供依据，丰富的成本数据分析资料不仅能发现问题，而且能提供解决问题的方法和建议。

（二）成本分析方法

根据广播电视媒体特点，主要可以采取比较法、结构分析法和动态分析法三种成本分析方法。

1. 比较法

比较法是成本数据分析最常用的方法，它是通过成本数据间的比较，反映成本差异，进而分析产生差异的原因的一种方法。比较法根据参照比较的数据不同，又有如下几种分析方法。

（1）与预算数据比较

可以分析预算执行情况，判断预算执行的好坏。预算执行率，可以反映预算的执行进度。预算结余则可以反映预算的宽松程度或预算管理的成效。

（2）节目之间的成本比较

由于节目成本最终可统一计算出分钟成本，给节目间的成本比较带来方便，不管是相同的节目类型还是不同的节目类型，通过分钟成本，都存在比较的基础，给节目制作方式的选择带来一定的参考价值。

（3）行业内的成本比较

可以反映制作水平和成本管理水平的高低，如果在市场竞争环境下，广播电视行业内的平均成本将是经费投入和制定节目版权价格的依据。

（4）国际成本比较

可以反映国际同类广播电视节目制作成本的差异，为国际节目交流和节目引进提供参考。国际成本比较，要充分考虑不同国家广播电视媒体的成本基础、成本构成和成本口径，保障国际广播电视媒体成本对比的科学性。

2. 结构分析法

结构分析法是对广播电视节目制作成本的费用构成进行分析的方法。通常使用比率分析，根据不同费用各自所占的比重，反映成本的主要消耗和次要消耗、重点消耗和一般消耗；通过人力成本的比重，反映人员的投入情况；通过技术设备的成本比重，反映技术资源的占用情况。有些成本构成分析，可以对重点成本项目进行细分，分析重点成本项目的内部构成。

3. 动态分析法

动态分析法是对广播电视节目成本进行历史数据对比，反映成本的波动状况，从而揭示成本的发展趋势的一种方法。

动态分析法可反映节目制作成本的增加（减少）状况，即增减量的变化，也可反映成本增加（减少）的幅度，即增减的百分比，将历史成本在时间序列上进行适当加工，可反映成本增减的发展趋势，并根据发展趋势，对成本进行科学预测，从而为管理决策提供数据支撑。

（三）成本分析报告

成本分析报告是成本分析结果的展示，成本分析报告可以是专项分析报告，也可以是月报、年报。成本分析报告主要描述成本的现状，反映成本管理过程中的成绩与问题，揭示成本的发展趋势，提出解决问题的方式和方法。广播电视成本报表是成本分析报告的重要组成部分，是客观反映广播电视节目成本的数据表，是广播电视成本核算结果的集中体现，是会计报表体系的重要组成部分。成本报表没有固定的格式，是单位内部自行设计的报表，目的是要反映单位的整体成本状况。成本报表按时间划分，可以分为月报、季报、年报。

四、广播电视成本考核

广播电视成本考核是成本管理的重要内容，也是确保广播电视成本管理有效开展的重要环节。根据广播电视媒体特点，广播电视成本考核主要包括建立投入产出数据模型、建立内部激励机制等办法。

（一）成本考核概念

成本考核是指定期考查审核成本预算及相关指标的完成情况，全面评价成本管理工作成绩的方法。成本考核除了评价成本预算的执行情况外，还可以评价有关财经纪律和管理规章制度的贯彻落实情况，激励各责任主体加强成本管理工作的积极性。成本考核坚持责、权、利相结合的原则。

（二）考核办法

1. 建立产出数据模型

广播电视节目的投入就是节目制作成本，广播电视节目的产出有两方面：一是经济效益的产出，其量化指标是广告收入；二是社会效益的产出，其量化指标是收视（收听）率。

广播电视节目的投入产出考核有两个方面的指标：

①经济效益指标：为节目广告收入与节目制作成本的比值。该指标是经

济效益方面的投入产出指标。投入产出比值＝节目广告收入/节目制作成本。该比值越大，经济效益越好。

②社会效益指标：为节目收视（收听）率与节目制作成本的比值，不过，为了方便比较，这时的节目制作成本应该用分钟成本来表达。其投入产出比值＝节目收视（收听）率/节目分钟成本。比值越大，社会效益就越好。

通过上述两个方面的比值，可以计算综合投入产出系数。综合投入产出系数有两种计算方法，一种是将社会效益投入产出比值和经济效益投入产出比值简单相加，得出综合投入产出系数；一种是设定权重，对经济效益投入产出比值和社会效益投入产出比值加权后，计算综合投入产出系数，设定权重，主要是考虑到不同广播电视节目的经济效益和社会效益有不同的考核要求，对社会效益要求较高的节目，就相应增加社会效益的权重，反之亦然，这样的综合投入产出系数能起到一定的导向作用。

2. 建立内部激励机制

（1）建立投入产出与节目制作的绩效奖励挂钩机制

通过计算出的投入产出系数，对不同的节目进行比较，对系数较高的节目进行激励。一方面通过与节目预算挂钩，对系数较低的节目削减预算，对系数较高的节目适当增加预算；另一方面通过调整播出时段来实行激励机制，对效益好的节目，放在黄金时段或次黄金时段播出，对效益差的节目，退出黄金时段或其他好的时段。再者，可以与员工的绩效奖金挂钩，对效益好的优秀节目进行奖金倾斜。

（2）建立末位淘汰机制

广播电视节目的生命周期受受众的喜爱和欣赏水平及审美疲劳的影响较大，节目的创新是一个永恒的主题。对于那些节目制作成本高、社会效益差、经济效益差、投入产出排位靠后的节目应该予以淘汰，对节目进行更新。如图5-1所示。

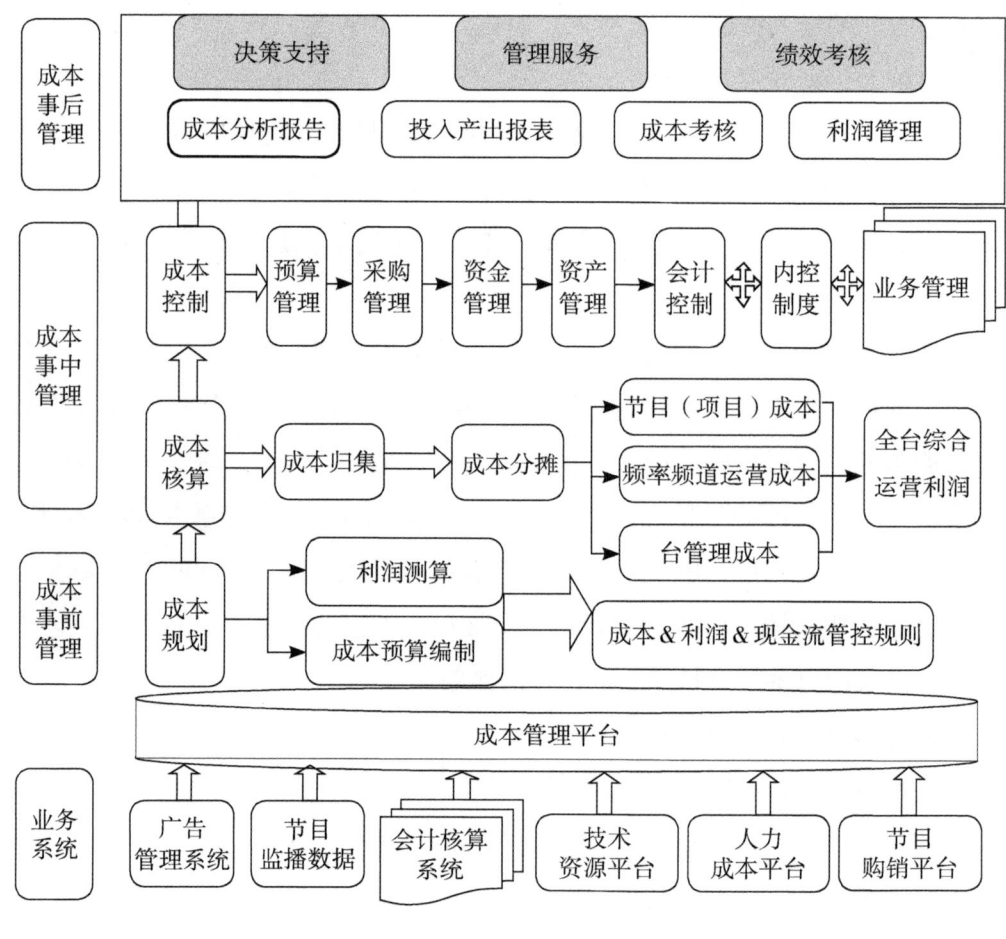

图 5-1 成本管理流程

第四节 广播电视成本核算方案框架

广播电视成本管理最基础的工作是成本核算。如果没有科学完善的成本核算体系，核算出与广播电视行业节目生产管理相适配的成本，推行成本管理就是一句空话，成本核算的本质是将费用对象化。因此，广播电视节目制作成本核算需要解决三个主要问题：一是确定成本核算对象；二是确定费用项目;三是确定费用项目归属于核算对象的方法。

一、广播电视成本核算对象

成本核算对象是成本费用的载体,不同的核算对象,成本的内涵和外延都不相同,应该根据不同的管理需求和管理水平,选择广播电视成本的核算对象。广播电视成本核算可选择的对象有频率频道、栏目、节目三种。

(一)以频率频道为核算对象

频率频道是广播电视媒体生产组织的主要形式,随着频率频道专业化的发展,频率频道成为同类节目的集合,如交通频率频道、新闻频率频道、文艺频率频道、法制频率频道、电视剧频道等。一个频率频道就是一个大的产品类别,核算频率频道成本能系统反映某一频率频道的生产经营状况,是广播电视媒体进行成本核算应达到的最基本要求。

(二)以栏目为核算对象

栏目是广播电视媒体的基本生产单元,是广播电视节目制作生产的最基本组织形式,负责生产与栏目内容相符的广播电视节目。每一期节目是栏目组织生产的产品。选择栏目为核算对象,类似企业批量生产某种产品。所不同的是企业按投产批量生产某种产品,其生产工艺、材料消耗、工时定额等完全相同,而广播电视栏目的每一期节目无论是生产过程,还是生产方式都可能完全不同。核算栏目成本是对一个基本生产单元的人、财、物消耗的系统核算,反映不同栏目的成本状况。

(三)以节目为核算对象

节目是广播电视媒体生产的产品,反映每一个节目制作过程的费用消耗是成本核算的最终目的。但广播电视节目种类繁多,表现形式各种各样。节目有长有短,有大有小,有些日播节目每天一期,核算每一期节目制作成本过于烦琐;有些周播节目,在节目录制时,也是批量集中录制。以节目为核算对象核算节目制作成本,应该按照节目生产制作的客观规律,合理选择成本核算批量。

1. 有固定栏目的节目

以每一期节目为核算对象。有些栏目是由多个节目版块复合而成的，在进行每一期节目核算时，应根据节目制作过程的独特性和节目的自然状态，对不同的节目版块分别核算。有些栏目在安排节目生产时，有批量生产的情况，可按生产制作批量核算。还有些新闻类节目，其节目内容组成是每条新闻，而每条新闻的录、采、编等制作方式完全独立，每期成本核算过于复杂，可按月核算。

2. 没有固定栏目的节目

直接以节目作为核算对象，如大型晚会、体育赛事、电视剧、纪录片等。

二、广播电视节目制作成本的计算单位

广播电视媒体通用的成本表达为分钟成本，即制作每分钟的节目所消耗的费用。分钟成本按照不同的节目类型在行业内或国际上进行成本比较，应用比较广泛。除了分钟成本之外，对广播剧、电视剧、纪录片等特殊的广播电视节目，一般按每部（集）成本来表达，主要是这些广播电视节目的时长标准基本统一，在进行成本比较时简明扼要，容易接受。

三、广播电视费用项目

广播电视媒体是人才密集型、技术密集型行业，其主要费用消耗是人员费用及技术装备、信号传输方面的费用。其费用消耗构成复杂，没有固定的规律可循，临时性、突发性、不可预见性费用消耗比较突出。广播电视费用有以下两种分类法：

（一）按照成本属性分类法

按照成本费用的不同分类，主要包括以下方面：

1. 人员费用

人员费用有两种，一是本单位人员费用，包括工资、奖金、福利及保险等费用。二是外请人员费用，包括外请演员、嘉宾、策划、撰稿、导演、摄像、配音、解说等工作人员，其劳动报酬主要体现为劳务费。

2. 差旅费

包括节目制作人员前往节目制作地点的交通费用及在节目制作地点的吃、住、行费用。

3. 节目购置费

外购节目包括多种形式，包括整片购买方式，如购买电视剧、动画片等；部分购买方式，如购买素材、图片、文稿等；购买版权、播放权方式，如音乐版权、奥运转播权等。

4. 委托制作费

将节目制作业务委托给外单位而支付的相关费用。包括全部委托、部分委托、节目包装制作、节目译制等。

5. 设备使用费

根据所使用的设备种类不同，可以进一步细分，如演播室、编辑机房、转播车、摄像机等，设备使用可以是媒体内资源，也可以是外租资源。

6. 信号传输费

包括卫星传输、光缆传输、微波传输等，既包括长期租用项目，也包括为特定节目临时租用项目。

7. 其他费用

包括外租场地、外租车辆、制景、舞美灯光、服装、化妆、道具等。

（二）按照节目关系分类法

按照与广播电视节目关联程度，可以分为直接费用和间接费用。

1. 直接费用

直接费用是与具体节目相对应，确定为该节目生产发生的人员、差旅、设备使用、信号传输，以及外租场地、外租车辆、制景、舞美灯光、服装、化妆、道具等费用。广播电视节目制作如果完全依赖媒体外资源，其所有的费用就是直接费用，如外租演播室费用。

2. 间接费用

间接费用是不与特定节目发生关联，是许多节目生产混合发生的费用，无法与具体节目匹配的费用。如果节目制作完全依赖媒体内资源，其大量的费用负担应该是间接费用，如使用演播室所发生的相关费用。

广播电视节目生产发生的直接费用与间接费用不是固定不变的，间接费用可以转化为直接费用。比如，使用媒体长期租赁的卫星传输线路属于间接费用，使用为节目临时租用的线路属于直接费用。

四、广播电视成本核算方法

现在很多行业沿用的成本核算方法是产品制造业的成本核算方法，是工业化时代的产物。但是，以产品生产制造为基础发展起来的成本核算制度，不适用于广播电视行业的成本核算。广播电视节目生产是信息化时代的产物，其生产方式独特，成本表现复杂，完全沿用制造业成本核算方法，可以计算出节目制作成本，但只是数学意义上的成本，对加强广播电视节目成本管理没有参考价值。制造业成本核算方法，除了直接人工、直接材料外，大多数成本是通过生产费用的归集和分配产生的。由于工业产品生产的工艺流程稳定，相同产品的工时消耗，材料定额消耗，对辅助生产资源的占用和消耗基本相同，因此，采用费用分摊的办法比较公允，计算出的产品成本与实际成本基本吻合。而广播电视行业，节目生产是不确定的，同样的节目，采用不同的制作方法，成本形成迥异。以转播足球比赛为例，一般有三种制作方法：一是到转播现场制作节目，需要有转播车、发电车等一系列转播设备到现场。还需要在转播现场架设机位及信号布线施工，需要搭建临时解说评论席位，还需要使用光缆、微波、卫星等线路以保证信号传输。二是播放实况录像或转播公用信号，只需要在演播室由解说员讲解即可。三是完全使用公用信号，包括公用信号提供的讲解，属于纯粹转播，不需要演播室等设施。要计算这场足球比赛的成本，按制造业成本核算方法，参与节目制作，为节目制作提供技术服务的费用是间接费用，间接费用要按照一定的标准分摊到节目中去，很多广播电视成本核算方案选择按节目的首次播出时间长度作为分配标准。如果是这样，上述三种方式转播的足球比赛，节目首次播出时间长度相同，分配的成本费用相同，在直接费用差别不大的情况下，这三种节目制作方式的成本几乎相同。而事实上，这三种节目制作方式的节目制作成本差异悬殊。这样计算出来的节目制作成本在成本控制及分析考核时没有公允可言。鉴于此，本书提出内部转移价格方法。

（一）内部转移价格法内涵

内部转移价格法是将广播电视节目生产制作所需的技术设备、演播室、线路传输及制景、服装、道具、舞美灯光等费用，以内部转移价格为杠杆，实行内部收费结算，将间接费用转化成直接费用计入节目成本，然后再对内部转移价格与实际应承担费用进行差异调整，从而演化成真实的节目生产成本。实行内部转移价格计算节目制作成本，其优点是比较公允、直观，操作简便，成本构成清晰，成本负担公允，形成对内部收费部门和节目生产部门的双重考核机制，有利于推进成本管理。

（二）内部转移价格的制定及执行

内部转移价格应该以内部收费的部门或收费项目的所有成本为依据制定价格，目的是通过收费，将自身的成本转移到节目成本中去。例如，演播室使用价格的制定，应该包括演播室的设备折旧、设备维护修理、工作人员工资薪酬、业务费用、场地费用、风水电暖消耗等，这些演播室的费用消耗应该全部转移到节目成本中去，价格的核定应该以演播室的费用消耗总额为依据。

实施内部转移价格法需要建立内部转移价格收费体系。内部转移价格一旦制定，在一定时期内不得修改。按照收费项目，根据节目制作的实际使用进行收费。如果建立了内部收费的计算机数据处理系统，可直接根据系统数据进行账务处理。未建立内部收费的计算机数据处理系统的，则要设计内部收费单，通过开具内部收费单进行内部收费，并进行账务处理。

(三)内部转移价格差异的处理

内部转移价格的功能是将本应该通过费用分摊的间接费用通过内部收费的方式转移到节目成本中去。但实际的内部转移价格转移的间接费用总额与实际的间接费用总额会有出入,主要取决于实际利用率。在制定内部转移价格时,如果实际利用率大于计划利用率,就有可能产生顺差,即内部转移价格转移的间接费用大于实际的应该分摊的间接费用;如果实际利用率小于计划利用率,就有可能产生逆差,即内部转移价格转移的间接费用小于实际的应该分摊的间接费用。内部转移价格差异的处理有两种方法:一种是结转本期损益法,一种是调整节目制作成本法。

1. 结转本期损益法

结转本期损益法是指在月末或年末将内部转移价格形成的差异直接结转到本年利润,或先结转至主营业务成本,再通过主营业务成本的结转来调整本年利润。这种方法比较简便,但仍有差异停留在在制节目制作成本中,如果差异过大,会导致在制节目制作成本失真。因此,这种方法适合内部转移价格比较科学,差异较小的成本核算。

2. 调整节目制作成本法

调整节目制作成本法是在月末或年末,将内部转移价格形成的差异,按一定的差异率调整节目制作成本,包括已播出的节目制作成本和在制节目制作成本。相当于用实际价格替代内部转移价格,从而还原成与实际成本相吻合的节目制作成本。这种方法对差异的调整比较彻底,但实际操作比较复杂,在会计期末对成本的追溯调整,也不能及时、准确地反映节目制作成本。

(四)内部转移价格的实施案例

青岛广播电视台探索建立公平合理的内部转移价格体系,解决了内部转移价格公允计入节目成本问题。合理制定内部服务价格,先行建立技术资源计价规则,引入内部市场化机制,举行节目、技术、财务三方联席会议,制定双方都能接受的内部转移价格,将技术资源等管理平台嵌入成本系统中,在流程管理中生成转移成本，由双方用手机确认技术设备使用费，各层级管理人员可一键查询明细信息，并每月公示技术等成本数据，保证成本费用客观、公正、合理计入节目成本。

五、广播电视成本核算基础框架

广播电视媒体开展成本核算需要建立完善的三级成本核算体系、完善的节目生产计划调度播出信息系统和合理的内部价格结算系统及成本核算财务软件系统。

（一）建立完善的三级成本核算体系

三级核算体系是指广播电视媒体—频率频道—节目组三级核算体系。当前，广播电视媒体基础核算工作比较薄弱，特别是节目组。作为最基本的节目生产单元，应该配备专职核算员，负责成本核算相关的数据信息的记录、传递和加工，确保基本数据的准确可靠。

（二）建立完善的节目生产计划、调度、播出信息系统

以节目为成本核算对象的节目制作成本，需要对每一个节目进行生产计划安排，节目制作过程中的相关信息及与之匹配的费用消耗都要有明确的记录和信息传递，具体包括节目代码下达、节目预算的编制下达、节目成本费用的核销、节目入库、节目播出等。

（三）建立合理的内部价格结算系统

广播电视媒体采用内部价格转移的成本核算，要建立覆盖媒体的内部价格结算系统，包括相关服务内容价格的制定、内部收费的计量、相关收费的信息记录、单据传递方式方法、收费核算等。

（四）建立专门的成本核算财务软件系统

广播电视节目制作成本的核算，是一种全新的成本核算模式，涉及的核算对象较多，成本费用的核算和归集工作量大，成本形态由在制节目成本到入库节目成本再到播出节目成本的相互结转需要依靠专门的核算软件来完成。

因此，需要定制开发相应的财务核算软件系统，如图 5-2 所示。

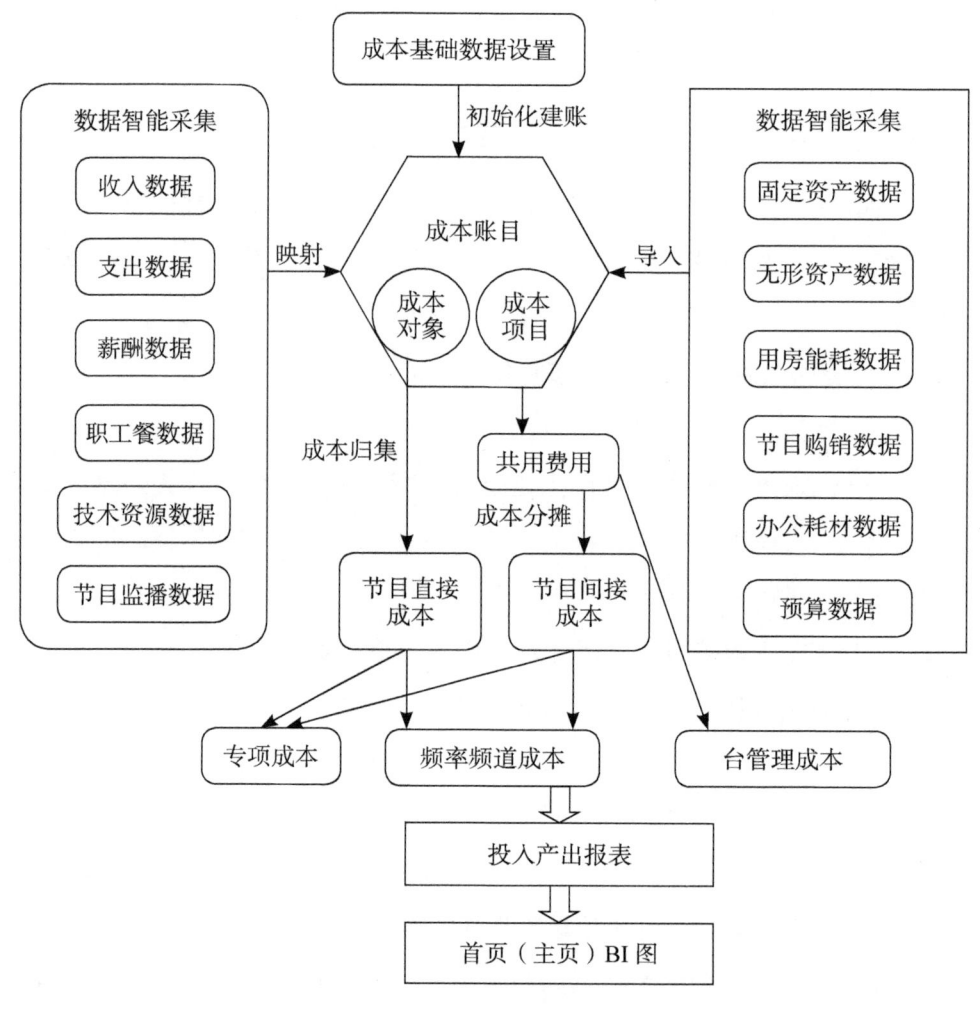

图 5-2 成本核算流程

第五节 广播电视成本核算案例介绍

青岛广播电视台积极探索节目、技术、财务等管理思想、管理工具、管理方式的创新，自主研究设计成本管理系统，用大数据技术搭建管理会计平台，实现"财务—业务—管理"一体化。

一、建设目标

①算清每个节目的投入产出,即节目直接成本+间接成本+摊入管理成本三层结构的投入产出。

②构建全台资源价值计量和业绩评价系统,以算促管,深度发掘广电资源效能。

③业财融合,建设全台、全员、全过程的成本核算管理体系。

二、打破传统观念,创新思维,精心设计方案

设计思路以成本控制和价值创造为立足点,以提供决策管理有用信息为根本目的,打破财务管理固有的"业务从属于财务"的旧观念,强化"业务财务一体化"设计理念,从业务和管理视角汇集数据、设计报表。运用最新的计算机信息技术,整合全台财务、资产、广告、技术制作、节目监播等十多个系统,从各系统后台直接抽取数据,建设数据仓库,搭建以成本管理为主的多平台集成体系,促进全台管理水平的提升。

设计者广泛研究国内外广播电视台成本核算的经验得失,参考制造业、电信业、房地产、医院等行业成本建设案例,结合本台实际,设计完成体系化的建设方案,《青岛广电成本系统建设整体方案》《成本系统实施细案》《技术资源建设方案》《人力成本管理平台建设方案》《节目定额管理方案》等十几套方案付诸实施。

三、运用大数据技术构建新型成本核算体系

青岛广播电视台成本管理系统立足于"三个满足":满足台决策管理层对战略成本的监控和分析,满足频道(部门)管理执行层对经营成本分析和节目质量成本控制的财务信息要求,满足节目作业层对节目制作中所需的经费计划和成本耗用、广告收益数据的及时反馈需求。整合全台多系统数据,实时采集生成有价值数据,是面向业务流程的财务信息和非财务信息数据集成中心。

成本核算采取日成本处理、月关账核算模式，"三级管理，二价对比"核算方式，每日抽取节目各时段成本收益数据，对节目全流程实施精细化核算，包括节目研发、制作、购置、编排、播出、管理、营销、评价等各环节的核算，使成本信息更好地面向决策和节目管理。

引入海尔人单酬团队做软件开发，系统采用 J2EE 和 BI 商业智能技术实时抽取、展示图表数据，采用 B/S（浏览/客户端）结构，建设台长首页、总监、制片人主页，将报表与 BI 商业智能平台联袂应用，视图化浏览，点击图示，向下钻取无缝查询数据。

采用"数据仓库—数据映射—成本报表—BI 主页"的数据归集、应用架构；建设"5+4"管理平台，即主系统成本管理平台的 5 个子模块包括系统管理基础平台、归集平台、分摊平台、报表平台和 BI 展示平台，加上 5 个捆绑式业务应用平台，成本管理平台、技术资源管理平台、人力成本管理平台、节目购销管理平台，实现了节目、技术、财务、人力、服务支持五大资源的价值链贯通式管理，建成了广电行业卓有特点的"三级核算、分层应用、多平台共体运行"的成本核算体系。

四、独创多项成本核算关键技术，破解行业难题

用互联网思维、大数据技术构建广电行业成本核算新模式，构建融合式、平台化的运行机制，使成本核算、成本控制直接切入业务流程中，项目实施中遇到的难点是广电行业业务和节目产品的多变性，导致节目投入与产出核算难以配比，这给会计记录、计量、核算和预算带来一系列难题，为此采用了多种创新方法破解了广电行业成本核算的难题。例如，技术成本分期分年值计价规则；演播室、转播车分阶位计费法；成本分摊时段点值动因分摊法；电视剧播次成本收益卷积核算；节目成本定额"基本＋变动"核算法；制片人自动管控节目人力成本调配。项目实现了：

（1）大数据整合、可视化展示

整合财务、广告、节目生产、节目监播、设备管理等十多个系统数据，

采用 J2EE 和 BI 智能技术实时抽取、展示图表数据。

（2）价值链核算、多层次应用

对节目生产资源效用进行全面核算，业务财务数据集成运用、开放共享，捆绑搭建了人力成本、节目购销、技术资源管理平台，实现了台内资源 OTO 运营，保证了节目成本的客观合理。台领导、总监、制片人等管理人员使用个性化主页查用数据。

（3）融媒体推送、多平台共体运行

为方便各层级管理人员随时随地掌握运行数据，用手机做分析、做管理。开发了成本 PC 端、手机端多屏推送图表数据，借助微信、QQ 群等多媒体进行业务交流，与台 OA 管理系统、云之家高度融合。

2017 年，在全台实现全面应用，成本管理成为全台管理的重要工具。成本科每月提报利润中心考核数据和节目投入产出评价数据，成本控制已融入全台管理，节约成本蔚然成风。2018 年，出台了《成本管理实施细则》，成本管理体系基本建成，技术资源平台、人力成本平台、节目购销等辅建平台，成为全台网络化、规范化管理的桥头堡。成本系统是服务于绩效考核、投资决策、预算编制，成为内部管理的"计价器"。依据成本系统数据，撰写了各项管理会计报告二十多份，为台领导决策发挥了参谋作用。

第六节　小结

本章归纳了广播电视成本管理的内涵和特点，分析了媒体融合时代对广播电视成本管理带来的革命性的影响，媒体融合打破了广播电视的行业垄断，加剧了广播电视行业的市场竞争，推动了广播电视行业的产业转型，广播电视媒体必须坚持社会效益与经济效益并举。广播电视行业产业经营的多元化发展促进成本管理水平的提高，从成本预算、成本控制、成本分析和成本考核等角度，提出了符合广播电视特点的成本管理手段，并积极探索广播电视节目制作成本核算在广播电视成本管理中的具体应用。

第六章　广播电视内部控制

内部控制是现代化管理的基础工作，是广播电视媒体防范风险管理的重要抓手。内部控制制度的不断演变和升华，往往来自历史经验教训。在媒体融合的大潮中，随着广播电视传统媒体与新媒体的融合方式不断创新，融合途径不断多元，融合资金不断涌入，特别是广告市场，已成为广播电视传统媒体与新媒体激烈竞争的主要领域，相关经营风险、决策风险、内部管理风险等也不断加大，这些风险随时都威胁着广播电视媒体的生存和宣传事业的发展。如何更加有效管控风险、化解危机，是媒体融合背景下广播电视媒体推行内部控制制度建设的主要目的。

第一节　内部控制概述

本节主要梳理内部控制的内涵、目的及建立和实施内部控制的原则，并对广播电视媒体融合背景下广播电视行业内部控制建设的有关情况进行概述。

一、广播电视内部控制的内涵

广播电视内部控制，是广播电视媒体为了实现控制目标，通过制定制度、实施措施和执行程序，对经济活动的风险进行防范和管控。内部控制主要包括内部环境、风险评估、控制活动、信息与沟通、内部监督等要素。内部环境一般包括广播电视媒体的治理结构、机构设置及权责分配、内部审计、人力资源政策等硬环境和企业（媒体）文化、员工素质、职业道德、领导风格等软环境。内部环境是广播电视媒体实施内部控制的基础。风险评估是指广播电视媒体及时识别、系统分析广播电视业务管理活动中与实现内部控制目标相关的风险，合理确定风险应对策略。控制活动是指广播电视媒体根据风险评估结果，采用相应的控制措施，将风险控制在可承受范围之内。信息与沟通是指广播电视媒体及时、准确地收集、传递与内部控制相关的信息，确保信息在媒体内部、媒体与外部之间进行有效沟通。内部监督是指广播电视媒体对内部控制建立与实施情况进行监督检查，评价内部控制的有效性，发现内部控制缺陷，及时加以改进。

二、广播电视内部控制的目的

广播电视媒体开展内部控制的目的是为了保证媒体经济活动合法合规、保证广播电视资产安全和有效使用、保证财务信息真实完整、保证媒体各项政策法规的贯彻执行等。

（一）保证媒体经济活动合法合规

内部控制系统通过确定职责分工，严格各种手续、制度、工作流程、审批程序、检查监督等，可以有效地控制广播电视媒体经济活动在合法合规的前提下平稳运行，防止出现偏差，及时纠正失误和弊端，保证实现广播电视媒体的社会和经济活动目标。

（二）保证资产安全和有效使用

资产是广播电视媒体从事宣传报道和节目制作播出的物质基础。广播电视内部控制可以通过适当的方法对收支业务进行管理，对资产进行管控，包括对采购、验收、保管、领用、销售等活动进行控制，保证资产的安全完整。

（三）保证财务信息真实完整

广播电视媒体通过制定完善的内部会计控制制度，对会计和其他经济活动的核算做出较为合理的规定，能在很大程度上防范错误和舞弊，提高会计凭证、账簿、报表及其他会计资料的可靠性。

(四)保证单位各项政策、法规的贯彻执行

广播电视媒体不仅要遵守国家的方针、政策、制度、法规,而且要结合本单位实际,制定本单位的制度、法规。不仅要制定这些制度、法规,而且要狠抓贯彻执行。内部控制可以通过制定办法、审核批准、监督检查等手段促使单位内部贯彻和执行既定的方针、政策、制度、法规,做到有法可依,有章可循,执行顺畅,杜绝违法乱纪、徇私舞弊的行为发生。

三、建立和实施内部控制的原则

广播电视内部控制需把握的原则主要有全面性、重要性、制衡性、适应性和效益性等原则。其中,全面性原则是指内部控制应当贯穿经济活动的决策、执行和监督全过程,实现对经济活动的全面控制。重要性原则是指在全面控制的基础上,内部控制应当关注广播电视媒体重要经济活动和经济活动的重大风险。制衡性原则是指内部控制应当在广播电视媒体内部的部门管理、职责分工、业务流程等方面形成相互制约和相互监督的有效机制。适应性原则是指广播电视内部控制应当符合国家有关规定和单位的实际情况,并随着外部环境的变化、经济活动的调整和管理要求的提高,不断修订和完善。效益性原则是指广播电视内部控制体系的建设应遵循成本效益原则,不能脱离实际,盲目追求风险管控,导致业务流程过于烦琐,相互掣肘,影响业务工作的有效推进。

四、广播电视行业内部控制的现状

从当前广播电视媒体开展内部控制的有关情况来看,有的媒体仍然存在认识淡薄、制度缺失、执行力不到位等问题,这些问题在媒体融合的背景下,显得尤为突出,具体分析如下。

(一)认识淡薄

有的广播电视媒体风险意识不强,对内部控制建设的紧迫性和必要性认识不足,工作上习惯于凭经验、凭主观判断办事,对制度建设、流程管控不

太适应。在宣传报道、节目制作过程中,有的媒体倾向于盲目追求大投入、大制作,过度占用资源、铺张浪费情况严重,忽视成本效益,不讲投入产出。加上内部控制建设专业性强,系统性要求高,需要从单位层面、业务层面整体设计、全面推进,对于一些管理基础工作落后的广播电视媒体,工作难度大,困难重重。

(二)制度缺失

广播电视媒体内部控制制度建设需要从两个方面着手,一是单位层面的内部控制建设,包括单位机构设置、职能分工、工作岗位核定等,对不相容的岗位要分离,对重要岗位要定期轮岗;二是业务层面的内部控制建设,包括制定各项业务的管理规章制度、内部决策程序、议事规则、审批权限的划定等。长期以来,受事业单位管理体制机制影响,广播电视媒体内部控制建设相对落后,财务监督职能和控制约束职能相对弱化。

(三)执行力不到位

内部控制除了强调制度建设外,更强调制度的执行力和执行效果。有的广播电视媒体执行力不到位首先体现在将内部控制建设作为临时工作,缺乏有效执行的长效机制;有的媒体内控制度形同虚设,监督检查弱化,甚至存在内部控制失效。

五、媒体融合对内部控制的影响

(一)内部控制的内容更加广泛

广播电视媒体融合打破了广播电视的行业垄断,广播电视媒体由单纯的节目生产部门变成了节目生产经营部门。在此前的大环境下,有的广播电视媒体风险管控的压力较小,对内部控制的重视程度不够,内部控制只局限于财务会计控制。进入媒体融合时代,广播电视媒体变成了生产经营部门,面临着生存危机,内部控制发展到了财务会计控制以外的其他业务层面,极大地拓展了内部控制的内容,也拓展了内部控制的空间,对单位层面的内部控制也提高了要求。为此，广播电视媒体要主动适应客观环境的变化，营造良好的内部控制氛围，树立内部控制意识，强化内部控制约束。

（二）内部控制的作用更加显著

媒体融合带来的显著变化是市场竞争加剧，优胜劣汰的法则彻底改变了广播电视媒体的生存和发展状态，由此带来许多风险，如市场风险、经营风险、决策风险、筹资风险等，这些风险都是广播电视媒体以前所不曾遇到的，媒体融合时代的广播电视媒体已经进入高风险行业之列，高投入、高产出衍生出高风险。为更好地应对各种风险，广播电视媒体必须依靠内部控制建设，提高科学决策水平，通过一系列防控体系防范风险、化解危机，确保广播电视媒体健康稳定地发展。

（三）内部控制方法要求更加灵活

为了加强风险防范，内部控制往往需要建立大量规章制度和办事流程，加强部门和岗位相互牵制，这在一定程度上会影响办事效率。进入媒体融合时代，效率十分重要。从根本上看，互联网产业的发展是媒体融合的推手，技术的发展进步催生出广播电视媒体的发展格局和发展方向。广播电视媒体竞争依赖于互联网技术平台和技术创新。对技术发展和创新反应迟钝，就会错过发展机遇，对市场环境变化反应不够灵敏，就会错失良机、在竞争中处于不利地位。这些都要求内部控制制度建设应该以推动发展为先导、以保证广播电视媒体利益最大化为根本宗旨，不断增强内部控制方式的灵活性和敏锐性。

第二节 广播电视内部控制方案框架

本节主要从单位层面内部控制和业务层面内部控制的双维度视角，构建广播媒体内部控制方案框架。

一、单位层面的内部控制

广播电视媒体内部控制制度建设应当作为单位"一把手"工程，单位主要领导是第一责任人，负责推进本单位内部控制制度建设，应树立"精心设计、全面推进、不断完善、精益求精"的意识，并加以不断深化。应建立本单位内部控制自我评价体系，及时发现问题，堵塞漏洞，并根据客观环境的变化，不断修改完善，使单位内部控制制度建设紧跟形势，始终发挥及时有效的作用，推进广播电视媒体健康有序的发展。

（一）内部机构设置

广播电视媒体应根据自身业务和管理需要，设立不同的内部机构，明确各机构的职责。广播电视媒体的机构根据性质及其在管理中的作用，分为决策机构、执行机构和监督机构。决策机构行使决策权，履行审批职责，任何经济事项在办理之前都要经过事前审批，重大事项还需要集体研究决定。执行机构行使执行权，要对决策事项进行具体落实，按决策要求不折不扣地完成任务，并将落实情况及时反馈。监督机构行使监督权，主要对决策机构和执行机构的合规性和效果进行检查评价。这三个类型的机构要相互分离，相互制约。广播电视媒体机构设置应该遵循如下原则：

1. 制衡性原则

制衡性原则是内部控制的核心原则。广播电视媒体应该在部门设置、业务分工、工作流程等方面贯彻制衡性原则，形成部门之间相互制约、相互监督的局面，防止职责过于集中，形成内部控制隐患。

2. 适应性原则

广播电视媒体应根据实际需要来设置机构，不能面面俱到，要以保持内部管理顺畅有序为衡量标准；同时，要按照客观环境的变化，不断调整机构设置，适应新的管理需求，不断提高管理水平和组织协调能力。

3. 协同性原则

广播电视媒体内部机构的设置应以高效运转为目标，不能因人设事，机构重叠，职责交叉，影响办事效率。对负有监督检查职责的纪检、监察、审计、财务、法律等机构应分别设置，使其各行其职。

（二）内部运行机制

1. 决策机制

广播电视媒体应该树立科学决策、民主决策的理念，重大经济事项应该由单位领导层集体研究决定。各单位应制定领导层议事规则，对议事内容记录归档，对决定的事项坚决贯彻执行，跟踪落实情况，反馈执行效果。广播电视媒体重大经济事项包括大额资金使用、大宗资产采购、基本建设项目、对外投资、重大资产处置等，应当建立科学的决策程序。其中，对经济活动专业性强、标准复杂、程序特别的项目，如对外投资和基本建设工程等，应该聘请社会中介机构和专家智库进行可行性研究和科学论证，为单位领导层决策提供专业咨询，保障决策的合法合规和科学合理。

2. 执行机制

（1）建立健全内部管理规章制度

广播电视媒体应该建立单位内部各项管理规章制度，对预算业务、收支业务、节目制作、节目购买、采购业务、资产管理、合同管理、建设项目管理等各方面建章立制，做到有章可循，依规办事，并不断修改完善，加强内部监督检查和事后审计，确保规章制度有效执行。

（2）内部控制方法

①不相容岗位相互分离。所有的经济业务事项，都可分为事项申请、内部审核审批、业务执行、信息记录以及内部监督等岗位，这些岗位由具体的工作人员来承担。为了防范风险，这些岗位应该由不同的工作人员来承担，以达到相互分离的状态。广播电视媒体应该根据经济事项的流程和特点，合理划分工作岗位、明确各自的职责和权限，形成相互制约、相互监督的工作机制。对重点岗位、关键岗位、风险突出的岗位，要设置任职条件，对员工文化素质和职业道德修养提出要求，经考核后方可聘用上岗。在岗期间，应加强职业培训，不断提高其业务水平和职业素养。设立定期轮岗制度，对重

点岗位、关键岗位、风险突出的岗位定期轮岗。

②内部授权审批控制。广播电视媒体经济事项应该设立内部授权审批流程，内部授权审批要明确各部门、各岗位的审批权限、审批职责、审批程序，加强单位信息管理系统建设，推行管理流程和审批权限的电子化，做到公开透明，防止暗箱操作。

③归口管理。广播电视媒体专业性、技术性较强，相关业务可以归口统一管理，使相关业务从预算的审核、经济活动管控、执行过程监督都能在较高的专业水平指导下，提高工作效率，减少工作失误。

④预算控制。广播电视媒体应该推行全面预算管理，所有经济事项都应有预算，维护预算的严肃性与约束力，经济事项在批准的预算框架内进行，建立预算编制、预算审批、预算执行、预算绩效评价等一系列管理制度，确保预算控制顺利实施。

⑤财产保护控制。保护资产的安全和有效使用是广播电视媒体内部控制的基本目标之一，财产保护控制要求建立资产日常管理制度、定期清查制度，通过资产登记、实物保管、定期盘点、账实核对、资产处置等具体业务进行管理，确保资产的安全与完整。

⑥会计控制。广播电视媒体应该合理设置会计机构，配备有一定专业素质的会计人员，按照不相容岗位相互分离的原则进行业务分工，依法设置会计账簿，科学地进行会计核算，确保会计资料的真实、完整、准确。广播电视媒体还应建立严格的财务制度，规范会计核算基础工作，保证会计核算工作有章可循、有法可依。

⑦单据控制。单据是确认经济事项真实、有效、合法的重要依据。广播电视媒体推行单据控制要从三个方面着手：一是要求所有经济事项都要有单据表现，包括主要单据如发票、机票、银行进账单等，还有些辅助单据如银行卡刷卡记录、实物验收单、购物清单等；二是要对单据进行审核审批，按流程办理核销业务；三是要妥善保管相关单据，做到有据可查、资料完整。

⑧信息内部公开。广播电视媒体应加强信息系统建设，推进信息化管理，对经济事项审批和执行信息在内部公开。信息内部公开的主要目的是为了促进单位内部信息共享，便于协同管理，防止信息传递不畅，影响执行效率；便于相互监督，保证依法办事、依规办事，促进各项业务工作规范有序，为相互监督提供依据和参照。

3. 监督机制

主要包括会计监督、审计监督、纪检监察监督和外部监督等。

（1）会计监督

会计是对经济事项的客观记录和反映，其业务本身就是对经济事项的全过程监督。会计通过建章立制规范和约束各种经济事项，通过事项审核、数据分析、效果考核等手段，促使经济事项运转有序、平稳高效，防范风险、化解危机。

（2）审计监督

广播电视媒体应该设立专门的内部审计机构，配备具有专业素质的审计人员，对单位经济事项进行全覆盖审计。对本单位的制度建设、工作流程、审批程序、财务收支、预算执行等进行客观公允的评价。由于内部审计相对独立，不直接参与经济事项本身的运作，具有独特的专业视角，能及时发现问题、堵塞漏洞。

（3）纪检监察监督

广播电视媒体内部纪检监察部门负责党风廉政建设，是重要的内部控制监督部门。要发挥好纪检监察部门的监督作用，建立定期巡查巡检制度，发挥重大典型案例的教育警示作用，推进广播电视媒体的员工自觉遵纪守法。

（4）外部监督

广播电视媒体应该自觉接受国家管理部门的监督检查，如财政监督、审计监督、税务监督、纪检监察专项巡视等。广播电视媒体应该积极配合、提供真实完整的检查资料，正确对待在检查中发现的问题，及时整改，不断提高内部控制能力和水平。

二、业务层面的内部控制

业务层面的内部控制主要包括预算业务、收支业务、资产业务、政府采购业务、合同业务等层面的内部控制内容。

（一）预算业务内部控制

预算业务内部控制涵盖预算编制、预算控制、预算执行与调整、预算绩效与考核等环节。

1. 预算编制

广播电视媒体应单独设立预算管理部门和管理岗位，负责预算的编制、审核、下达、分析、考核等日常管理工作。为保证预算的科学合理，预算编制依据要充分、资料要翔实。广播电视媒体内部要制定完善的预算申报审核流程。对重大预算项目要进行可行性研究，组织专家进行论证，为预算审核提供专业意见。年度预算和重大项目预算要经过单位领导层集体研究决定，审批后下达执行。

2. 预算控制

预算控制是内部控制的重要手段，主要强调预算的刚性约束，不得随意突破预算。预算控制要遵循"先有预算，后有支出"的原则，没有预算，不能支出，不能先造成既成事实后被动匹配预算。预算控制分横向控制和纵向控制两类。

（1）横向控制

横向控制是对广播电视媒体各部门、各栏目、各节目的预算总额或分项预算实行控制，不得突破预算。

（2）纵向控制

纵向控制是对特定的预算指标进行控制，如广播电视媒体的业务招待费、出境费等国家宏观政策管理要求严格的费用，不允许突破预算指标。

3. 预算执行与调整

在预算执行过程中，随着客观环境的变化和一些人为因素，会出现偏差。预算管理部门对各部门、各栏目、各节目的预算要定期检查、跟踪预算执行进度，防止预算执行过程中偏差太大。应当实行预算执行预警制度，防止预算执行偏慢，影响预算的执行进度，或者预算消耗过快，形成预算紧缺，导致被动追加预算等。对由于客观原因确实要进行预算调整的，应该按照申报、审批的流程严格办理。预算调整分为一般性预算调整和重大预算调整。

（1）一般性预算调整

一般性预算调整指广播电视媒体在预算总额不变的情况下，对预算结构或项目下级子项目的调整。一般性预算的调整不影响整体预算规模或水平，不影响控制目标的实现，因此，调整的审批程序可以相对简化。

（2）重大预算调整

重大预算调整指广播电视媒体原有预算总额要有较大突破，由于涉及对原有预算的修改，因此，重大预算调整程序比较严格，应该与年度预算的申报、审核、审批程序一致。

4. 预算的绩效评价与考核

（1）确定预算绩效目标

预算绩效目标是指预算资金在一定时限内要达到的产出和效果，是合理安排预算资金的基本动因和依据。绩效目标应该指向明确、具体细化、合理可行。

（2）确定绩效评价指标、评价标准和评价方法

绩效评价指标是指衡量绩效目标实现程度的考核工具。绩效指标的设定应坚持定量考核为主、定性考核为辅的原则。评价标准是指衡量预算绩效目标完成程度的比较尺度，可用于参照的标准有计划标准、行业标准、历史标准等。评价方法主要有成本效益分析法、比较法、因素分析法、最低成本法、公众评判法等。

（3）评价结果与内部考核挂钩

绩效评价结果应作为以后年度预算安排的重要依据，并与内部奖惩制度挂

钩，把预算绩效评价作为预算管理的重要内容。

（二）收支业务内部控制

主要涵盖收入业务和支出业务两个层面的内部控制内容。

1. 收入业务内部控制

收入是指广播电视媒体为开展业务和其他活动依法取得的非偿还性资金，包括财政补助收入、广告收入、版权收入、节目赞助收入，以及其他收入（节目传输收入、设备租赁收入、技术服务收入、节目委托制作收入等）。

（1）收入管理原则

一是坚持收支两条线的原则。广播电视媒体内部各部门取得的收入必须纳入财务部门统一核算，统一管理。严禁坐收坐支，严禁用收入冲抵节目制作费用或直接用于节目支出。二是坚持单位利益主体性原则。凡是利用单位资源获取的任何收入均归单位所有，任何个人和部门不得擅自处理。严禁公款私存，隐匿收入或私设小金库；严禁将收入转移至本单位外其他账户运作或由其他单位代管代存。

（2）收入核算控制

广播电视媒体应当合理设置收入核算、票据开具和档案保管等不相容岗位。要确保各项收入应收尽收，及时入账。对应收未收项目及时查明情况，明确责任主体，落实催收责任。对应收账款财务部门要定期函证。对于上缴财政或上级主管部门的收入，要及时足额上缴。不得以任何形式任何理由截留、挪用或私自处理收入。

（3）收入票据管理

广播电视媒体应建立健全收入票据管理制度。对财政票据、发票等各类票据的申领（购买）、开具、保管、核销、年检、销毁等均应规定相应的办理流程。应当设置票据专管人员，建立票据台账，做好票据的序时登记和其他管理工作。票据应当按照序号使用，不得拆本使用，使用完后应回收，按照会计资料保管。不得违反规定转让、出借、代开、买卖财政票据、发票等票据，不得擅自扩大票据的适用范围。

2. 支出业务内部控制

支出是指广播电视媒体开展业务及其他活动所发生的资金耗费和损失。

（1）制度建设

广播电视媒体应当严格执行国家有关财务规章制度，并结合本单位具体情况，制定财务规章制度体系，加强支出管理，特别是国家有严格规定的一些经费的管理。应当明确合理合法的费用开支范围及开支标准。国家有规定的应严格按国家规定执行，国家没有统一规定的，广播电视媒体应该制定相应的费用开支范围和标准。对超范围、超出标准的支出事项，应该有相应的情况说明和单位主管领导的审批意见。

（2）支出审批

广播电视媒体支出应当经过规定程序的审批，没有经过审批或审批手续不全的支出不得核销。重大支出事项应履行事前审批，如履行政府采购审批程序、合同审批程序、支出报告审批等。广播电视媒体应该按照支出金额大小和支出性质设置审批层级和审批权限，明确相应的责任和相关控制措施。审批人应当在授权范围内审批，不得越权审批。

（3）支出审核

一是预算审核。费用支出应按照预算管理的要求，遵循"先有预算，后有支出"的原则。没有预算不得支出，不得超预算支出。支出事项与预算事项要匹配，不得张冠李戴，拆借挪用。广播电视媒体从财政部门和主管部门取得的有指定项目和用途的专项资金，应当专款专用、单独核算，并按照规定向财政部门或者主管部门报送专项资金使用情况；项目完成后，应当报送专项资金支出决算和使用效果的书面报告，接受财政部门或者主管部门的检查、验收。

二是单据审核。费用支出体现在各种各样的单据上，应该按照"真实、有效、合法"的总体原则进行审核。真实性体现在两个方面：一是单据不是虚假或伪造的；二是单据所反映的经济事项客观存在。应当明确费用支出的真实性由办理支出的业务部门负责，建立从源头抓管理的内部控制方法。有效性是对单据本身的甄别，单据出现填写事项不全、模糊或涂改、挖补等情况，就是无效票据。

单据本身的甄别应该由会计人员审核负责。合法性是指单据反映的事项符合国家的法律、法规、规章制度。原始票据如果遗失，须提供可核实的相关证明文件，提供票据开具单位盖章的原始票据复印、传真、影印或扫描件，经相关审批程序后办理支付。对于无法获得国家规定的有效支付凭证的，应当提供相应的情况说明，由相关业务人员联名签字确认，经相关审批程序后办理支付。

（4）支付方式

广播电视媒体应当加强支付结算方式的控制，严格按规定支付流程办理资金支付，实行国库集中支付的支出项目，应按照财政国库管理制度相关规定支付资金，使用公务卡结算的，应当按照公务卡使用和管理规定办理业务。

（5）支出核算

广播电视媒体应当合理设置支出核算岗位，明确各岗位的职责权限，确保支出申请、内部审批、付款审批、付款执行、业务经办和会计核算等不相容的岗位相互分离。应当设立科学的支出核算体系，按照节目制作、播出和其他业务情况，确定费用支出项目，分类核算，清晰记录和表达。

（6）审计监督

广播电视媒体应加强对费用支出的审计工作。从健全管理制度着手，审计支出是否合法合规，审批流程是否有效执行，会计审核、支付、核算是否规范等，防止弄虚作假、虚报冒领的现象发生，对违法违规行为要及时发现，及时处理，及时追究责任。

（三）采购业务控制

广播电视媒体采购业务控制涵盖采购制度建立、机构设置、预算和计划编审、采购实施、签订合同、组织验收和档案归集等方面。

1. 采购管理制度

广播电视媒体应当建立健全采购业务的内部管理制度，明确相关管理机构和岗位的工作职责和业务权限，订立办理采购业务的工作流程，规定采购过程中的审核流程、审批责任和管控要求。采购管理制度包括：采购流程管理制度、采购预算管理制度、采购方式管理制度、采购执行管理制度等。

2. 采购机构的设置

（1）决策机构

广播电视媒体应设立采购领导小组，其主要职责是审定内部有关采购的管理制度，负责研究决定采购活动中的重大事项，审定采购预算和计划，督促采购活动的顺利实施。

（2）采购的日常管理机构

广播电视媒体应设立采购办公室，其主要职责是拟定采购内部管理制度、工作规范和实施细则，审核汇总采购预算，编制采购计划，确定采购的组织形式和采购方式，督促采购部门依法履行采购合同，处理纠纷，组织培训，定期进行采购业务信息的统计分析等。

（3）采购实施工作机构

负责采购和单位自行采购的组织和实施工作，签订采购合同，经办采购资金的支付，组织采购验收，整理相关资料并归档。

3. 采购预算编制与审核

（1）采购预算的编制与审核

按照"先预算，后计划，再采购"的原则，事前编制采购预算，采购预算应该纳入单位的年度预算统筹平衡，并按规定的程序审核批准。按照"应采尽采"的原则，对涉及采购的所有事项都要纳入预算，防止漏项，防止刻意逃避采购程序的行为发生。

（2）采购计划的编制与审核

在财政部门批准的采购预算内，按照采购需求，编制采购计划，完整地落实和反映采购预算。采购项目数量和采购资金来源应与财政部门批复的采购预算中列示的采购项目数量和采购资金来源相一致，不得编制资金尚未落实的采购计划。在落实具体采购方式时，不得将按规定需以公开招标方式采购的货物、工程和服务化整为零，或者以其他方式和理由规避公开招标采购方式。采购计划应组织相关部门评审，重要的采购活动要组织专家或中介机构评审，履行报批程序。

4. 采购的实施

（1）采购申请

广播电视媒体业务部门应以批准下达的采购计划为依据，提出采购申请。提供的有关申请文件中应列明采购项目的名称、采购金额、资金来源、选取的采购方式、初步市场价格调查等，上报采购管理机构审核。

（2）采购方式的选择

采购方式主要有公开招标、邀请招标、竞争性谈判、单一来源、询价等。其中，公开招标是主要的采购方式，凡是货物、工程和服务达到公开招标数额标准以上的，必须实行公开招标；使用其他非公开招标方式的，应经过内部审议通过，报财政部门审批。采购方式经批准后，不得随意变更，确实需要变更的，应按照相应的流程办理变更审批。

（3）采购代理机构的选择

一些采购方式需要选择招标代理公司负责组织招标工作。招标代理公司应是经财政部门认定、有招标代理资质的代理公司，广播电视媒体应根据不同的业务类型，确定代理公司名录，根据具体业务进行抽选委托招标的代理公司。采购的宗旨就是要做到公开、公平、公正，委托招标应该做到信息公开、过程透明、结果公示。

5. 签订合同、组织验收

（1）签订合同

经过采购程序确定中标、成交供应商后，要签订采购合同，明确双方的权利和义务，合同内容应该与采购文件相吻合。采购合同签订后，应该完整履行，如果遇到特殊情况，需要合同变更的，在不影响采购预算和采购计划的前提下，签订补充协议，继续完成采购业务。

（2）组织验收

采购的货物、工程和服务完成后，广播电视媒体应该组织验收，对所购货物、工程和服务的品种、规格、数量、质量、技术要求及其他相关内容进行验收，出具验收证明。对重大采购项目应组织验收小组，汇集技术、工程、财会、法律、审计等方面的专业人才进行验收，也可委托代理机构组织验收。验收时，办理采购招标的相关人员应该回避。

6.采购资料的管理

采购所涉及的主要资料包括采购预算及各类批复文件、招标文件、投标文件、评标文件、合同文本、验收证明等，应该及时收集、整理、归档，妥善保管、防止遗失。对涉密事项要注意保密，除要求公开的信息外，其他信息一律不得外泄。

（四）主要资产控制

考虑到广播电视媒体资产管理内容较多，本节重点介绍货币资金、固定资产和对外投资等重要资产管理内容的内部控制要求。

1.货币资金管理

货币资金是指广播电视媒体所拥有的现金、银行存款和其他货币资金。

（1）严格岗位设置和职责分工

出纳不得兼任稽核、会计档案保管和收入、支出、债权、债务账目的登记工作。不得由一人办理货币资金业务的全过程。严禁一人保管收付款项所需的全部印章。财务专用章应当由专人保管，个人名章应当由本人或其授权人员保管，负责保管印章的人员要配备专门的保管设备。

（2）严格履行相应的审批程序和审批制度，防止越权审批

严格执行按规定程序制定的审批制度，领导人员、业务人员和财务人员要严格按照审批制度和流程办理有关事项，对越权审批和违反规定程序的审批事项要退回重审。

（3）建立定期盘点制度

对库存现金、定期存单、有价证券等有实物表现的货币资金，要定期或不定期盘点，做到账面余额与实际库存相符。

（4）建立定期轮岗制度

对出纳、印鉴管理人员等重要资金管理岗位，要建立定期轮岗制度，规定轮岗时间和程序，确保定期轮岗。

（5）现金的管理

对现金收入要及时入账，不得坐支。大力推进公务卡的使用，减少现金的使用，实行现金使用预约制度，每天将剩余现金缴存银行，实现现金零库存管理。

（6）银行账户的管理

严格按照规定的审批程序和权限开立、变更或撤销银行账户。指定专人核对银行存款，按月编制银行存款余额调节表，确保银行存款账面余额与银行对账单调节相符。严禁将单位银行账户出借他人使用。

2. 固定资产管理

固定资产是指使用期限超过一年，单位价值在1000元以上（其中专用设备价值在1500元以上），并在使用过程中基本保持原有物质形态的资产。广播电视媒体要根据资产的使用时间和价值标准，确定本单位固定资产管理的范围，并按资产属性进行合理的分类。广播电视媒体固定资产共分为六大类：①房屋及构筑物。②专用设备。③通用设备。④文物和陈列品。⑤图书、档案。⑥家具、用具、装具及动植物。广播电视媒体要根据自己实际需要，进一步划分小类和明细类。

（1）进行合理的职能划分

广播电视媒体应设置专门的固定资产管理部门，并划分固定资产管理部门、财务部门、固定资产使用部门的职能，做到分工明确、协调有序、信息畅通。

（2）编制固定资产采购计划

广播电视媒体要按年度编制固定资产采购计划，加强科学性、合理性论证，防止盲目采购固定资产，造成资产闲置或使用效率低下。

（3）固定资产采购

固定资产采购应该坚持公开透明的原则，按计划和规定的程序办理采购业务，涉及采购事项的，要按采购的规定办理。

（4）固定资产验收

对取得的固定资产要组织专业部门和专业人员进行验收。对品种、数量、规格、质量、技术要求及其他内容进行验收，出具验收单或验收报告，合格后方可办理入库、领用等手续。

（5）固定资产领用

要有严格的固定资产领用程序，凭经过审批的固定资产领用单，办理领用手续。

（6）固定资产保管与使用

按照"谁用、谁管、谁负责维护保养"的原则，明确分工，落实责任人。如果固定资产在单位内部流转或责任人变更，应及时办理变更手续，修改相关信息。

（7）建立固定资产卡片

广播电视媒体要按照固定资产的物理属性建立资产卡片，详细记录固定资产的原始取得情况、使用过程中的修理、内部转移等情况、处置过程中的报废、调出等情况。确保记录贯穿固定资产管理的全过程。信息化管理程度高的广播电视媒体，还要建立固定资产编码信息，推行计算机信息系统管理。

（8）建立固定资产定期清查制度

广播电视媒体要定期对固定资产进行清查，核对固定资产实有数与账面结存数是否相符，即账实是否相符；核对总账与明细账是否相符，财务账与实物台账是否相符，即账账是否相符；核对固定资产的保管、使用、维护等情况是否有变化。对清查过程中固定资产盘盈、盘亏的情况，应该查明原因，及时按规定处理。

（9）固定资产的处置

固定资产处置是广播电视媒体对其占有、使用的固定资产进行产权转让或者注销产权的行为，包括出售、出让、转让、对外捐赠、报废、报损等。

一是严格处置条件。只有当固定资产确实无法满足单位业务开展需要时，才能进行处置。广播电视媒体的固定资产进行报废报损，应当达到规定的使用年限或使用强度，提前报废的，应提交资产确已不能继续使用的相应证明资料。

二是执行处置程序。广播电视媒体进行资产处置时，必须严格履行资产处置的相关审批手续，未经批准不得擅自处置。

三是规范处置方式。广播电视媒体出售、出让、转让资产时，应当通过产权交易机构、证券交易系统或协议方式及国家法律法规规定的其他方式进行，涉及资产数量较多或者价值较高的，应当通过拍卖等市场竞价方式公开处置。

四是加强收入管理。广播电视媒体对处置收入应当按照政府非税收入管理的有关规定执行。

（10）固定资产的遗失、损坏和赔偿

固定资产在使用过程中，因人为原因造成固定资产损坏或遗失的，应按照固定资产使用年限和折余价值，进行适当赔偿，造成严重损失的，还应进行责任追究。

3. 对外投资

对外投资是指广播电视媒体利用货币资金、实物资产、无形资产等方式依法取得的其他单位的股权或债权。对外投资应该由单位领导班子集体研究决定。

（1）严格履行投资审批程序

广播电视媒体对外投资应当进行必要的可行性论证，并提出申请，经主管部门审核同意后，报同级财政部门审批。

（2）规范资金来源和投资方向

广播电视媒体不得使用财政拨款及其结余进行对外投资，不得从事股票、期货、基金、企业债券等投资。

（3）坚持投资回报的原则，合理确定资产价值

广播电视媒体对外投资应当科学选择投资对象，充分进行技术和经济论证，正确选择出资方式，合理确定投资价值，避免投资损失，保障投资回报。同时，对于以非货币性资产进行对外投资的，应该选择具有相应资质的中介机构进行资产评估。

（4）加强对外投资的监管

广播电视媒体要加强监管，通过制度设计、明晰产权、完善机制、控制风险等措施，确保国有资产的安全完整和保值增值，切实履行出资人职责。

（五）建设项目控制

广播电视媒体建设项目规模大、周期长、资金投入较多，技术工艺复杂，广播电视节目的表现形态、制作方法不断更新，融媒体建设更是飞速发展，产品升级换代频率加快，许多建设项目面临较大的市场风险和技术风险。

1. 设置专业管理机构和岗位

建设项目管理具备一定的专业技术要求，广播电视媒体应该建立专业人才队伍、专业机构，负责本单位建设项目的日常管理。对重大建设项目，应该设置专门管理机构，从项目启动—立项审批—开工建设—竣工验收，全程管理，跟踪服务。明确建设项目管理机构的职责，无论是常设机构还是临时机构，都要按内部控制设计的基本要求，进行职责分工和岗位分工，按工程技术管理、合同价格管理、财务管理分设不同的职能机构和工作岗位，对重大建设项目还应聘请专业社会中介机构提供服务，如委托招标代理、工程监理、造价咨询、财务跟踪审计、法律咨询等。

2. 建设项目决策

广播电视媒体的建设项目是关系广播电视发展的重大选择，要有充分的决策依据和决策流程。

（1）项目立项

为推进项目及时立项，广播电视媒体应当确保对拟立项的项目开展初步的调查研究，按照规定编制项目建议书。

（2）可行性研究

可行性研究内容较广泛，包括市场调研分析、技术分析、财务经济状况分析，相关资金投入和经济效益分析要深入具体，依据充分，按照国家有关规定编制可行性研究报告。

（3）项目评估

聘请专家和社会中介机构对项目建议书和可行性研究报告实施客观、公正的评审，并出具评审意见。

（4）项目审批

建设项目首先要履行广播电视媒体内部的所有审批流程，最后由媒体领导层集体研究决定。广播电视媒体建设项目从立项到可行性研究，还需要报请上级主管部门和国家主管机关审批，应该按程序上报，等待审批结果。

3. 建设项目概预算编制

（1）建设项目的概算

建设项目概算是以初步设计文件为基础而编制的，是确定建设项目规模、筹措资金的重要依据，建设项目概算由设计人员根据概算定额标准和各种费用标准编制。

（2）建设项目的预算

建设项目预算是以施工图设计为基础编制，是选择施工单位、控制项目造价、编制项目决算的依据，建设项目预算由建设项目管理部门自行编制或委托专业机构编制。

（3）建设项目概预算的审核

建设项目概预算应由审计部门组织项目管理、工程、技术、财务等部门的人员进行审核，重点审核编制依据、项目内容、工程量计算、定额套用等是否真实、完整、准确。也可委托专业机构进行审核，出具审计报告。

（4）项目建设过程中的变更洽商、概算调整

建设项目在施工过程中，因施工设计变更导致工程量和工程造价发生变化，应与施工单位进行变更洽商，签订补充协议。涉及重大变更事项，突破原有概算的，应履行审批程序，调整概算。

4. 建设项目价款支付

（1）预付款

预付款是根据建设项目承包合同总额，在项目开工前，按一定比例支付

给施工单位进行施工准备的价款。预付款在以后的进度款支付时进行抵扣。

（2）进度款

进度款是根据建设项目已完成的工作量或形象进度支付的价款。进度款结算应由施工单位编制工程进度表、监理单位审核、工程管理部门确认后，财务办理支付。

（3）建设项目竣工结算

建设项目竣工后，应根据项目实际建设情况，进行全面核算，并与施工单位确定最后结算价款。

（4）质保金

质保金是按照建设项目结算总价款的一定比例预留的质量保证金，待建设项目交付使用约定的缺陷责任期满后清算。

5. 竣工验收及交付使用

（1）竣工验收

广播电视媒体建设项目竣工后，应该组织设计、施工、设备供应等单位和施工监理对建设项目是否符合设计要求，项目质量是否达到标准进行全面检验，出具是否合格的资料、数据和凭证。

（2）交付使用

建设项目竣工后，应对剩余的建设物资进行清理和处置，对形成的资产应登记、清点、造册，编制资产交付清单并及时交付使用。对已经达到可使用状态、但尚未办理竣工决算手续的建设项目，应当按估值计入固定资产，待决算确定后再进行调整。

6. 编制建设项目竣工决算

竣工决算由建设单位编制，全面反映建设项目由筹建到工程建设到竣工验收到交付使用全过程的建设成本，是反映建设项目实际造价和效果的文件资料。首先，要做好决算编制的准备工作，开展资产清理、账务清理，收集汇总资料。其次，要做好决算的审计工作，聘请专业审计机构进行审计，出具审计报告。最后，要做好决算的上报审批工作，按照批复的决算结转固定资产。

（六）合同控制

广播电视媒体对外发生的经济行为，除即收即付的方式外，应当签订书面经济合同。

1. 合同订立前的控制

广播电视媒体应当充分了解合同对方的主体资格、信用状况等有关内容，确保对方当事人具备履约能力。

2. 立项审批

广播电视媒体经济活动比较复杂，资金量大，涉及材料采购、设备采购、服务外包、节目委托制作、节目购买等，需要在订立合同前进行立项审批，重大经济活动还应提供可行性研究报告、专家意见、相关部门和领导审核批准的文件等。

3. 合同订立的审核、审批流程

合同订立由业务部门发起，负责合同内容的起草、合同条款的协商谈判，建立部门内部的合同审核、审批流程。媒体法律部门应对合同内容和条款进行合法性审核，负责应对合同可能存在的法律风险或经济纠纷。媒体财务部门应对合同的付款能力和预算及其他付款条件进行审核，并建立合同支付的内部审核审批流程。媒体内部审计部门应对内容与条款进行事前审计，对合同报价和金额进行审核。

4. 合同的履行

订立合同的业务部门是履行合同的主体，应该及时跟踪合同的执行情况，严格按照签订的合同条款落实权利和义务，确保合同顺利执行。涉及交付验收的，应提请有关部门组织验收工作，出具交付验收证明。涉及付款的，应提出付款申请和准备相应的付款审核、审批资料。涉及合同终止、变更事项的，应签订补充协议或备忘录，按照合同订立的审批流程，履行相应的审核、审批程序。对造成经济损失的，应该追回并追究相关责任。

5. 合同的管理

广播电视媒体应当建立合同管理制度，规范合同编档、调阅、销毁等管理制度。建立合同的电子文档，推进合同信息的电子化管理，及时跟踪合同的执行状况，实行合同档案管理的电子化。

第三节　广播电视广告收入内部控制管理方案框架

广告收入是广播电视行业的主要收入，是维系广播电视媒体正常运转的主要经济来源，广告经营也是广播电视媒体与新媒体竞争的主要领域。根据国家广播电视总局统计数据，2018年全国广播电视广告收入1864.49亿元，占广播电视创收收入5639.61亿元的33%。广告经营具有资金量大、风险较高的市场经济特征，是广播电视媒体内部控制制度建设的重点领域。本节选择广播电视广告收入为研究案例，剖析内部控制在广播电视行业具体业务上的应用。内控建设是一个系统工程，具有复杂性和长期性。广告收入内控建设本着既要符合业务特点，又要符合广告收入合规性要求的原则，以有效防范广告收入业务风险、保障广告收入合法合规、提高外部吸引力与整体竞争力为目标，通过对客户、节目、广告产品定价、销售的跟踪研究，按照全面性、重要性、制衡性、适应性的内控原则，制定详细的内部控制体系建设工作方案，综合运用不相容岗位相互分离、内部审批控制、内部信息公开等方法，从单位层面内控机制设计和业务层面内控制度规范两个层面来开展。

一、广告收入的风险点

风险点是开展内部控制管理的基础和前提，只有全面、准确地了解和把握风险点，才能确保内部控制的科学有效。广告收入的风险点是指广告收入管理环节中可能发生风险行为或隐患的环节和行为。

（一）广告价格的制定

广告价格的制定过程极为复杂，需要统筹考虑多方面的因素，包括广告资源自身的属性、表现形式、历史售价和销售率等自身因素，以及栏目品质与性质、频率频道及时段价值、历史收视率、经营及创收策略等外在因素。在定价过程中，主观判断容易受各种因素影响。

（二）广告的促销

广告促销包括折扣、返点、奖励、优惠等形式，在实际执行过程中，各种促销适用情形多样且存在交叉，无明晰的适用标准和界限，容易造成重复或混淆，发生以权谋私、损害单位利益的行为。

（三）广告承包项目的终止、承包方的变更

承包代理公司因市场环境变化或经营困难等原因，无法继续完成预购项目或承包经营任务，会出现"弃标"或退出广告代理的行为，导致临时终止承包项目或变更承包方，容易造成单位经济损失。

（四）广告的收款

由于广告客户因经营困难、资金周转、预算变更等原因，无法按照约定的期限和额度支付广告款，导致广告收款异常，容易损害单位经济利益。

（五）广告代理公司管控

广告代理公司的准入、区域代理公司的遴选等方面没有明确的标准或流程，容易出现以权谋私、市场紊乱等后果。

（六）植入式广告的管控

植入式广告本身表现形式的灵活性和客户需求的多样化，导致植入式广告标准不一，植入式广告执行人员对执行内容的理解不一，造成执行效果有所偏差，容易发生节目制作部门私自插播商业元素的行为。

（七）隐性赞助

节目制作部门违反规定私自接受广告客户的赞助，以节目线下合作或者节目暗含广告等方式谋取回报，容易发生以权谋私、假公济私等违规行为。

二、单位层面的内部控制

广播电视媒体要建立专门的广告经营管理部门，明确内部各部门机构的职能划分、岗位分工，做到不相容的岗位相互分离，制定科学的内部审批流程，建立相应的管理制度。统一广告经营，包括统一价格、统一销售、统一授权等，选择优秀的广告代理公司代理销售广告。

（一）建立专门的广告经营管理部门

按照制衡性的原则，广告经营管理部门应设立综合、市场、客户、频率频道经营、监审等职能机构，各职能机构下设科组，形成组织功能齐全、职能分工明确、业务定位准确、管理边际清晰的内部机构设置体系。其中：

1. 综合部门

负责对外联络、对内协调等综合管理工作。主要职责包括行政管理、人力资源管理、合同管理、内部业务操作流程的管理与维护等。

2. 市场部门

负责关注广告经营的国内外趋势、国内宏观环境和媒体竞争格局，以经营工作为核心，依托市场专业性数据，研究广播电视广告经营的发展战略和经营策略，制定市场活动规划及计划等。

3. 客户部门

负责广告的销售，以实现广播电视广告收益最大化为目标，全面执行广播电视广告客户的开发与维护及各频率频道广告产品的营销等。

4. 频率频道经营部门

负责广告资源的经营组织与管理调配，对接节目部门开发广告资源，系统盘点规划，创新设计广告产品，科学拟订广告价格，建立并优化广播电视广告产品体系和价格体系等。

5. 监审部门

负责广告审查、广告播出运行、植入式广告执行、广告复核和广告监播等。

(二)实行统一的广告经营管理

在媒体融合时代,由于传播模式的多样化,传播内容的日趋丰富,广告载体也向多元化方向发展,无论是电视广告、广播广告、网络新媒体广告,都表现出了多元化的发展趋势。为了防止内部的恶性竞争,广播电视媒体必须实行统一的广告经营管理,以保护单位的切身利益。

统一的广告经营管理包括统一价格、统一销售、统一播出等,无论是电视广告、广播广告还是网络新媒体广告都要按统一的经营策略进行归口管理。任何部门、频道、频率、节目组均不得接洽广告或与广告相关的事宜。

对节目制作过程中的商业赞助、联合制作、广告收入分成等涉及广告经营的行为,均应通过广告经营管理部门办理价格谈判、合同签订、收入分配等事项。

各频道、频率、节目组要按照广告经营管理部门统一安排的广告播出计划,完成广告播出,不得随意变更播出内容,对因特殊情况减少广告播出的,应与广告经营管理部门协商,及时反馈相关信息。各频道、频率、节目组不得播放没有经过广告经营管理部门授权播出的一切形式的广告。

(三)实行广告代理制

广告的销售方式有两种:一种是自销,由广播电视媒体设立的广告经营管理部门自主经营,面向市场销售广告;另一种是代理销售,由广播电视媒体选择专业广告公司在一定的授权范围内开展广告经营活动,代理销售广告。

由于专业广告公司触角广泛、熟悉市场,拥有比较固定的广告客户,对广播电视媒体的广告销售十分有利,同时,专业广告公司长期与广告客户联系,了解客户的需求状况,对广播电视媒体的广告经营如广告策划、广告产品设计、价格制定等都有专业化的运作策略,比广播电视媒体自营自销更有优势。

1. 广告代理公司的选择

广播电视媒体要对广告代理公司的资质、信用、业务能力、专业方向进行综合评价,遴选出适合广播电视媒体自身需要的广告代理公司,签订合作协议,明确代理授权范围、代理费比例、业绩考核、奖惩措施等。

承包代理。承包代理是一种特殊的广告代理方式,选择承包的代理公司要进行招标程序,通过招标方式实现公开、公正、公平,防止暗箱操作,特别是要防止资质差、信用差的广告公司承揽承包代理业务。

2. 统一价格管理

各代理公司在授权范围内代理广告,要实行统一的价格标准,不得私自降价或涨价销售。实行的价格折扣也应在授权范围内浮动。

3. 下达销售任务指标

广播电视媒体要根据自身经营状况,进行广告销售任务的分解,对各代理广告公司要下达任务指标,定期考核,对业绩差的代理公司要及时淘汰,对业绩好的代理公司要进行奖励,加大代理费的分成比例。

三、业务层面的内部控制

广告收入业务按照整个业务流程,可分为广告产品设计、广告定价、广告合同、广告播出、广告收款、广告退款等。各个环节都有必要制定相应的制度,进行风险管控。

(一)广告产品设计

广告产品设计是将不同的广告播出平台、不同的广告播出资源进行组合,形成广告客户可以接受的广告购买标的。

1. 广告的分类

广告分为时段广告、插播广告、植入式广告。

时段广告是指在节目开始之前和结束之后安排专门的时间段用于广告播出。

插播广告是指强行中断节目播出,进行一定时间的广告播出,是在节目中间播出广告。

植入式广告是将广告的元素巧妙地植入到广播电视节目内容之中,使观众在欣赏节目的同时，接受广告的内容，从而达到广告营销的目的。植入式广告的表现形式多种多样，由于其与节目内容融合在一起，很多植入式广告就是节目内容的一部分。植入式广告的表现形式有片头、片花、角标、压屏、现场广告、片尾等。

2. 广告产品设计的原则

广播电视媒体要以市场为导向，以广告客户的需求为核心，设计符合市场规律、广告客户满意的广告产品。

以节目为依托，设计符合节目内容及氛围的广告产品。对插播广告和植入式广告应精心设计，不能过多过滥，影响节目播出，更不能为了迎合广告客户的要求，以牺牲节目质量为代价设计广告产品。

以受众的消费习惯和消费心理为基础，设计出让受众容易接受的广告产品。

（二）广告定价

企业的产品定价以产品生产成本为尺度，结合市场因素，进行产品价格的制定。但广告没有生产成本可以参照，影响广告定价的因素有很多，如频率频道的影响力、时段、节目的收视状况、历史价位、市场竞争环境等，但起决定性作用的是节目的收视率或收听率。广告商投放广告，是为了推销自己的产品，提高自己的知名度，希望播出的广告有人收听收看，以达到最佳的传播效果。

广告价格一般称为刊例价格。广播电视媒体应该由广告经营管理部门统一发布广告刊例价格，作为广告销售的基准价格。

广告刊例价格的制定要进行科学的论证，结合具体的广告定价公式进行计算。刊例价格的确定，需要履行一定的内部审批流程。

广告刊例价格的调整，也应该统一进行管理，调价方案要经过内部研究，通过适当的审批程序才能发布实施。

在具体广告业务的谈判过程中，应该授予业务员、部门经理、广告代理公司一定的浮动比例，方便在价格执行过程中运用，体现一定的灵活政策。

广告产品的定价还有一种特殊形式，就是竞价销售。有些特殊的节目或者频道频率的黄金时间段，其资源有限，通过定价销售，不能体现其真正的市场价值。可以采用竞价销售方式，通过广告客户的竞价来确定销售价格。

（三）广告合同

广告销售合同应采用统一的标准格式和条款，便于防范法律风险，减少经济纠纷。

广告销售合同应明确广告播出的频道、频率、日期、时段、具体节目、播出的时长、频次、顺序位置、广告价款等。对一些植入式广告，还要明确表现方式、表现内容等。

广告销售合同要由经办业务员上报部门负责人签字审批。重大广告销售合同还要在签订合同前经过广播电视媒体决策机构进行研究批准。

合同在执行过程中，遇到特殊问题，由合同双方协商解决，重大事项的变更应签署补充协议或备忘录。

合同的终止应按终止前的履约状况，及时评价合同双方的权利义务落实情况，如涉及部分款项收取的，应及时结算价款。对合同的终止，双方应签署备忘录，必要时应进行法律公证。

广告合同要及时归档，整理编号，定期统计合同执行情况，分析执行进度和价款收取情况，形成有参考价值的书面报告。

（四）广告播出

广告经营管理部门要根据广告合同，编制广告播出计划表，报相应部门领导审批。

根据广告播出计划表，广告经营管理部门要给各频道、频率、节目组下达广告播出单。

广告播出单要明确广告播出的频道、频率、日期、时段、具体节目、播出时长、频次、顺序位置等，并与广告销售合同保持一致。

广告经营管理部门要对播出的广告内容进行审查，保证符合广告行业管理的要求，杜绝虚假广告的播出。

各频道、频率、节目对下达的广告播出单要认真落实，不得随意变更。

对重播的节目，要坚持"重播重审"的原则，按规定的程序审核播出。

（五）广告收款与退款

1. 广告收款

广告经营管理部门要严格履行合同，按合同约定及时、足额地收取广告播出款。

实行销售业务人员负责制，由销售业务人员跟踪合同执行状态、广告播出情况，催收广告款。

进行信用记录，对付款及时的广告客户或代理公司进行评价，作为后续合作的参考和依据。

财务部门负责审核合同与广告收款的一致性，及时开具发票。

2. 应收账款的处理

广播电视媒体应该加强应收账款的管理，对已经形成的应收账款，业务部门要设置应收账款台账，财务部门应设置应收账款明细账，以详细记录广告客户应收账款的相关信息，便于分析和催缴。

业务部门应及时催缴，并跟踪了解广告客户的财务状况，要求客户出具还款计划文件。

财务部门要定期对应收账款进行函证，并将函证的结果反馈广告经营部门，同时，要进行应收账款账龄分析，对可能形成的坏账进行风险警示。

对追缴有困难的应收账款，要通过法律途径予以解决。

对确实无法追缴的应收账款，要在依据充分的情况下，经过相应的审批流程，办理坏账核销。

3. 广告退款

由于一些主观和客观因素的影响，造成广告少播、漏播、错播等情况，需要进行广告退款处理。

广告退款一般由广告客户提出申请，说明追讨退款的理由及金额。

由专业的监播机构进行核实、查证、出具相应的核查报告。

广告业务人员根据合同情况、收款情况及相应的追讨退款情况，确定退款金额，报部门负责人审核同意，到财务部门办理退款。

财务部门凭退款申请、监播核查报告、退款批准文件办理退款业务。

第四节　广播电视内部控制案例分析

案例 1：某广播电视台出现腐败窝案，2 名台领导、多名处级干部被判刑。在与一家影视公司洽谈电视剧采购合同时，面对对方开出的高额回扣，负责电视剧采购的节目购销部主任答应了这笔高成本采购业务，继而暗示对方向更高层行贿，确保合同的达成。影视公司营销经理用钱款打通了各个关节，该采购合同在办公会上顺利通过，致使该台多付出上千万元。

案例解析：影视作品、广告、综艺节目没有统一的价格标准，影视剧市场价格、综艺节目拍摄制作成本难以准确估算，明星演员出场费该给多少、广告制播的平台成本和折扣区间是多少，操作空间很大，同时监管难度大，业务洽谈环节多由独立业务人员完成，缺乏必要的审批环节，缺少内部制约，发票开具存在虚开空间，财务人员大多不了解业务，只是核对合同金额与发票金额相对应即可，不管也难以管到业务的真实性，这些都为电视剧采购、广告经营、工程项目等交易中的徇私舞弊提供了便利，容易被不良企图的经手人钻了空子。案件的发生主要是没有健全的内部控制制度，对广播电视台（集团）管理者必要的约束机制不健全。建立一套科学严密的内控机制和环境，是内控制度得以有效实现的前提。案件发生后，在纪检部门的监督下，该台对暴露的问题，出台多项监管措施，完善廉政风险防控责任制，明确监督责任 5 个方面 17 项内容，建立 21 项内控制度，加强对影视剧采购、广告经营、节目制作等环节的防控。

案例2：某电视台科技处处长何某负责全台新建和改造技术系统项目审核、协调实施和验收工作，还负责全台设备招标采购、维护维修和资产管理工作，对设备采购具有决定权。他利用职务之便，多次收受设备供应商钱款共计300多万元。2011年，在采购非编工作站时，收受供应商客户经理8万元贿赂款。某公司为感谢其在LED显示屏项目上的关照，两次送现金共计人民币60万元。在演播室灯光项目、高清卫星车等十多个项目上接受供应商几万元到几十万元不等的钱款。虽然这些项目都是通过招标采购，但在项目招标之前，供应商客户经理都会与何某预先电话沟通，希望其能够给予关照，并暗示会对其表示感谢。有的会事先谈好设备采购金额5%的回扣标准，何某利用自己对设备采购的多项权力，大肆受贿，使单位遭受了巨大的经济损失。

案例解析：该案例是典型的内部控制失控，内部控制作为广播电视媒体规范管理的制度保障，在授权设计上存在岗位分工和授权批准控制点漏洞。内部控制应建立岗位责任制，明确相关部门和岗位的职责、权限，确保办理业务和审批的不相容岗位相互分离、制约和监督，不得由同一部门或同一人办理资产全过程业务。必须制定相关程序和控制措施，明确资产的预算、招标、采购、使用、管理、处置等环节的控制要求和职权分离，形成权限隔离、监督关系。本案中何某既有技术设备的计划权，又有项目审核权和实施管理权、验收权，还负责招标采购权、资产管理权，可以说一人说了算，其他程序只不过是走个程序，别人不明就里，财务监督也成了过场，因此导致受贿行为一再发生，教训深刻。

第五节　小结

本章介绍了内部控制的概念、目的及建立和实施内部控制应该遵循的原则，从单位层面的内部控制和业务层面的内部控制两个角度分析了媒体融合下广播电视内部控制的主要内容。其中，单位层面的内部控制主要包括：机构设置、建立科学合理的内部决策体系、建立健全内部管理规章制度等；业务层面的内部控制主要包括：预算业务内部控制、收支业务内部控制、政府采购业务控制、资产控制、建设项目控制、合同控制等。考虑到广告在广播电视媒体发展中的特殊地位，本章以广告收入为研究对象，从解析广告收入的风险点入手，分别从单位层面和业务层面剖析内部控制在广播电视媒体具体业务上的应用。介绍并分析了广播电视系统发生的两则案例，深入剖析了内部控制制度在广电业务层面的主要风险点和行业风险特征，可以为广播电视媒体内部控制体系的建设提供有益借鉴。

第七章 广播电视媒体投融资管理

投融资管理是广播电视媒体的重要管理营运活动,在媒体融合时代,整合广电媒体资源,融合资本力量,做大产业、做强事业,需要资本运营,也需要更多像投融资管理这样的管理会计工具深度参与到产业发展中,用资本运作和市场化手段助力融合发展。不少广播电视媒体主动适应广电媒体产业发展规律,整合内外部资源,借助社会资本力量,投入到新媒体、新产业领域,抢占发展新高地,破解单一广告收入难以支撑广电事业发展的困局,跨界融合,借势发展,打通产业链,探索出了一条具有广播电视媒体特色的"文化+金融""广电+资本"的发展道路。但一些广播电视媒体受体制和机制束缚、政策和资金制约,创新进取的决心不够,产业发展能力有限,有的广电媒体管理者对投融资的重要性及操作方法仍存有疑惑。本章就广播电视媒体如何挖掘自身资源优势,利用资本运营手段,撬动产业发展;如何运用投融资管理工具,构建媒体融合时代广播电视媒体新营运模式,实现经营方式、发展渠道的转型升级,做出研究。

第一节 广播电视产业投融资管理概述

广播电视投融资管理是指广播电视媒体根据战略发展规划,整合内外部资源,筹集、管理和使用产业发展所需资金,实现社会效益和经济效益最大化的管理活动。

广播电视媒体投融资管理是一种政策性投融资,是产投结合、事企互补、文化与金融相互加持的资本行为,它不同于一般的政府财政投资,也不同于一般的商业性投融资,而是介于这两者之间的具有广播电视行业特色的资本运作方式。

一、广播电视投融资管理演变

事业属性、企业化管理是广播电视媒体的重要特征,广播电视媒体具有双重属性,即政治特性和经济特性;三重职能,即党和政府宣传职能、公共文化服务职能和媒体资源产业化运营职能。这种独特组织功能及内在属性决定了广播电视媒体的投融资管理研究必须从媒体产业化进程做起。

(一)产业发展初级阶段(20世纪70年代末—90年代中期)

我国广播电视媒体的产业发展起步较晚,1949—1978年,一直在计划经济体制下运行,政府直接管理广播电视,由财政全额拨款,广播电视媒体以完成宣传任务为己任。改革开放后,广播电视媒体利用媒体经济属性,开始进行广告经营。1979年11月30日,上海电视台播出了中国电视史上第一条商业广告,自此广播电视媒体开始向广告主销售广告资源,获得经济利益,由于广播电视媒体对媒体资源的垄断性,广告经营收入源源不断。1983年召开的第十一次全国广播电视工作会议,制定了具有中国特色的"四级办"广播电视体制,同时会议也把"广开财源,提高经济效益"作为广播电视事业建设的指导方针之一,指出"不能只依靠国家投资,还应采取措施开源节流,以便有更多的资金加快广播电视事业的发展"。这期间,广播电视局(台)广告收入迅速增长,大大超过同期的国民经济增长速度和其他媒体广告营业额的增速,到1997年,广告收入已能支持广播电视媒体事业运营支出,并且还向国家财政上交部分款项。1992年起,广播电视台广泛开展的"三产"经营的资金就来源于广告收入。从整体来分析,广告收入为广播电视媒体事业及产业发展提供了大量的资金支持,广告经营只是整个媒体经营链条中的尾端运营,不是完全的媒体产业经营,经营操作相对简单,产业经营中的资源整合性、结构优化性、资本参与性并没有得到充分体现。

20世纪80年代中期到90年代中期，电视台数量剧增，广播频率数也迅猛增长，广播电视节目的需求量大增，节目交易市场非常活跃。1984年，中央电视台投资组建中国国际电视总公司，成为中央电视台节目版权的全球营销代理商，也是拥有中国电视节目唯一的对外版权代理商和境外卫星节目代理业务的公司。这一时期，节目经营和广告经营一道成为广播电视产业经营的主体，围绕主体经营开展的其他经营活动也逐渐发展起来，如技术经营、广播电视出版经营、外景基地经营及相关旅游经营等，广播电视多元化经营局面初步形成，由于条块分割，产业链条互不贯通，全行业产业经营没有提升到全要素资源的开发。

（二）产业发展兴起阶段（20世纪90年代末—21世纪10年代）

改革总是在"摸着石头过河"中前进，总是有先行先试者在探路突围。1997年，中国国际电视总公司进行了资产重组和机构整合，中国国际电视总公司发展战略确定为：以电视节目制作发行为主，兼营电视技术服务、调查咨询、广告代理等业务，并涉足实业投资和资本运作。1999年，湖南电广传媒股份有限公司上市，成为中国传媒第一股，两次融资总额超过20亿元，为电视湘军的扩张发展提供了强大的财力支持。继而湖南广电提出了"大广播、大电视、大宣传、大产业"的经营方略，多元化发展，非相关多元化经营，开始涉足旅游、地产、投资咨询、会展、调查业等领域。2000年12月，正式成立湖南广播影视集团，集团确定的战略目标为："按产业化的要求，对广播影视产业实施战略重组，把自身建成放眼全球、立足内地的全球化与电视强势集团"。

随着媒体市场竞争加剧，受众接触到的媒体和文化产品越来越丰富，注意力不断转移，于是，提高广告传播效果成为广播电视媒体提升经营业绩的关键。2005年，湖南卫视"超级女声"的广告营销有机融合节目内容与广告主品牌诉求，增加赞助、冠名、植入式广告等广告形式来增强传播效果，蒙牛除冠名海选活动外，还参与组织多城市路演，相应推出产品新包装，签约超级女声冠军等成为蒙牛酸酸乳的广告代言人。双方的合作取得了极大的经济效益,赢得了广泛的影响力,大大推动了全国电视业大型娱乐节目的超常发展,也促进了广播电视媒体经营由单一资源向组合资源转化,节目成为产品,而且节目产品成为媒体产业发展中的龙头引领,广播电视媒体的经营目的转向提升资源价值,提高资源利用效率,强化广告资源与其他资源的组合效应,进行整体性资源整合。很多广播电视台成立产业运营机构,分别以职能部门或公司制形式运营广电媒体资源。广播电视媒体的产业功能被赋予明确的定位,以节目播出为主,组建节目制作公司、服务公司、投资公司,进行多元化经营,以信息传递功能为经营手段参与到社会经济运行中。

这一时期的广播电视媒体经营分为两类:一类是实力较弱的卫视台和大多数的城市台、部分县级台,以生产经营为主,以传统的经营方式实现媒体资产的保值增值;另一类是实力强大的广电媒体集团,开始运用投融资工具,投身资本运作,投资建设影视城,推动广电媒体的非常规发展,如湖南广电的多元化战略,从整合内部资源、财务集中管理做起,筹资建设湖南国际影视会展中心、金鹰影视文化城,以娱乐产业为起点,跨行业扩张,不断壮大湖南广电的实力。其他大的卫视台及广电媒体也基本围绕这一路径进行产业发展。这一产业发展模式改变了我国广播电视媒体以制播节目、做广告创收为主的弊端,有效分散了经营风险,增强了抵御市场冲击的能力,也充分说明广播电视媒体要健康、可持续发展,必须构建以传媒业为主、多元化发展的战略格局。

(三)融合发展中的产业阶段(2013年—)

2013年,互联网企业全面介入传媒业,广播电视媒体遇到了前所未有的大变局,经营环境发生了深刻变化,传媒产业经营变得举步维艰。一直以来,广播电视媒体在事业与企业两个角色中游走,既追求社会效益,也追求经济效益。但在媒体产业经营中,在与拥有先进互联网传播手段、紧贴用户娱乐消费生活的新媒体竞争中就显得力不从心,传播力、影响力逐年衰减。除了平台、内容、技术劣势外,资本是极其重要的因素,广播电视媒体投资不足。

互联网技术革命引发了传媒投资的大量增加，2014 年全国传媒产业总值约为 11 360 亿元，较上年同比增长 15.8%；当年全国传媒投融资总额超过 4000 亿元，2015 年传媒产业总值也同样达到 12 000 亿元，传媒投融资总额达到 4500 亿元。这些投资绝大部分投给了以互联网和移动互联网为代表的新媒体。资本投资必然引发产权并购，2015 年传媒行业共发生并购 188 起，其中互联网类 57 起，这些投资并购中主要是以阿里巴巴、腾讯、百度为首的互联网企业，主要投向社交类、游戏类、移动类等互联网媒体。广播电视媒体受政策性限制，传统广电并购 6 起。

2014 年，《关于推动传统媒体和新兴媒体融合发展的指导意见》出台后，中央广电媒体和地方广电媒体都得到了政府很多的融媒体平台建设财政补助资金，各台的"中央厨房""融媒体平台""云平台""新闻客户端"陆续建成投入使用，初步弥补了媒体融合竞争中的平台、技术短板，但也显现出一个问题：很多广播电视媒体自身缺少发展资金，只能"等、靠、要"，而新兴媒体在资本的快速、充足投入下先行占位，广播电视媒体只能做差异化发展。很多广播电视媒体认识到了资本的力量，需要有大量的资金投向全面的媒体融合项目建设上，需要留住并吸引大批全媒体人才、互联网技术人才、内容创意人才、用户创造人才加盟。构建广播电视融媒体产业模式，必须跨界经营，主动参与市场竞争，不断拓宽生存发展空间，这样，广播电视媒体才能实现可持续发展。

2016 年，广东南方广播影视传媒集团就参与到由广东省直骨干传媒出版公司与海通证券等金融机构共同发起设立的"广东省南方媒体融合发展投资基金"，构建完善的传媒产业投融资体制机制，推动媒体与资本结合，以资本运作和市场化手段实现广东媒体的转型升级和文化产业的发展壮大。

2016 年，在国家媒体融合发展和文化产业政策激励下，广播电视媒体产业经营迈出了大步伐。广播电视媒体积极投资建设文化产业园，以产业集群建设推动文化产业发展，通过广播电视媒体的平台助推，实现园区内文化产业群落的技术、信息、人才等互补共享,同时也增加了广播电视媒体新的产业要素,完善了广电媒体的产业结构。通过进入新型服务业领域,改变以往围绕节目做服务的形态,创造了新的利润窗口,提升了产业经济增长质量,广播电视媒体也逐步走出粗放、单向的经济发展模式,构建完成具有规模化、专业化、社会化的产业体系。广州电视台产业园区首先引入腾讯,形成聚集效应,年收入2亿元,利润1亿元,不再靠广告收入生存,保障了广播电视事业的正常发展;湖南广电的马栏山文创产业园,搞"大数据、大创意、黑科技",文化+科技+艺术+文化地产;2018年10月,湖北广电的"长江文创产业园"正式开建,将成为融广播、电影、电视、新媒体事业和产业为一体的媒介内容生产基地;2018年,青岛广电的"灵山湾创智产业园",打造人工智能AI、VI在广电领域的应用场景,由大数据分析云计算向视觉工业基地转型,建成"科技+文艺"的新型广电产业基地。这些项目都将广播电视媒体产业经营推进到新的发展阶段。当然,在当前激烈的媒体竞争形势下,很多广电媒体还没有资源和实力去尝试这种发展模式。

2017年8月,国内首家国有控股的节目制作类上市公司中广天择在上海证券交易所鸣锣开市,作为长沙广电旗下优质资源,全面整合,打破城市台地域限制,拓展全国市场,实现了在全国版图的华丽蜕变。这也为广电媒体在资本市场拓宽企业融资渠道开辟了新的途径,为促进转型创新发展提供了强大动力。

二、现阶段广播电视媒体产业经营问题分析

(一)体制与机制

"一元体制二元运作"的体制机制一定程度上束缚了广播电视媒体的发展。在新兴媒体的冲击下,除了江浙区域及部分南方广电媒体破釜沉舟、励精图治赢取了新的生存发展空间,一些广播电视台(集团)面对激烈的市场竞争环境,面对生存发展困境,主动作为意识不强,主动创新能

力不足。没有建立与新形势相适应的经营管理体制机制，我国广电媒体资产资本的市场化程度较低。在当前媒体融合发展中，广播电视台（集团）需要积极争取政府部门给予政策支持，争取在产业发展体制上得到市场化的运营空间，自身也要大胆向新兴媒体学习市场运作机制，打造真正的市场主体，参与到融媒体产业化经营中，不断推动广播电视媒体体制机制的改革与优化。

（二）治理结构与经营模式

治理模式落后、营运方式老旧，是很多广电媒体走不出困境的原因之一。广播电视媒体实行企业化管理，但有的并没有建立现代企业制度，没有建立严密科学的法人治理结构。目前，不少广电媒体产业运营仍然实行事业体制管理治理体系，有的集团（公司）注册成立时，设置了股东会、董事会、监事会，但有的广电集团及下属公司不按规定召开董事会、监事会，没有规范良好的运行机制，没有建立规范的内部决策和控制制度，没有健全的财务、投资和内部管理、激励约束制度。

（三）多元化经营与产业链

有的广播电视媒体没有用互联网思维、用户思维去做媒体融合，缺少用户意识，融媒体管理考核机制不完善，运营"三微一端"内容没有互联网特质，难以形成广电媒体"融媒体"赢利模式。在媒体新生态下，广播电视媒体应以汇聚产业价值链为目的，发掘产业价值链的每个环节及每个链条的价值，尽快实现经营模式的转型升级。

（四）投融资运作空间

一些广播电视媒体长远发展思维缺失，不重视内部积累，在融合发展资金短缺需要融资时面临可供抵押物少、无形资产评估难等问题，投融资运作空间相对较小。为解决生存发展问题，广播电视媒体应积极寻求投融资政策支持，主动突破投融资障碍，突破产业发展诸多限制，根据自身发展需求，科学剥离台与集团的经营范围及资产等生产要素，避免"宣传与经营"和"事业与产业"两不分带来的政策风险，轻装上阵，加快推动经营性资产的全面市场化运营进程，让合法合规的社会化资本进入广播电视媒体经营渠道中。2016年12月，河北广播电视台与当代控股集团签订合作协议，共同打造河北卫视，这是国内第一次实现由省级广播电视台和上市公司进行战略合作，开创了业界先河，为广电媒体引资融资发展做出了实践探索。

第二节 媒体融合背景下的广播电视投融资管理

一、投融资管理目的

财政部《管理会计应用指引第500号——投融资管理》指出投融资管理的目的是：为了促进企业加强投融资管理，健全投融资决策机制，降低投融资风险，提高投资效益。广播电视媒体投融资管理的目的是整合广电媒体资源，发挥资本杠杆作用，通过重组、并购，设立产业基金、财务公司等资本运作方式，为传统产业引进新技术、新产品，为新兴产业开拓新空间。

（一）投融资战略与管理

管理会计是服务于决策层的一套战略控制系统，通过为公司投融资决策提供数据测评支持及资本运作平台，从而提高企业价值。投融资管理为战略提供资本筹划服务，为战略实施提供所需资本、配置财务资源并控制财务风险，以实现资本增值、企业价值最大化。财务战略是企业长期目标的资本具体化，资本运营是计划分期实施的财务量化。投融资管理是广播电视媒体财务战略的重要组成部分，首要任务是服务于广播电视媒体总体战略，运用资本运作，着眼于全局性、长远性的资金筹划，在财务战略的四项活动（即筹资战略、投资战略、运营战略和分配战略）中占据重要位置。广播电视媒体投融资管理的重点在于投融资决策权限与程序、规划投资方向和融资规模及结构、控制投融资风险和科学合理使用投融资方式，关键要素是估值测算、决策监督、过程控制、节点管理、结果评价。

在媒体融合环境下，广播电视媒体投融资管理基于大数据、云计算、人工智能技术构建投融资决策和风险控制体系，在确保广播电视媒体日常运营安全性的同时，应善于运用新型投融资工具实施战略性、盈利性、风险投资性的资本运作。

1. 投资战略主要解决广播电视媒体战略期间内投资目标、原则、规模、方式等重大问题

投资管理是广播电视媒体根据战略发展规划，以追求社会效益和经济效益为目的，将资金投入营运，产生资源价值增值，实现公益性、收益性、发展性目标。

广播电视媒体在设计和实施投资战略时，应把握投资的前瞻性、导向性、集中性、权变性、风险性和协同性，在当前媒体融合大形势下，把握传媒业发展大局、发展规律、发展时机，围绕战略，做好资源整合、媒体融合、产业融合、媒体与资本融合，防控投资风险。投资是通过全面预算管理中的"资本预算"将财务战略落实到具体项目上，因此，投资的风险控制、过程控制和投资项目绩效评价都属于预算管控范围，落实到财务与相关部门的日常工作中。

2. 融资战略是根据广播电视媒体运营环境和战略规划，对融资目标、原则、结构、渠道与方式等重大问题进行长期、系统的规划

融资管理是广播电视媒体为实现既定战略目标，把握低成本、规模适度、结构优化、风险可控原则，通过一定的融资方式和渠道筹集资金，以期实现"融资—投资—赢利"的价值循环。

投融资的基本理论是企业投资与内部现金流显著正相关。为了企业可持续发展，必须保证现金流稳定，现金流管理是企业战略制定的开始，也是企业战略落地的终点。目前，有的广播电视媒体的资金紧张，仅仅依靠自身的资金积累、财政补助及银行贷款，无法实现媒体融合全面转型的投资计划和发展战略。在新媒体冲击下，广告收入下滑严重，背负的日常成本已无法化解，而由债务产生的融资成本将阻碍广电媒体决策者的转型步伐，在融资战

略设计及实施中，必须想方设法降低筹资成本，为广播电视媒体投资降低资金成本，合理筹划用资时长。要尽可能拓宽融资渠道，多渠道筹集所需资金，把资金运用到增值业务及项目中。综合资金平衡情况，在融资偿还方案中充分保障资金供求平衡，避免投资高峰期与债务偿还期的叠加，减轻还本付息压力，建立完善的资金管控风险预警机制，保障正常运行与投资项目的资金用度。

（二）投融资管理应遵循的原则

①价值创造原则。投融资管理应以持续创造广电媒体价值为核心。

②战略导向原则。投融资管理应符合广电媒体发展战略与规划，服务于战略布局和广播电视事业和产业的转型升级。

③风险匹配原则。投融资管理应确保投融资对象的风险状况与广播电视媒体的风险综合承受能力相匹配。

④守住红线原则。投融资管理应确保国家对广播电视媒体的监管和正确导向，守住政策红线，正确运作合作资本。

（三）投融资方式

广播电视媒体通常采用股权投资、债券投资、实物投资、无形资产投资、内部投资、产业基金、对外投资、资产重组、并购、对外担保事项等不同分类的投资方式。

融资方式通常采用权益性融资、债务性融资和其他融资方式。权益性融资包括发行股票、追加资本金、增资扩股；债务性融资包括向银行或非银行金融机构借款、短期融资券、中期票据、公司债券等；其他融资方式，如融资租赁、特许经营权转让、分期付款信用、资产融资等，还有互联网融资方式——众筹等。

（四）投融资管理工具方法

投融资管理使用的管理会计工具方法，一般包括贴现现金流量法、项目管理、情景分析、约束资源优化等。

1. 贴现现金流量法（DCF）

贴现现金流量法是投资决策时估计并购后增加的现金流量和计算这些现金流量现值的折现率（或资本成本），然后计算出增加的现金流量的现值，将项目未来发生的现金流入量与现金流出量分别折现求差。这种方法就是评定估算投资项目的以内在价值为基础的市场交换价值，简单来说，任何资产（项目）的价值是其产生的未来现金流量的现值。

该方法主要用于固定资产项目投资、企业设立和并购及债券投资的财务评价，从理论上讲，贴现现金流量法被认为是投资和企业价值评估最科学的方法。

贴现现金流量法估价模型的基本公式为：

$$v = \sum_{t=1}^{n} \frac{CF_t}{(1+r)^t}$$

其中，V 表示所投资企业（项目）的评估值；n 表示所投资企业（项目）的寿命；CF_t 表示所投资企业（项目）在 t 时刻产生的现金流；r 反映预期现金流的折现率。

该方法有两个基本的计算变量：现金流和折现率。在使用该方法前，首先要对所投资企业（项目）现金流做出合理的预测。要全面考虑影响企业未来获利能力的各种因素，客观、合理地预测企业未来现金流。其次是选择合适的折现率。折现率的选择主要是根据评估人员对企业未来风险的判断。由于企业经营的不确定性是客观存在的，因此对企业（项目）未来收益风险的判断至关重要，当企业（项目）未来收益的风险较高时，折现率也应较高，当未来收益的风险较低时，折现率也应较低。

运用贴现现金流量法需经过3个步骤：

第一步，建立自由现金流量预测模型。

自由现金流量是指企业满足了营业和再投资需求支出后，能自由支配的现金。例如：广播电视媒体投资某电视剧项目，卖剧赚钱之后，必须偿还投资款及银行贷款和利息，支付演职员等人员薪酬，支付各项营业费用，缴纳税费,以及购买设备等固定资产投资款项,剩余的现金才能供管理方自由支配,这就是该项目的自有现金流量。

自有现金流量＝税后净营业利润＋折旧和摊销－资本支出的增加－营运资本的增加＝税后净营业利润－净投资

注：决定未来各期现金流,通常是五年或者十年的自由现金流。

第二步,估计折现率或加权平均资本成本。

贴现现金流量法选择折现率非常重要,一个百分点的差异将导致完全不同的结果,因此,广播电视媒体在投资评估时,如何合理地确定折现率是一大难点。折现率的确定必须与具体情况相结合,充分考虑企业(项目)风险、市场条件、价格政策、利率政策、税收政策和产业进入政策等因素,对不同的产权主体、产业领域、业务类型应使用不同的折现率。

通常采用企业投资方或者收购方的加权平均资本成本为基数,然后向上进行适当的调整。或者以企业投资方或者收购方的资产收益率为基数,然后向上作适当的调整。再一种方法是：以当前对未来利率的预期为基数,然后根据产业、公司和财务结构等风险因素向上作适当调整。

第三步,利用贴现现金流量模型,计算现金流量的现值。

现金流贴现＝未来现金流 × [1 ／ (1＋贴现率)^{年数}]

测算出企业(项目)的未来自由现金流量和计算出折现率(加权平均资本成本)之后,用所计算的加权平均资本成本对各期预测的自由现金流量进行折现,然后加总得出公司的总价值。

企业(项目)价值评估完成后一般还需要对其进行敏感性分析,以此考察各个变量的变化对于最后价格的影响程度。

贴现现金流量法以现金流量预测为基础,充分考虑了目标公司未来创造现金流量能力对其价值的影响,在日益崇尚"现金为王"的现代理财环境中,对广电媒体并购决策具有现实的指导意义。

2. 情景分析法

情景分析是用来分析项目在最好、最可能发生和最差三种情况下的净现值之间的差异。是把未来可能出现的情形及实现这种情形的途径描述构成一个情景，广播电视媒体在对未来经济、产业和技术发展的情形做出关键假设的基础上，通过详细严密的推理和描述来构想未来各种可能的方案，据此判断企业（项目）投资的前景。

计算步骤为：

第一步，计算各种变动最可能情况下的项目净现值，即基值。

第二步，根据实际情况赋予各种情况发生的概率。

第三步，计算最好、一般、最差情况下的净现值。

实施步骤：

第一步，确定情景发展的焦点，明确所要决策的内容项目。广播电视媒体要明确自己的使命，并且确立在产业经营领域所必须做出的决策项。

第二步，识别关键因素，确认影响决策成功的关键因素，如内外环境因素、自身生产能力和政策支持程度；明确为实现描述的未来情形如愿达成，内在和外在的驱动力量有哪些，包括政治、经济、社会、技术等各个层面，对不确定性情形要有严密的情景逻辑判断。

第三步，方案的描述与筛选，选定 2～3 个情景，通过角色扮演的方法来验证情景的合理性和一致性，这些角色包括广电媒体自身、竞争对手等，通过模拟演习，进行评价参与者分析辩论，并达成一致意见，以此形成的情景来制定战略。

第四步，对情景变化参数达到一定值时，应进行预警，并适时做出情景修订。

情景分析法可以提高广播电视媒体对未来的适应性和发展力，但分析的前提是要对分析的对象及情景变化有一个清晰的认识、判断和描述。在广电媒体投资活动中，经常要对所投资企业（项目）的盈利能力进行分析，以此选定这一管理会计定量分析工具有其积极意义和应用价值。

3. 约束资源优化法

财政部《管理会计应用指引 404 号——约束资源优化》中给出了概念：

约束资源是指企业拥有的实际资源能力小于需要的资源能力的资源,也就是产能制约资源,或者称作瓶颈资源,管理学上称为短板效应。约束资源优化法,是指识别出制约企业实现生产目标的瓶颈资源,如流动资金、原材料、劳动力、技术要素及要素投入的时间安排等,对其进行优化改善并对其他资源进行相应调整,以优化企业资源配置、提高企业资源使用效率的方法。企业要发展,必须解决营运中的瓶颈问题。广播电视媒体目前遇到的发展问题很多,人力资源、技术资源、内容资源、渠道资源、资本资源等都存在能量不足,受到资源约束,应积极采用资源约束优化法等管理会计工具,解决发展能力弱的问题。

约束资源优化法的实施步骤:

第一步,识别约束资源。识别工具和方法有:定量分析法、内部评审法、专家评价法。广播电视媒体应调查访问每个岗位员工和管理者的意见建议,从中找出各个资源管理环节中的薄弱之处,识别出制约既定目标实现的约束资源,同时听取专家意见,从旁观者的角度分析判断瓶颈识别的客观准确性。

第二步,甄别资源瓶颈。广电媒体要全面、客观做出约束资源识别,找准资源缺口,管理会计具有业财融合的数据及信息优势,可以统筹各方力量,获取广泛的信息,提供完整的业务和财务信息,利用大数据信息平台,系统地分析约束资源形成的原因和实施责任主体的能力。

第三步,寻找突破方法。广电媒体应分析比较当前融媒体时代自身约束资源的能力差距,寻求解决之道,如现金流成为约束资源时,除采取内部资金调剂、催收应收账款、延迟付款周期等办法化解资金瓶颈外,应采取债务融资、权益融资等资本工具扩大资金来源。各个责任部门都应将约束资源作为管理工作的重要内容,积极研究制定解决办法,提出解决方案。

第四步,协同非约束资源。广电媒体重点突破,解决约束性问题的同时,要重新安排相关非约束资源投入及其工作计划,协调整个管理流程良性运转,确保统筹推进资源的全面优化,实现融合发展、动能转换的有效实施。

第五步,实施不断改进。广播电视媒体要督查约束资源优化工作,及时做出评价,确保原有约束资源不再制约战略目标及年度计划的实现。对发现的问题迅速解决[①]。

4. 项目管理方法在第九章详细介绍。

二、媒体融合背景下广播电视媒体投融资管理的应用

(一)投融资管理环境

2014 年是我国传媒业的"媒体融合元年",自此开始了媒体人才、技术、平台、内容、渠道、流程、运营机制、管理方式等的全面融合。媒体融合将促进广播电视媒体建立新型的产业模式,台与集团、集团与子公司之间建立明晰的产权关系、内部市场关系、合理的公司治理关系,加强人员、技术、资源整合优化,为投融资提供运营基础,推动媒体产业的转型升级。

2014 年同样也是中国管理会计启动元年,经过多年的理论探索和实践应用,管理会计已深入到广电媒体的经营管理中,管理会计的应用已初步形成体系。资本运作与广电媒体结合后,财务管理的空间将放大,资本预算成为全面预算的重要部分。分类核算投融资效益,降低运作成本是广电媒体财务管理未来工作的重要内容。

今后,投融资管理将成为广电媒体财务管理体系的主要部分,也表明广电媒体财务会计职能完成了"三级跳",由主要进行记账和报税的"簿记型财务",进步到使用预算管理工具、会计报表报告工具服务于管理层的"管理型财务",更进一步提升为运用资本运作、提供战略支持的"战略型财务"。

(二)广电媒体投融资管理的加法与乘法

当前,广播电视媒体发展遇到的最大问题是资金不足,面临生存危机还要进行媒体融合转型。媒体融合需要巨额资金,尽管各级政府给予了各种政策及资金支持,采取列入财政、购买服务、补贴项目、定向资助、绩效奖励等政策措施,加大对传统主流媒体的支持力度。但是,政府财政支持只能支持广电媒

[①] 王纪平. 中国会计视野. 2018 年 5 月 5 日。

体基本宣传任务和公共服务的完成，只是运营资金的"加法"，广电媒体要全面推进深度融合，实现战略转型，还要善于利用市场化融资，做资本运作的"乘法"，坚守政治阵地之时，对现有资本运行体制机制进行突破和创新，充分调动广电资源的内在驱动力。例如，镇江市广播电视局利用社会资本开拓市场，合作共赢，打通上下游产业链，用足资源，抢占份额，把渠道、内容优势全部发挥出来，2017年四大版块都取得了骄人的成绩，融媒体版块——"一起镇江"客户端占有本地很大的市场份额；文化版块——营业额5167.4万元；金融版块（文广金融中心）——主营收入4.35亿元，净利润1.88亿元；旅游版块（文广中旅）——业务范围涵盖国内外旅游、会展服务等。

在融媒体时代，广播电视媒体出现了互联网融资模式，2015年，广东广播电视台的一档节目"风云再汇"打破了电台节目的投融资传统，将节目作为众筹项目，通过市场推动节目的发展。"众筹"的理念优化了整个内容生产流程，内容产品在生产之前就获取了需求群体、资金支持，也能够确定生产规模，降低投资风险和试错成本，改变了原有的广播生态，这是媒体融合时代的新形态，值得肯定。

（三）资金集中管理模式变革

媒体融合后广播电视媒体的生产结构发生了深刻变化，经营管理、投融资管理也应进行产融结合的变革。现在，广电媒体财务管理普遍采用资金集中管理，有统收统支模式，也有财务中心（部）下设结算中心或内部银行的运行模式，提高了资金使用效率。对财力雄厚、经营规模大、资金业务流动率强、投资市场运作空间广阔的广播电视媒体财务来说，应赋予其资本运作功能，成立具有独立法人地位、独立运营自负盈亏的财务公司，成为专业的非银行金融机构，对内、对外提供金融服务。可以广播电视媒体下属的独立经营体为主体，吸纳社会金融机构成为股东，由广播电视媒体控股51%以上，接受广播电视媒体和银监会的双重监管，规范化运作金融资产，严格地控制金融风险，进行媒体融合大环境下的媒体资本投资。其优点是：

第一，实现了广电媒体内部独立性运营主体资金使用的市场化，设立内部资本市场，资金供需用借贷关系来调整资金使用与内部各经营主体的利益问题。现金充裕、有闲置资金的广播电视媒体本部及其他独立经营体向现金流短缺的经营体通过利率杠杆进行调配。

第二，产业经营与金融服务实现高度融合，可为广播电视媒体经营主体提供结算服务、融资服务、资本运作服务、理财服务和资本市场信息咨询等服务，同时，参与媒体投融资方案设计、市场运作及风险管控，助力广播电视媒体的快速发展。

目前，全国广电系统具有成立财务公司条件的广播电视媒体尚不多。在国家相关规定中，其中有两条是很多广播电视媒体财力所不具备的，一是申请前一年，按规定并表核算的成员单位资产总额不低于50亿元人民币，净资产率不低于30%；二是申请前连续两年，按规定并表核算的成员单位营业收入总额每年不低于40亿元人民币，税前利润总额每年不低于2亿元人民币。2016年12月28日，上海文化广播影视集团财务有限公司成立，由上海文化广播影视集团有限公司与上海东方明珠新媒体股份有限公司共同出资10亿元设立，这是全国广电领域首家集团财务公司，是上海电视台（集团）在2014年百事通与东方明珠的重组后又一起资本融合大事件。在媒体融合时代大背景下，上海台财务公司应运而生，是"文化+金融"在广电产业发展中创新性的财务运营新模式，也说明管理会计在广电行业资本领域应用上升到了新阶段。

第三节 广播电视产业投融资管理方案

一、建立投融资管理体系

广播电视媒体的产业发展、资本运营必须依赖于健全的投融资管理制度体系及高效的运行平台，保证投融资管理运行稳健。

（一）建立投融资管理委员会

在媒体融合发展的关键期，广播电视媒体根据自身组织架构特点，设置由业务、财务、法律及审计等相关人员组成的投资委员会或类似决策机构，对重大投融资事项及制度建设等进行审核批准。有条件的广播电视媒体可以设置投融资管理机构，组织开展投融资管理工作，专门组织研究媒体转型发展方向、战略规划和实施路径，站在全局和未来发展的高度，确定资本运营的目标、投资方向、投资方式、融资方案，以及归口职能部门的设置、运作机制及工作程序。投融资管理委员会制定框架方案或者直接操作的细化方案，确定资本运营方式与选择规则及风险防控办法，选定适合广播电视媒体、本单位自身的资本运营方式，找准资本运营的切入点，筛选、评估、监管重大项目，研判项目风险与收益前景，发挥投融资宏观管控和项目监管作用。

（二）整合内外部资源

在新兴媒体的冲击下，广电媒体市场份额被压缩，收益越来越少。要扭转局面必须转换轨道，全面推动渠道变革，推进资源整合重组，运用约束资源优化法，对媒体现有收入、成本进行结构性分析，科学评估有形和无形资源，找出资源瓶颈，科学系统分析转型发展所需资源与自身资源缺口，集中广电媒体的优势面去弥补某一方面的短板，逐步将各项短板补齐，重新聚合力量，实现媒体融合后广电资源的全方位的转型升级。

内部资源重点整合人才资源、技术资源和市场资源。人才资源是扭转局面的根本，留人、选人、用人关乎事业兴衰。技术资源是广电转型的保障，只掌握广播电视专业技术的技术人员已不适应融媒体发展，新时代的广电技术人员应掌握软件编程、融媒体平台运维、大数据挖掘技术和人工智能开发技术，高昂的软件工程师人力成本非现在的广电薪酬所能承受，广电媒体可采取内训外请的方式实现技术转型。市场资源是广电媒体生存发展的命脉，研究市场，运营市场，盯着市场补短板，谋发展，前瞻性寻找适合广电的项目，充分利用广电信息通联优势，抢占新兴市场。

广电转型需要添补自身短缺的资源，更需要引入资本，开放式经营广电资源价值，对前景看好的项目，善于运用各种资本工具，采取各种融资方式，吸纳发展资金，突破自设的各式窠臼，整合存量资源，利用社会资源，弥补短缺资源，实现内外资源的融合，合理合法融资、并购、重组，实现广电资产的保值增值。

（三）打造资本运营团队

为落实资本运营战略必须靠体系运行和团队。广播电视媒体经营人才特别是资本运营人才严重匮乏，对资本运营知识储备少，不熟悉资本工具。要着力打造和培养资本运营团队，善于把不确定因素控制在可控范围内，善于客观冷静地驾驭资本运营，提升资本运营委员会每一名成员的思维体系转型升级，培养敏锐的资本洞察力、战略眼光、把握机遇的果敢力及运筹智慧。

（四）建设投融资平台

媒体融合后广播电视媒体的生产组织结构发生了巨大的变化，由原来"垂直型线性流程组织"升级为"交互型集成流程组织"，同样，作为记录、计量、监督、服务经济业务的财务管理核算体系，也由"账房式"的财务会计转型为业财融合型管理会计。媒体融合是系统工程，在新的信息技术革命环境下，在全业态融合背景下，投融资管理在决策机制、成本核算、内部控制、风险管理上应大力推进迭代升级与流程再造。重视投融资平台建设，关键是数据支持，用平台大数据测算代替人工统计型测算。

广播电视媒体投融资管理平台的设计思路是，资本运营和战略财务决策以财务预测模型化和资本管控流程化的形式，采用情景分析法，预设在不同情景下，预测和模拟战略目标、资产负债、现金流量和利润效益的可能情况，并评估媒体与利益相关者的价值变动，并且做出理性合理的投融资的具体工作计划，考评和监控项目分析、选择、计划、控制全过程。具体做法：在管理会计平台建设中嵌入投融资管理子模块，设置投融资决策平台、估算平台、风险管控平台和投资效果评价平台。

1. 投融资决策

广电媒体投融资决策涉及市场、技术、经营管理、财务等多部门，前期工作包括内外环境分析，即宏观形势、行业趋势和自身内部条件分析，都应有大数据支持，在系统中存储投资分析和评价所需要的目标企业、同行上市和非上市企业和台（集团）自身的财务和经营数据，以及各类市场、经济和技术参考评价指标数据，为投融资分析提供估值模型和金融分析工具，便于分析人员使用演绎工具，设定不同参数和战略情景，进行整体估值判断，确保平台生成的投融资信息的精准、客观、真实，规避误导性资讯，能准确识别投资机会，防范投资风险，在充分调查评估下形成"两评一案"决策报告，即"投资效益可行性评估报告、融资规划及风险评估报告、投融资项目实施方案"。

2. 投融资估算

估值平台设置债务计划工具和融资选择工具，分析人员输入债务基本信息，如期限、面值、折溢价、发行成本、本金偿还方式、利率、付息方式等，系统自动生成现金流量和损益数值。运用融资管理工具，预先计算弥补资金缺口或盈余，并测算贷款、债券融资、股权融资等不同融资方式对广播电视媒体盈利指标、资产负债、现金流量和估值的影响。

估算方法一般选择贴现现金流量法，测算广播电视媒体资金状况及远期回报的净现值、折现率或内含报酬率，同时考虑股权因素，考虑财务承受能力，考虑非常态因素干扰下的资金缺口所引发的现金流等因素；也可以选择经济增加值方法。同时，也要考虑媒体融合投融资将是多轮投资，各期投资与全面布局、基础设施配套建设投资等统筹估算，在融资方式、期限等数值设置上留有宽裕度。

企业（项目）价值评估主要评估自有现金流量和风险，估算平台要把预测模型所需要的关键参数、预制科目、字段做完整设置，防止出现参数短缺，影响整体估算效果，估值完成后，形成估值报告，报投融资管理委员会。

3. 投融资风险控制

风险分析通过设置情景分析、敏感性分析等工具来实现，在系统中设立情景维度、概率系数、关键价值驱动因素等多种可能变化和取值公司（项目）估值等进行演算，对不同情景下，因变量对自变量变化敏感程度进行分析和记录，用此估值功能进行预测和风险分析。

风险控制要通过全过程管理予以实施，对投融资立项审批、招投标管理、合同管理、运行监控及责任制跟踪、项目评价和决策审计，都要设定风险识别点流程及预警控制，通过投融资软件、平台，实现投融资运作流程审批控制、角色权限设置、决策留痕、数据的修改或删除留痕等信息记录，保障投融资管理运行体系的顺畅与安全。

4. 投资效果评价

投资项目竣工后，应评价建设期绩效并测算运营期现金流入量及利润流入。系统设置盈利预测模型，给定目标利润及收入销量、成本费用预计等指标，倒推或正算出各项预定值，评价每个运营期绩效及投资收益。投资效果评价将对投融资决策管理起到追责监督作用。

（五）投融资管理的操作流程

1. 投融资决策

进行 SWOT 分析，广播电视媒体跨界经营，要进入到新的行业，必须做好行业吸引力、价值创造潜力分析，进行市场特征、行业结构分析及准备进入的行业获取利益、资源配备和能力需求分析，对市场的预期增长、消费者和供给者的供求情况、技术要求、法规要求、经营环境、进入和退出门槛等进行详细客观分析，形成可行性报告，以此来制定投融资战略，确定投融资的目的、目标、时机、整体方案。

2. 投融资方式选择

依据投融资估算数据，分析不同情景下估值区别，进行项目及渠道分析，权衡各种预案的优缺点，找准投资或融资切入口，选择切合自身情况的金融工具。

3. 投融资目标选择

投资或并购目标企业，进行内部部门、公司重组或单独收购，确定收购方式，或者选择战略投资者，选择不当，也将影响到融资，将浪费广电媒体大量的资源。

4. 实地调查或考察

对投资项目进行实地调查，对目标合作伙伴进行深入调查，现场搜集资料，从不同渠道获取信息，调查合作伙伴的历史沿革、经营现状、市场状况、财务状况、未来发展规划，以及实施项目团队情况调查、启动资金与运营资金调查、合作模式及风险评估调查，为设计合作方案、制定谈判策略奠定基础。

5. 方案选择与设计

结合双方的情况，设计对自身相对有利的合作模式和方案。这是一种策略，方案设计与合作谈判有紧密关系，先有初步方案，再根据谈判情况逐步修正方案。

6. 沟通、谈判与签订协议

信任是资本运营的核心，投融资不单是资金、技术、设备、人员等要素的结合，更是参与各方信任关系的建立与深化，资本运营的三要素——信任、互补性和合作模式，决定着谈判和协议签订的成败。要充分考虑各方利益，达到共享多赢，各方都能享受成果。

7. 方案实施

形成法律文件，合作方履行各自义务。主要开展资产清查、财务审计、资产评估、转让价款交割、股权等事项变更、公司治理结构设立或重组、业务和人员设立或重组。

8. 里程碑管理

投资项目必须加强过程控制，节点评价。主要形式就是编制对外投资定期报告，使广播电视媒体管理层及时掌握所投资公司（项目）的情况。定期报告包括项目的生产经营情况、重大投融资活动、未来经营预测、资本市场表现等内容。

9. 效果评价

投资效果评价应制定《投资绩效评价细则》，确定评价规则，建立绩效评价指标体系，设定评价标准、打分标准值及计分方法，最后综合得出经营绩效水平档次，同时进行审计跟踪，保证评价的公正性。

二、投融资管理程序

（一）投资计划与可行性分析

广播电视媒体投资管理机构应根据战略需要，定期编制中长期投资规划，并据此编制年度投资计划。中长期投资规划一般应明确指导思想、战略目标、投资规模、投资结构等。年度投资计划一般包括编制依据、年度投资任务、年度投资任务执行计划、投资项目的类别及名称、各项目投资额的估算及资金来源构成等，并纳入广播电视媒体全面预算管理，编制投融资预算表（表7-1）。

投资可行性分析的内容一般包括该投资在技术和经济上的可行性、可能产生的经济效益和社会效益、可以预测的投资风险、投资落实的各项保障条件等。

广播电视媒体确定投资目标后，制定投资计划，进行可行性分析，实施过程控制和投资后评价等程序。

表 7-1 广播电视台（集团）XX 年投融资预算

单位：万元

项目	上年实际	本年预算	各季度预算分解额	全年合计
一、对外投资				
（一）股权投资				
1. 长期股权投资				
期初余额				
本期增加				
本期收回				
期末余额				
投资收益				
2. 短期股权投资				
期初余额				
本期增加				
本期收回				
期末余额				
投资收益				

续表

项目	上年实际	本年预算	各季度预算分解额	全年合计
（二）债券投资				
1. 长期债券投资				
期初余额				
本期增加				
本期收回				
期末余额				
其中：一年内到期的长期债券投资				
投资收益				
2. 短期债券投资				
（略）				
二、融资				
（一）股权融资				
期初余额				
本期增加				
本期收回				
期末余额				
（二）债券融资				
（略）				
（三）银行贷款				
期初余额				
本期贷入				
本期还贷				
其中：偿还本金				
偿还利息				
长期贷款增加净额				
期末余额				
其中：一年内到期的长期贷款				

续表

项目	上年实际	本年预算	各季度预算分解额	全年合计
（四）短期贷款				
（略）				
（五）银行承兑汇票				
期初余额				
增加承兑				
存入保证金				
到期兑付				
到期保证金				
期末余额				
三、现金净流量				
现金收入				
现金支出				
现金净流量				

审批人：　　　　　审核人：　　　　　制表人：

（二）投资管理方式

广播电视媒体采用的投资方式较多，本节重点介绍产业基金和对外投资。

1. 产业基金

产业基金包括产业投资基金、产业发展基金，都发挥着扶持产业发展、扶持企业成长的作用。产业投资基金，通常由投资机构设立，向具有高增长潜力的未上市企业进行股权或准股权投资，并参与被投资企业的经营管理，以期所投资企业发育成熟后通过股权转让实现资本增值。产业发展基金，通常由政府部门设立，与产业投资基金不同，产业发展基金对企业的投入以无偿或让利投入为主，反映了政府的产业政策取向。产业发展基金投资领域有：支持创新创业、支持中小企业发展、支持产业转型升级和发展、支持基础设施和公共服务领域。

产业基金组织形式包括公司型、合伙型、契约型。管理方式一般会成立基金管理委员会（或投资决策委员会）作为基金的最高投资决策机构，行使基金决策和管理职责，管理委员会一般不直接参与基金的日常运作。日常管理及投资运作由基金管理机构，或以公司制设立并对其进行管理，有的则委托外部机构管理。产业基金运作模式有参股、跟进投资、风险补助、融资担保及投资保障等。

广播电视媒体要抢占互联网时代传播高地，加快推动自身融合发展，需要借助资本力量，产业基金是目前很多广电媒体运用较多的投资工具。我国广播电视媒体参与投资的产业基金有：中国文化产业投资基金、上海文化产业基金、广东省南方媒体融合发展投资基金、芒果海通基金等。

中央电视台所属中国国际电视总公司参与的中国文化产业投资基金，是由财政部、中银国际控股有限公司、中国国际电视总公司和深圳国际文化产业博览交易会有限公司共同发起成立的机构，总规模为200亿元人民币。基金完成对人民网、新华网、中国出版、中投视讯、骏梦游戏、万方数据、欢瑞世纪、百事通、山东出版、开心麻花、雅昌文化、丝路数码、华视影视、芒果TV、时代院线、逻辑思维等超过39家优秀文化企业及3个文化项目的投资，累计投资金额超过35亿元。由中国文化产业投资基金投资企业开心麻花出品的《羞羞的铁拳》票房最终突破22亿元，成为中国电影史上一个"以小搏大"，以及"舞台剧改编电影"的经典案例。

中国文化产业投资基金主要以股权投资方式，投资新闻出版发行、广播电影电视、文化艺术、网络文化、文化休闲及其细分文化及相关行业等领域，以引导示范和带动社会资金投资文化产业，推动文化产业的振兴和发展，促进文化与资本的有机融合，为文化产业发展提供有力的金融支撑，也是中央财政创新支持方式，提高资金使用效益的一种新的尝试。

上海文化产业股权投资基金是上海市政府批准成立的一家全国性大型文化类股权投资基金。上海文化产业股权投资基金目标规模为100亿元人民币，由海通证券全资子公司海通开元与上海广播电视台所属上海东方传媒作为主发起人，联合上海新华传媒、上海强生集团等共同发起设立。

上海文化产业股权投资基金重点投资领域为文化及相关产业，包括广播影视业、新闻出版业、网络文化产业、动漫产业、旅游广告业、休闲娱乐业、创意设计产业、文化用品及设备产业等。基金通过对文化及相关产业的股权投资，参与文化及相关领域企业的重组、改制、上市及并购，帮助企业整合资源、提升价值，并最终实现基金价值。

广东南方媒体融合发展投资基金是由广东南方传媒影视集团等7家文化金融企业共同发起成立的广东南方媒体融合发展投资基金，目标规模100亿元，按照市场化原则和股权投资方式，重点支持广东传媒出版企业转型升级和媒体融合发展重点项目。基金极大地推动了媒体融合发展，用资本运作支持主流媒体转型升级、做大做强。广东广播电视台旗下的广东南方新媒体股份有限公司，在获得南方媒体融合发展投资基金4620万元投资过程中，以上市为目标，理顺股权结构，创新内部机制，大力拓展业务，公司进入发展快车道，2016年盈利达5000万元，同比增长47%。

芒果海通创意文化投资基金是由湖南广电芒果传媒有限公司与海通开元、厦门建发集团有限公司、江阴中南重工股份有限公司四方共同发起设立，总投资额为5亿元，芒果传媒和海通开元各自成立一个全资的投资管理公司，共同管理文化投资基金。

2. 对外投资

大数据、云计算、人工智能、区块链等科技革命正在激发广播电视媒体加快融合，重新调整发展格局，实现战略转型。广播电视媒体要做大做强，必须进行价值投资，由资产运作向资本运作转变，从盘活资产、提高资产利润率上升到资本扩张，管理会计要完成"做加法"变为"做乘法"的职能转换。过去，很多广电媒体只投不管，投资款挂账上，没有专门去算投资收益，以致投资变成"沉没成本"。现在，大多数广播电视媒体资金紧张，媒体融合项目又需要大量的资金，管理会计应承担起核成本、算效益、管过程、评绩效的使命，从对外投资决策、风险管控、成本核算、收益回报进行全过程跟踪。

对外投资决策：重点关注对外投资的盈利与增值水平。基本判断条件为：对外投资的盈利和回收额必须大于投资成本，同时，对外投资的收益与增值水平要超过对内投资的收益、增值水平，同时也要考虑投资环境、筹资能力、自身资金承受能力、经营控制权、市场占有率等因素。

对外投资风险：广播电视媒体对外投资面临的风险很多，因此投资的安全性应作为内控管理的重要部分。

对外投资成本核算：对外投资成本要计量从分析、决策对外投资开始到收回全部投资整个过程的全部开支，包括投资项目前期费用、实际投资额、资金成本、投资回收费用、税费等。

湖北广播电视台充分发挥资本放大杠杆效应，加大开放合作力度，合资成立了多家品牌公司，影响力持续扩大。通过控股、参股方式，以有限资金投资，开发大市场，制作精品剧，抱团发展，撬动大市场。例如，荆州市有个垄上频道，深受当地老百姓喜爱。为了将这一品牌迅速做大，开发百亿级农资市场，湖北广播电视台与荆州市政府合作，组建长江垄上传媒集团，打破省市界限，采用"频道+公司"模式，线上线下一体化运作，开发传媒与农业融合的新型业态。"线上"通过内容播出，打造节目品牌链；"线下"通过农资销售、绿色农产品销售、农业保险、人力资源服务等多项业务，打造传媒农业产业链，呈现出良好的发展势头。产品运作好比是爬楼梯，做的是加法；资本运作就是坐电梯，做的是乘法。广播电视台（集团）要在短期内做大做强，必须广泛吸纳外部一切可利用资源，快速壮大自己。

湖北广播电视台借力资本市场，快速放大资产价值。2012年12月，为了快速整合全省网络资源步伐，湖北省广播电视信息网络股份有限公司成功借壳上市，资产总量和经营收入快速增长。2014年，又启动37个地市州县的网络资产整合，并通过股权回购等方式，不断理顺网络资产股份关系，进一步强化了国有资本的控制力，基本实现了"全省一网"的整合目标。同年10月，定向增发楚天视讯公司资产及负债，通过资产证券化，实现了资产规模的再次放大。2014年底公司总资产已增至123.1亿元，湖北广播电视台作为第一大股东和实际控制人，持有上市公司股权市值达到 31.5 亿元，增值 14.6 亿元。为推进媒体融合，首先要解决资金问题。湖北广播电视台全力支持公司增资扩股，引进战略投资者，募集急需发展资金和关键性资源，最终通过华中文交所挂牌交易，顺利完成增资扩股，公司市值达到了 1.46 亿元，是注册资本的 14.6 倍。有了这笔资金，公司可以在部分省级台所在地成立合资公司，快速占领当地市场。湖北广播电视台开展品牌特许经营合作模式，借用社会资本，实现品牌价值变现。

2014 年 9 月，湖北广播电视台开始建设"长江云平台"，构建"广电＋政务＋智能交通＋平安城市＋智慧社区＋数据中心"的新媒体服务产品，支撑万级新媒体产品，服务亿级用户，探索出一条传统媒体发展智媒体之路。

三、投资管理运作流程

广播电视媒体进行投资管理，应当将投资控制贯穿于投资的实施全过程。投资控制的主要内容一般包括进度控制、财务控制、变更控制等。

进度控制，是指对投资实际执行进度方面的规范与控制，主要由投资执行部门负责。

财务控制，是指对投资过程中资金使用、成本控制等方面的规范与控制，主要由财务部门负责。

变更控制，是指对投资变更方面的规范与控制，主要由投资管理部门负责。

投资项目实施完成后，广播电视媒体应对照项目可行性分析和投资计划组织开展投资后评价。投资后评价的主要内容一般包括投资过程回顾、投资绩效和影响评价、投资目标实现程度和持续能力评价、经验教训和对策建议等。

投资报告应根据投资管理的情况和执行结果编制，反映广播电视媒体投资管理的实施情况。投资报告主要包括两部分内容：一是投资管理的情况说明，一般包括投资对象、投资额度、投资结构、投资风险、投资进度、投资效益及需要说明的其他重大事项等；二是投资管理建议，可以根据需要以附件形式提供支持性文档。

投资报告是重要的管理会计报告，应确保内容真实、数据可靠、分析客观、结论清楚，为报告使用者提供满足决策需要的信息。广播电视媒体可定期编制投资报告，反映一定期间内投资管理的总体情况，一般至少应于每个会计年度编制一份；也可根据需要编制不定期投资报告，主要用于反映重要项目节点、特殊事项和特定项目的投资管理情况，检查和评估投资管理效果。

广播电视媒体对外投资流程如图 7-1 所示。

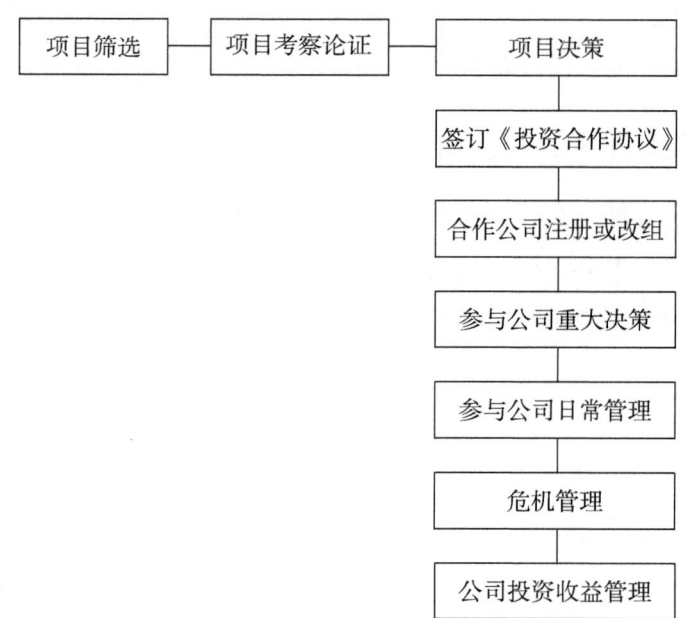

图 7-1　广播电视媒体对外投资流程

四、融资管理运作流程

（一）融资计划的编制与审批

广播电视媒体财务部门根据自有资金量，分析确定媒体短期和长期资金需求量，编制融资计划，确定融资方式，报投融资管理委员会和董事会，融资方案经审批通过后，财务部门组织实施表 7-2。

如融资活动受阻或者融资量无法达到融资需求目标，财务部门应对融资方案进行及时调整，数额较大时应按照融资管理程序重新报请融资委员会或类似决策机构审批。

表 7-2　广播电视台（集团）XX 年资金需求量测算

单位：万元

项目	上年实际	本年预算	各季度资金用量预计全年合计
净利润			
加：折旧、相关费用摊销			
应收款项的减少			
应付项目的增加			
存货的减少			
长期投资及固定资产增减产生现金流入			
股东增减资或分配现金股利产生现金流入			
其他现金流入			
本期产生现金流入			
上期结转现金量			
结余（或短缺）现金量			
需借入资金量			
计划偿还贷款额			
期末货币资金余额			

审批人：　　　　　　　审核人：　　　　　　　制表人：

（二）融资计划的实施

签订融资借款或增资扩股或发行债券合同，办理债券或股票发行登记和注册手续。委托证券发行代理机构发行债券或股票。

（三）融资过程管理

广播电视媒体财务部门应对融资进行统一管理。进行融资会计核算时，应建立融资管理台账，设置融资科目，核算融资性资产、负债融资、权益融资等项目，定期报送融资报表，进行融资管理分析，内容包括还款计划、还款期限、资金成本、偿付能力、融资潜在风险和应对措施等。还款计划应纳入预算管理，以确保按期偿还融资。定期计算和支付利息或股利。

（四）撰写融资报告

报告内容反映融资管理的执行结果，反映广播电视媒体融资管理的实施情况。融资报告主要包括两部分内容：一是融资管理的情况说明，一般包括融资需求测算、融资渠道、融资方式、融资成本、融资程序、融资风险及应对措施、需要说明的重大事项等；二是融资管理建议，可以根据需要以附件形式提供支持性文档。

融资报告是重要的管理会计报告，应确保内容真实、数据准确、分析客观、结论清楚，为报告使用者提供满足决策需要的信息。

广播电视媒体可定期编制融资报告，反映一定期间内融资管理的总体情况，一般至少应于每个会计年度出具一份；也可根据需要编制不定期报告，主要用于反映特殊事项和特定项目的融资管理情况。

（五）融资后续管理

广播电视媒体应及时进行回顾和分析，检查和评估融资管理的实施效果，不断优化融资管理流程，改进融资管理工作。

第四节　广播电视投融资管理案例分析

一、上海文化广播影视集团财务公司（SMG 财务公司）

（一）成立背景

1. 政策和政府支持

十八届三中全会提出"鼓励金融资本、社会资本、文化资源相结合"

的要求，这是广播电视媒体文化金融融合发展的指南针。中央宣传部、中国人民银行、财政部、文化部、广电总局、新闻出版总署、银监会、证监会、保监会制定的《关于金融支持文化产业振兴和发展繁荣的指导意见》（银发〔2010〕94号），文化部、中国人民银行、财政部制定的《关于深入推进文化金融合作的意见》（文产发〔2014〕14号），都为文化体制改革创新、文化传媒产业发展提供了政策支持。2014年11月24日，上海市政府正式发布了《上海市关于深入推进文化与金融合作的实施意见》，文件第十条提到：支持文化企业集团组建财务公司。加强审批前政策指导，依法简化审批流程，推进有条件的文化产业集团组建财务公司，加强企业集团资金管理，提高企业集团资金使用效率。引导符合条件的战略投资者参与文化企业财务公司组建。上海市政府对文化企业媒体融合投入很大，也给予了足够的支持政策，上海广电得到了非常大的支持。

2. 广播电视媒体融合发展需要专业的投融资管理公司

媒体融合不能单纯依靠政府支持，而要主动对接市场资源，增强自我造血的功能，可持续的发展才是发展。要完善产业链，形成自我造血的产业闭环。近年来，上海广电产业发展不断向广度和深度拓展延伸，以内容IP为圆心，完善上下游产业链条，不断向外拓展，拓展包括广告、游戏、购物、演艺、文化旅游、文化地产、音乐产业、教育培训、技术输出、云平台商用、大数据开发等业务，打造"娱乐+产业"闭环，重点打造互联网"1+3"产品（BestV、看看新闻、阿基米德和第一财经）。东方卫视推行独立制作人制度，阿基米德项目推进实现多轮融资，东方明珠推进实行管理团队的长期股权激励等，通过产融结合，双轮驱动，快速做大做强。设立SMG文化创新与创业投资基金、东方明珠文化产业基金和上海文化广播影视集团财务公司，加大市场化运作，提高资金使用效率，以"内生增长+外延并购"的双轮驱动，拓展新的营收增长，实现战略转型。

3. 上海广电具有独特的财经优势和政策区位优势

上海得天独厚的财经资源、信息、人才、市场优势，为上海广电的媒体融合、产业转型提供了发展动能，使其成为产业门类最多、产业规模最大的省级广电媒体及综合文化产业集团，财务公司选址于各项红利优惠的中国（上海）自由贸易实验区，陆家嘴金融贸易区管委会给予多项政策支持，充分呵护，助推 SMG 加速升级。在自贸区内，财务公司通过跨境本外币资金池，进一步加强集团资金集中管理水平，全力支持集团与国外公司、银行开展战略合作，积极推进创投业务、母基金项目和跨境金融服务，为集团企业提供自由贸易账户下的投融资汇兑业务，使企业充分享受自贸区政策红利；自贸区的外资行业准入政策，极大地简化了投资合作的审批流程，为上海广电创新业务的拓展提供了便利。

（二）上海广电财务公司设立与定位

2016 年 12 月 28 日，上海文化广播影视集团财务有限公司成立，注册资本 10 亿元，由上海文化广播影视集团及旗下上市公司东方明珠共同出资成立，其中，文广集团现金出资 6 亿元人民币，占公司注册资本的 60%；东方明珠现金出资 4 亿元，占公司注册资本的 40%。公司定位为做好中国文化产业专业的综合金融服务商，将成为 SMG 和东方明珠上市公司的资金集中中心、金融服务中心和利润增长中心。以此为契机，SMG 进一步实现经营多元化、强化规模经济效益，着力打造具有全国影响力的全媒体、全产业链的新型媒体集团。

（三）财务公司筹建之路

自 2016 年 1 月，SMG 财务公司开始筹建准备工作；5 月 20 日，向银监会上报筹建请示；8 月 23 日，银监会发文批准筹建；11 月 18 日，基建工程竣工、各项验收完成；12 月 23 日，申报材料获得银监会的批复；同年 12 月 28 日，正式挂牌成立。

（四）公司组织架构

成立之初，SMG 财务公司到岗人数（含高管）共计 18 人，从事金融或财务工作 5 年以上的人员共 12 人。在组织架构上，SMG 财务公司目前分为六个部门：公司金融部作为公司经营策略和计划的具体执行部门，主要服务于成员企业，整合内外部资源，提供全方位的金融服务；资金结算部组织开展公司结算工作及账务处理等工作；计划财务部负责拟定公司各类财务规章制度和相关实施细则；风险管理部承担公司日常风险管理的各项职责；审计稽核部负责拟定公司业务稽核及整改制度框架，起草、完善财务公司审计业务制度等；综合管理部承担人力资源、行政事务、IT服务等职责。

（五）财务公司业务与服务

SMG财务公司业务范围包括结算业务、存款业务、贷款业务、中间业务，并不断拓展业务范围，着重控制产业链上的关键控制点；把握价值链上的最大增值点；弥补管理机制中的重要薄弱点；洞悉竞争咨询，关注宏观政策；预测、预警，把握财务取向；流程重组、制度掌握，左右竞争格局；辅佐战略决策，创建竞争优势。有计划地将相关业务扩展到其他文化产业领域，SMG财务公司立足集团、服务集团，成为提升SMG综合竞争力的新动力。通过其金融机构的职能，满足集团及成员单位日益多样的金融服务需求，协助集团深化资金集中管理，拓宽集团及成员单位公司的融资渠道，提高资金使用效率、降低财务成本、优化财务结构。打造集团的资金归集平台、资金结算平台、财务监控平台、融资营运平台和金融服务平台，从而实现集团战略协同和价值最大化。

（六）财务公司的作用与意义

SMG财务公司，围绕集团整体经营战略，配合集团转型发展需要，服务集团及成员企业，逐步形成以依托集团为主线、以集团化运作为支撑、以资金集中化管理为基础、以提升金融服务为手段，探索金融与文化产业结合的经营道路。通过自身产品、服务及功能的完善，文广集团财务公司将为集团及成员企业实现保障资金安全、增强流动性、降低资金成本、提升资金收益等综合效应，在提升对集团综合贡献的同时，寻求自身快速、稳健的发展，成为文广集团的资金管理中心、金融服务中心和新利润增长中心。从单一的"内部银行"到"增值金融服务平台"的转型,从"孤立市场化"的新业务到"依托主业"的增长引擎的转型。

SMG 财务公司的产融结合,为集团发展提供了资本驱动力,开启了未来上海广电发展的战略窗口。为上海文广集团的发展注入新动力,也为上海市文化、金融及关联产业发展增添新的血液,同时对国内文化事业产业与金融业的产融结合,深入推进文化与金融合作,产生积极探索意义和重大示范意义。

二、无锡广播电视集团(台)智慧无锡文化创意产业园

(一)融合内外资源,以"传媒+文创"为特色,为影视文创企业的产品和服务提供宣传展示舞台

"智慧无锡"文化创意产业园是无锡广播电视集团利用存量办公资源,将老办公楼华丽变身文创园,打造的新兴业态"众创空间"。利用无锡广电的内容、渠道、平台、品牌优势,建设"创新容器""创意载体""创业平台"。园区重点推进"智慧城市"应用开发和"文创项目"引进孵化。依托"智慧无锡"APP 客户端海量用户资源和招募的丰富文创企业资源,共同推进"智慧"品牌文化创意产品、文化特色服务研发。最小户型可满足 3~5 人的大学生创业团队需求,最大户型能够满足 15~20 人左右的初创型公司。部分室内暗房被改造为文创企业摄影工作室、录音间、虚拟演播室使用,有效地发挥了存量资源价值,为大众创业、万众创新提供了服务便利。园区于 2015 年 10 月进入试运营,截至 2017 年 12 月,一期 7500 平方米空间入驻签约率为 90%。已招募 16 家文化科技企业,入驻率超 65%。智慧无锡产业园实现了广电存量设施的盘活和收益,创新了园区运营体制机制生态体系的探索,更丰富了传媒公共资源服务"大众创业、万众创新"的成果。其中,既有获得数千万规模风投资金的互联网公司,又有拍摄网剧获 6 亿元收视的互联网影视机构,也有拥有增强现实技术专利的产品研发团队,还有海外归来的高端文化创意人才。开园后园区将通过举办电视创业沙龙、行业论坛、网上路演进一步营造"众创"氛围,让产品和服务对接市场及资本,推动文化成果转化。

同时率先打造无锡互联网创业金融服务平台，引入银行、基金、风投等多种金融机构，为创业者提供股权交易、投融资担保、知识产权质押等多种金融服务。

（二）依托合作伙伴打造"文化＋金融"服务平台，依托媒体资源打造文化、金融、服务平台

智慧无锡文化创意产业园优先引入母体无锡广播电视集团传媒优势资源，通过举办广播创业节目、电视创业沙龙、行业论坛、网上路演等形式，为影视文创企业的产品和服务提供宣传展示舞台，用直接、高效的方式解决影视文创企业的创业痛点；通过发挥媒体延伸型文创空间优势，为入驻合作企业、创客，提供从创意到作品、从作品到产品、从产品到畅销品的阶段性媒体推介服务。产业园已为20多个创业公司及项目、文化交流展示活动提供了展示窗口，为产品、服务和活动对接市场、实现成果转化提供了催化剂。智慧无锡文化创意产业园积极打造无锡文创金融服务平台，联合上市企业江苏银行，以超低的费率为影视文创企业提供1亿元规模文化科技金融资金池，并依托银行风险评估体系提供股权交易、投融资担保、知识产权质押、高级人才贷款等多种金融服务。园区与无锡市文化广电新闻出版局协作，积极推进北京银行"文化小微企业信保基金"模式落地宣传工作，以"北京银行无锡文旅创业贷"创新产品全面开展服务，帮助本地特色文化科技类、创业型小微等"轻资产"企业解决担保难、融资难、融资贵的现实问题，满足文创企业个性化的资金需求。

（三）无锡广电开展楼宇经济探索，周边存量资源开发和生态环境建设，创建文化社区

推动城市文化产业资源和现代服务业资源聚合化、社区化、产业化发展。在滨湖区域经营无锡大饭店，将2000万元投资变为6亿元的资产；又将智慧无锡文化创意产业园、广电大厦、传媒中心、运河饭店集聚一隅，实现了事业与产业园区相连、宣传与经营融合互补、内部与外部竞合发展的格局。

第五节　小结

本章引入了广播电视媒体投融资管理的概念特点，介绍了广播电视媒体投融资管理与产业发展的三个阶段，分析了现阶段产业经营问题，阐述了在媒体融合时代，广播电视媒体要转型发展，必须跨界经营，推动资本与媒体结合，以资本运作和市场化手段实现广电媒体的转型升级，不断拓宽发展新空间。以此为出发点，介绍了广播电视媒体投融资战略与管理、投融资决策原则、操作程序和实施步骤，介绍了广电媒体投融资机制、平台和体系建设方案，并以广电行业多个案例展现了广播电视行业投融资应用实践，提出了广电媒体投融资管理的发展方向。

第八章 广播电视项目管理

广播电视行业的项目管理是广播电视媒体的重要管理内容，也是广播电视媒体融合的重要载体。在广播电视媒体融合变革形势下，各级广播电视媒体不断加大投入，加强投资管理，在优化新闻信息采集、节目多媒体展现、形态全媒体布局、搭建互联互通平台等方面推进基础设施和软硬件系统升级，项目管理内容和体量空前巨大。在此情况下，迫切需要将广播电视项目管理从理念和方法层面上升到现代管理科学的高度，在系统地总结、研究广播电视项目化运作和管理实践活动的典型、非典型案例基础上，构建符合广播电视项目特点、规律的项目管理要素体系、知识体系和流程管理体系，对推进广播电视媒体融合无疑具有非常重要的意义。

第一节 广播电视项目管理概述

财政部《管理会计应用指引第 502 号——项目管理》的发布，旨在对项目管理的基本程序、项目财务管理、项目管理的工具方法等进行规范和指引。本节根据该指引的框架，结合融媒体背景下广播电视媒体项目管理实践的具体特点，在推进项目管理的过程中，对项目的预算管理、采购管理、成本控制、成本分析、绩效管理、风险管理等方面进行了一些具体的研究。

一、媒体融合背景下广播电视项目管理概述

（一）项目管理概念

根据项目管理应用指引的定义，项目管理，是指通过项目各参与方的合

作，运用专门的知识、工具和方法，对各项资源进行计划、组织、协调、控制，使项目能够在规定的时间、预算和质量范围内，实现或超过既定目标的管理活动。项目管理适用于以一次性活动为主要特征的项目活动，如一项工程、服务、研究课题、研发项目、赛事、会展或活动演出等；也可以适用于以项目制为主要经营单元的各类经济主体[①]。

（二）广播电视媒体推进项目管理的适用性

随着信息时代的来临和高技术产业的飞速发展，项目管理技术得到了更广泛的应用。项目管理不仅普遍应用于建筑工程、航天工程、国防工程等领域，而且被公认为是一种有生命力并能实现复杂企业目标的良好方法，已经成功应用到软件、信息、机械、文化、石化、钢铁等各种领域，目前在部分国家机关及大型事业单位也开始实施，并取得了良好的效果。

财政部《管理会计应用指引第 502 号——项目管理》的发布，对项目管理技术在各领域的推广应用，更是起到了引领的作用。

在广播电视媒体单位，制作一档节目、拍摄一部电视剧、筹办一台晚会、召开一次大型会议、完成一项重大报道活动，乃至于广播电视系统技术的更新改造、网络建设、房屋建设等，这些具体业务构成广播电视业务的基本单元，每个基本单元都具有一次性、独特性和临时性的特点，具有工作量比较繁重、不确定性因素较多、技术要求较高、资源有限、需要处理的关系复杂等管理特征，这些具体业务在实施的过程又始终贯穿着业务范围的确定、业务进度控制、成本费用控制、风险控制、质量控制等管理要素，因此，广播电视业务在实施的过程中非常适合运用项目管理技术进行管控。

（三）广播电视媒体项目管理的基本内涵

广播电视项目管理是指广播电视媒体在限定的资源条件和特定的时间内，以具体的广播电视项目为对象的运作与管理办法，即通过一个临时性组织，

---

① 《管理会计应用指引第 502 号——项目管理》。

对广播电视项目进行高效率的计划、组织、指导和实施，以实现项目全过程的动态管理及资源协调优化目标的一套管理方法体系。

将现代项目管理技术成功运用到我国广播电视项目的管理之中，势必对提高我国广播电视行业管理水平，在媒体融合的大背景下，实现新媒体环境下广播战略转型，以深度融合打造新型主流媒体必将产生积极有效的影响。

二、媒体融合对广播电视项目管理的影响

（一）媒体融合背景下广播电视组织管理的深刻变化

新媒体的产生与发展离不开三个互相关联的领域：技术、内容与传播方式。这三个领域都对传统广播电视，尤其是下一代数字广播、数字电视有着极强的关联性。2018年中央广播电视总台组建成立后，提出"台网并重，先网后台"的总体方略，推动传统主流媒体和新媒体在内容制作、播控平台、经营运作、组织架构等方面的深度融合，进一步提高国家广播电视的公信力、传播力、影响力。主要体现在以下几个方面：

1. 搭建平台，整合资源

在以互联网环境为基础的新媒体时代，节目生产制作的定位应该是一个集成播控平台，依托自己的专业优势对产品进行深加工以实现增值，其内部生产机制和业务运作流程必须进行调整与改造。

2. 内容的多媒体化

新媒体具有实时性、交互性、数字化及多媒体化的优势，网页技术、大数据、人工智能、虚拟现实等技术将带给广播电视用户越来越多的内容体验，依靠技术丰富内容生产，实现内容的多媒体化。

3. 组织架构的突破

传统媒体的组织架构属垂直型线性流程，层级多、上下沟通成本高、决策和执行效率低，在媒体融合发展的过程中，必然伴随着组织模式、组织形态的变化。

4. 跨界经营，盈利多元化

传统媒体主要是通过提升受众覆盖率来提高广告投放量，商业模式比较单一。这意味着，广播电视必须超越传统媒体的思维定式，以互联网思维对媒体传播进行重构，对市场、用户和产品及企业价值链等进行重新审视。

（二）媒体融合对广播电视项目管理的影响

媒体融合背景下，对广播电视的内容、平台、组织架构、运作流程都带来了深刻的变化，由此对广播电视的项目管理也带来了新的机遇和挑战。广播电视项目及项目管理，既具有一般项目及管理的基本特征，又具有政治导向性、公共公益性等不同于其他项目的特点。主要表现在3个方面：

1. 广播电视项目管理的政治导向性、公共公益性更为突出

各级广播电视媒体作为集公共服务、产业发展功能于一体的主体，以频道频率播出机构运营和有线、无线、卫星传输机构运营及新媒体平台为载体，为社会提供精神文化产品。在新的传媒环境下，人人都是自媒体，对主流媒体如何履行自身担负的社会文化宣传及公共服务职能提出了更高的要求、迎来了更严峻的挑战。

这一特性在项目管理过程中主要体现为，进行成本效益测算及管控时，必须综合进行考量，牢牢坚持以社会效益、公共利益为第一位，同时兼顾成本控制及经济效益。

2. 广播电视项目管理的统筹性、综合性更加重要

在媒体融合背景下，项目管理的基本特性没有发生根本改变，但项目在立项、实施、管控的过程中需要对单位资源进行统筹考虑，其综合性的要求显得更加重要。

3. 广播电视项目管理具有的非标性和创新性需要重构

广播电视内容产品是智力密集型的精神文化产品，各种不同类型的内容产品的任务结构、服务对象、评估标准、成果呈现等完全不同；广播电视基础设施建设、网络平台建设、技术改造项目、大型服务项目等承担着政府公共政策目标，其项目管理的实施范围、质量要求、建设周期、预算管控、采

购流程和评价标准等也有不同的要求；广播电视媒体在数字化和互联网时代与新技术、新媒体融合发展的过程中，许多新业态、新业务的项目运作和管理更是存在不确定性，无既定模式可循和需要摸索创新的复杂性。

本章对融媒体云平台项目建设进行的案例分析，从多方位的管理视角验证了广播电视项目管理的上述特性。

三、广播电视项目管理现状及存在的问题

（一）广播电视项目管理现状

随着全媒体时代的到来，IT技术、网络技术、数字技术、大数据、人工智能、高清图像采集、物联网、云计算海量存储技术等不断发展，越来越多的新技术、新业务运用到了广电领域。由于广播电视行业需要高投入、重装备，技术风险大、项目周期长，容易造成项目的实施和节目的需求、项目资金的投入和节目收听收视率之间缺乏紧密的逻辑关系,往往以最好的性能为目标，与实际需求之间缺乏科学的评估、分析和严谨的论证。

（二）现行模式下项目管理存在的问题

实行项目管理在广播电视行业内已经初步形成共识，并积累了可供借鉴的案例和经验。但总体上广播电视项目管理制度还有待进一步完善。

在单位管理层面，还存在着项目管理制度不健全、流程不规范及项目管理的信息系统建设不完善等问题。目前在成熟的财务核算软件中已经涵盖了项目核算的模块,但独立的、适合业务管理的项目管理系统的实施还没有普及，从项目的立项、申报、批复、采购、合同、付款，以及后期维护等项目全生命周期进行的整体性管理还不够完善。

在业务管理层面，主要包括：个别申报项目与政府宏观政策联系不紧密，缺少前瞻性；与媒体功能衔接不够，有的存在交叉重叠现象；缺乏科学合理的立项和分类标准，项目数量多但重点不突出；预算决策机制不完善，仍然存在重分轻管的现象；绩效管理和预算评审需要加强，预算透明度有待提高等。

特别是项目库的建设,在预算管理中的作用发挥仍很不充分。一是很多单位仍存在项目储备明显不足、项目类别不齐全的现象,满足不了广播电视媒体项目建设的需要,在编制三年滚动规划及年度重大项目建设计划时,还不能全部从项目库的备选项目中直接提取项目;二是入库项目的深度不够,项目前期准备工作有待进一步加强,导致项目执行进度明显迟缓;三是项目库网络管理系统不健全,动态管理尚不到位。项目库管理系统是一个集成度很高的综合管理信息系统,应该实现网络协同办公,提高办公效率,规范项目管理过程中的各项业务流程,实现各项业务流程的阶段控制和项目的过程管理,并能够实现信息资源的合理存储、传输和查询。这些因素都制约着广播电视媒体项目管理作用的发挥。

第二节 媒体融合发展背景下广播电视项目管理要素及运行机制

一、广播电视项目管理的基本原则

根据财政部《管理会计应用指引第 502 号——项目管理》,单位进行项目管理时,应遵循以下基本原则:

(一)注重实效,协同创新

项目应围绕项目管理的目标,强调成本效益原则,实现项目各责任主体间的协同发展、自主创新。

广播电视媒体在进行成本效益测算时,应充分考虑自身承担的社会公共服务职能,必须始终将社会效益、公共利益放在第一位,同时兼顾经济效益、实行成本控制。

(二)按级负责,分工管理

项目各责任主体,应当根据管理层次和任务分工的不同,有效行使管理职责，履行管理义务，确保项目取得成效。

（三）科学安排，合理配置

严格按照项目的目标和任务，科学合理编制预算，严格执行预算。

二、广播电视项目管理的构成要素

广播电视项目管理是广播电视媒体在一定的资源限制条件下以项目为管理对象的行为，即在项目范围、进度、预算、质量、资源和风险等相互竞争的制约因素之间寻求平衡，以完成特定的产品、服务和成果，即项目目标。广播电视项目管理活动主要包括3个基本要素：

（一）项目主体

项目主体指广播电视项目的运作及管理过程和活动的主导者和实施者。主要有四类主体：

1. 宏观层面主导广播电视项目设置的决策机构

广播电视公共设施建设、重大安全保障建设、重大技术更新改造、重要网络建设等重大项目的设置主体一般是中央政府或者地方政府宣传部门、广播电视行政管理部门等。此类项目，一般是国家或地方重点项目，由主管部门和财政部门审批，由中央财政或地方财政提供资金保障或提供主要的资金保障。项目形成的固定资产属国有资产，其使用和经营权受到一定限制，有些项目实施结束以后，或任务完成后还需要将资产移交给地方政府或其他部门。

2. 广播电视媒体

由上级行政主管部门或宣传部门主导设置的项目，其实施主体仍为广播电视媒体。同时广播电视媒体还会考虑自身的发展规划，设置对媒体内部有重要影响的项目，如重大宣传报道项目、技术更新改造项目、大型修缮项目、网络建设项目等。这类项目一般由媒体内部决策，或向上级行政主管部门、财政部门申请资金，或自行安排资金实施，对媒体一定时期的社会价值、经济价值将产生重大影响。

3. 广播电视媒体的内设机构

广播电视宣传业务项目一般属重大宣传报道活动，或广播电视内容制作项目，项目主体一般是频道、频率、节目制作中心、新媒体平台等广播电视媒体的内设机构。

4. 承担项目运作及管理工作的利益相关人

主要包括广播电视项目的项目负责人、项目执行人；项目直接主办方、承办方、项目合作公司等项目管理执行组织；各个流程管理中按专业、环节进行任务分解的项目实施组织和个人，以及其他能够对项目执行、目标完成带来积极或消极影响的组织和个人。

（二）项目约束条件

完成一个项目需要一定的约束条件，主要包括：在一定的时间期限内；在一定的预算成本内；项目成果需要得到管理者及使用者的认可等。

一定的时间期限是指广播电视项目的工期限制、进度要求，基本原则是确保在规定的时间内完成。

预算成本是指广播电视项目的直接成本和间接成本，基本原则是将项目的实际成本控制在预算范围内。

项目成果需要得到管理者及使用者的认可是指广播电视产品、服务、设施等不同项目的专业技术标准、规格、要求应符合既定的任务目标及绩效评价指标；广播电视产品、服务项目应满足不同受众需求的特性和性能，具体体现为收视率、收听率、美誉度、影响力等。

（三）项目资源配置

项目活动需要在一定的时间、成本、方式下统一配置单位的各项资源，一般包括：

1. 资金资源

即项目的总投资，是具有决定性作用的要素资源，直接关系到项目活动的人力、物力等其他要素资源的配置和成本、质量水平。由于广播电视媒体大多仍为事业单位，项目融资的限制条件较多，一般情况下是量入为出，根据项目需要完成的任务目标，结合项目总预算统一进行整合配置。

2. 人力资源

即负责管理整个项目运作的项目负责人、项目执行人和项目实施团队。基本建设项目、技术改造项目需要配备相应的专业技术人员；重大宣传报道项目需要调配涉及宣传业务的各频率、频道、新媒体平台、技术支持部门的记者、编辑等技术保障人员的通力配合；广播电视节目制作项目，在广播电视人力资源已经市场化的条件下，项目经理、导演、演员等人员和制作、后期、发行等机构的选择都已经是很成熟的市场行为。

3. 知识产权资源

主要是广播电视专有技术资源，是广播电视技术改造项目的核心资源；具有原创性、创意性的节目版权，盈利模式等智力资源，是广播电视内容项目的运作和管理的核心资源等。

4. 物资资源

主要是广播电视项目实施主体内部的技术、设施、设备、耗材等资源，是广播电视项目运作和管理中不可或缺的重要物资保障、技术保障。

三、广播电视项目管理的运行机制

广播电视媒体实行项目管理，需要相应的运行机制来保障其实施，从内部管理而言，需要明确其组织架构的设置，规范相应的管理流程，建设信息系统平台等。

（一）项目组织管理

项目组织是围绕一个项目进行人员的管理，由于其工作任务均为临时性的，同时又具有规模大、要求高、涉及面广、管理复杂等特点，因此其人力资源管理的方式、方法与单位正常的组织架构有很多的不同。实际工作中，项目的特点各不相同，项目的环境条件不同，项目组织的内部资源不同，项目组织的设计需要针对实际工作特点的组织架构设置才是有效的。项目组织的有效性体现在，项目任务是临时性的，但项目组的人员应该相对稳定。项目组织中的随机问题较多，非程序化决策较多，需要形成良好的信息沟通渠道，才能保证项目执行的连续和有效。

（二）项目经费管理

项目的有效实施需要配套相应的经费投入。为规范和加强项目经费管理，提高项目资金使用效益，管理决策层应根据项目管理的需要，协调项目实施部门商单位财务部门依据国家相关财经法规结合项目的具体情况，制定项目经费管理办法，对项目的立项申报、组织实施、工程及货物服务采购、合同签署、资金支付、完工验收、竣工决策及监督管理进行约束。项目经费应实行项目负责人制，并指定专人进行核算。

（三）项目信息系统建设

推动广播电视媒体和新兴媒体在内容、平台、经营、管理等方面的深度融合，打造新型主流媒体已成为广播电视媒体进行战略转型的共识。在此背景下，强化对广播电视发展具有举足轻重的项目管理，打造项目管理信息系统平台，无疑成为规范项目管理流程、提升项目管理水平的重要助推力量。

在项目整个生命周期中，需要收集、分析和加工大量数据和信息。在项目执行的动态环境及各控制过程中，对项目数据进行持续收集、综合分析和汇总，并加工成项目信息，或者把项目信息编辑成各种形式的报告，并以各种媒介方式传递给项目负责人、项目团队成员和其他关系人。同时在各执行环节、流程中收集的项目数据，及时在项目团队内进行沟通、分享。

基于上述背景及需求，项目管理信息平台应是一种人机合一的层次化管理的系统工程。将项目的全生命周期中的决策管理、设计管理、招投标、实施、运营等不同阶段均纳入平台管理，使项目总目标的贯彻实施清晰可控，项目信息的传递、反馈更加快速，项目透明度增加、项目风险控制能力大大提升，从而提高项目管理效率、降低项目管理成本。

第三节 广播电视项目管理方案框架

广播电视项目在管理的过程中需要利用管理会计工具加强资金的管控。对重大项目的投入也是广播电视媒体预算支出中的重点保障内容,因而对项目预算的编制申报、论证评审,以及在项目实施过程的采购管理、成本控制与分析、风险管理、绩效管理等方面都需要加强管理和控制。

一、广播电视媒体的项目设置

广播电视媒体的项目设置应以宏观政策目标为导向,突出重点,聚焦国家重大改革,符合国家相关政策和财政资金支持的方向、范围,符合广播电视媒体的发展规划。

项目设置应当规模适度、结构合理、重点突出、管理规范,必须有充分的立项依据、明确的实施期限(项目实施周期应与单位发展规划的期限相适应)、合理的预算需求和绩效目标等。要充分发挥资金预算的资源配置功能和政策工具作用。广播电视媒体项目按其内容、性质可分为基本建设项目、产业发展项目和技术改造项目、宣传业务项目、大型修缮项目、大型购置项目、大型会议项目等。广播电视媒体应以项目库为载体实现项目的全周期滚动管理,做到"决策未来、监控过程、考评结果",涵盖项目目标设置、项目预算编制、实施过程监控及结果考评分析等环节。

二、广播电视项目预算管理

(一)广播电视项目预算管理的总体思路

广播电视媒体项目的预算管理应将预算与战略规划紧密结合,财务工作与业务工作紧密结合,预算管理与业务内容紧密结合,预算部门与业务部门协同工作。预算的根本目的是要为业务的开展提供相匹配的资源,一方面要为业务的开展提供资源条件,另一方面也要对业务的开展进行资源上的约束,使项目管理活动实现资源约束条件下的最优运行。

预算的编制过程以战略目标为起点，而后设定战略目标下的预期成果和相应的成果指标及衡量方法，再推衍出取得预期成果所要求的产出，然后考虑为取得这些产出要配以的投入（包括资金投入、人力资源投入、技术资源投入及其他投入）。通过这样的逻辑线索，使得预算的编制和执行溯及其根本目标——为战略目标的实现提供配套资源，同时也要求预算报告不仅要审视预算的执行情况，更要审视产出情况、预期成果的取得情况和最终目标的实现情况。预算申报文本中要阐述工作任务、背景及每个下级方案的工作目标、预期成果、成果指标和业务衡量、产出和外部因素，以及实现目标的战略，然后才是配合目标和产出的预算需求。在预算报告中，要首先报告目标实现和战略执行情况，然后才是报告预算执行情况。预算执行情况报告，应该详细解释预算执行进程，报告预算支出内容，并进行预算使用与预算申报的差异分析。

（二）广播电视项目预算管理机制

广播电视媒体项目实行"统一领导、分级负责、责任到人"的预算管理责任制度。单位负责人对单位预算管理负总责；总会计师（或单位分管领导）负责组织部署和监督检查预算管理情况；财务部门负责落实单位决策层对预算管理的决定、决议，指导、督促、检查各业务部门预算管理工作。

广播电视媒体进行项目管理的制度依据为《国务院关于深化预算管理制度改革的决定》（国发〔2014〕45号）、《财政部关于加强和改进中央部门项目支出预算管理的意见》（财预〔2015〕82号）、《中央部门预算绩效目标管理办法》（财预〔2015〕88号）、《广播影视预算支出绩效评价管理暂行办法》（新广电发〔2014〕198号），以及各级地方政府、地方广播电视行政管理部门的相关规章制度。

（三）广播电视项目库管理

项目库管理是项目管理的重要方法。项目库是广播电视媒体对超过一定金额以上的项目进行规范化管理的数据库系统，用于储备单位长期事业发展规划建设的项目。项目库是广播电视媒体编制项目预算的重要依据，除不可预见的特殊紧急项目外，原则上只有纳入项目库管理的项目才能申请和安排预算资金。当前，广播电视媒体在推进项目库管理中更多的动机是申请财政拨款，对于自行安排的项目尚缺乏足够的前瞻性规划。

1. 项目库管理的原则

①统一规划原则。财务部门统一制定项目库管理规章制度和项目申报文本（范本）。

②分级管理原则。财务部门、业务部门及项目负责人按照规定的职责对纳入项目库的项目实施分级管理。

③合理排序原则。项目库中的项目按照轻重缓急进行合理排序。

④滚动管理原则。项目库中的延续项目和当年预算未安排的项目实行滚动管理。

⑤追踪问效原则。财务部门对项目的执行全过程实施追踪问效，并建立项目预算安排与执行结果有机联系的绩效评价机制。

2. 项目库分类

项目库包括"备选项目库""已评审项目库""上报项目库""财政已立项项目库""单位已立项项目库""执行库"和"项目完成库"。

财务部门对纳入"备选项目库"中的项目进行分类。项目按其性质可分为基本建设项目、产业发展项目和技术改造项目、宣传业务项目、大型修缮项目、大型购置项目、大型会议项目等。

3. 项目库管理流程

各业务部门根据业务开展情况和发展规划，提出新增项目，申报进入"备选项目库"。

项目主管部门负责组织备选项目的评审工作，评审通过的项目转入"已评审项目库"。

财务部门按照单位年度重点工作任务和轻重缓急的原则，对进入"已评审项目库"的项目进行初步排序，报单位决策层审定。属财政拨款或其他部门拨款负责的项目转入"上报项目库",项目上报上级单位后,项目方案原则上不得修改。不属于财政预算安排的项目由"已评审项目库"转至"单位已立项项目库"。

经财政部门同意或发展改革委核准批复纳入预算的项目,由"上报项目库"转至"财政已立项项目库";当年财政预算未安排又确需实施的项目由"上报项目库"转至"单位已立项项目库";当年不予安排的项目由财务部门返回"备选项目库"。"上报项目库"清零。

列入项目库的项目实行滚动管理,延续项目和当年预算未安排的项目滚动转入以后年度,与新增项目一并申请以后年度项目预算。

项目经财政部门、发展改革委核准后,转入预算执行阶段,进入"执行库";由单位自有资金安排的项目,开始启动后,进入"执行库"。

项目已实现预期各项目标和任务并完成总结和验收手续之后,由财务部门转入"项目完成库"。

4. 项目申报

申报项目应当符合国家相关政策和财政资金支持的方向、范围,符合广播电视媒体的发展规划,有明确的项目支出总预算、分年分月支出预算、执行进度、分管领导、分管部门和项目负责人。

纳入项目库的项目需填写规范的项目文本,包括立项依据、实施主体、支出范围、实施周期、预算需求、绩效目标、可行性论证、评审结果等内容,作为项目审核和管理的依据。纳入预算安排的项目,广播电视媒体要在项目库中对项目的执行、调剂、结转结余、绩效等信息及时进行更新和维护。

各业务部门对新增项目进行可行性论证。已完成立项准备工作的项目可向财务部门申报进入"备选项目库"。

各业务部门申报项目要确定项目负责人,明确项目总目标、阶段性目标及绩效目标和实施时间,对项目的必要性、可行性、实施条件、项目内容、技术要求、项目进度、经费需求等进行充分论证,并形成书面材料。

技术改造项目、宣传业务项目、大型修缮项目、大型购置项目、大型会议类项目申报文本按财政部门相关要求申报；基本建设类项目按发展改革委关于项目建议书、可行性研究报告、初步设计报告的编制要求申报；单位自行安排的项目参照财政部门的相关要求申报。

凡是单项超过一定金额以上的项目，由各业务部门提出项目建议，经相关部门论证及一定层级的审批后纳入"备选项目库"。

项目执行过程中项目预算或投资概算调整大于10%，或项目执行结束后仍需继续安排预算或投资的，应视同新增项目，按项目管理流程重新申报。

5. 项目评审和排序

所有纳入项目库管理的项目均须进行评审。项目评审方式分为专家评审、委托中介机构评审和单位自评等方式。项目评审应尽可能采取专家评审方式。其中，项目金额较大或专业技术复杂的新增项目，必须组织专家评审；其他项目可以委托中介机构评审或组织单位自评。

建立项目评审专家库，专家库由业内专家构成。开展专家评审应从专家库中随机抽取三人以上单数专家组成的专家组进行。专家组的组成应包括项目涉及专业的业务专家和财务专家。

项目评审由评审专家组或中介机构独立进行，任何部门和个人不得干预。技术改造项目、宣传业务项目、大型修缮项目、大型购置项目、大型会议类项目等评审的主要内容包括：所申报的项目是否符合规定的条件；项目申报文本是否符合规定的填报要求，相关材料是否齐全；项目预算是否合理，项目支出是否符合所申请相应财政经费的开支范围规定，是否符合规定的开支标准；项目申报程序是否符合规定；项目的工作内容是否合理、有无超标现象；技术标准是否符合实际并按照规范要求设计；项目实施方案是否可行，实施方案有无明显漏洞或不合理；项目实施部门是否具有相应的组织实施条件等。

各类项目由评审专家组确定为"优先选择""可选择"和"慎重选择"，其中，"优先选择"和"可选择"的项目视为通过评审，转入"已评审项目库"。基本建设类项目根据项目建议书、可行性研究报告和初步设计报告审核结果，通过审批的项目转入"已评审项目库"。

财务部门按照单位决策层确定的年度重点工作任务和轻重缓急的原则，对通过评审的项目进行排序，将相关项目纳入预算申报，经决策层批准后报送上级单位。

上级单位批复的项目由"上报项目库"转至"财政已立项项目库"。单位自行安排的项目经决策层批准后由"已评审项目库"转至"单位已立项项目库"。

6. 项目的实施

项目管理实行项目负责人制。项目进入"已立项项目库"之后，项目负责人应立即组织落实项目前期准备工作。例如，完善项目报批手续、土地、环评、节能评估审查等各项开工建设条件，做好招投标、编制用款计划、政府采购计划等各项准备工作。

项目负责人应依据预算批复的工作内容，或决策层批准确定的内容组织项目的实施工作，不得随意改变或增减。项目实施过程中的采购标的已纳入政府集中采购目录或达到限额标准以上的，应执行《政府采购法》及相关法规、规章的有关规定。根据"应采尽采"的原则，项目负责人应认真编制政府采购预算和政府采购实施计划，并严格控制非公开招标方式的应用和进口产品采购的申请。对超过公开招标限额标准但确需采取非公开招标方式进行的项目及涉及进口产品采购需求的项目，按规定程序报批后方可购买，不得随意自行采购。

项目负责人应在项目进入"已立项项目库"之后向采购部门提出启动招标项目的书面申请，并提供合格的招标项目的技术方案。采购部门在收到招标申请和技术方案后，委托采购中心或招标代理机构编制招标文件、发布招标公告，并在相关法律、法规要求的公告期限届满之后，进行开标、评标、定标等工作。

项目建设实行预算执行计划管理制度。项目负责人应制定项目预算执行计划，明确项目分月支出预算（包括经费预算和政府采购预算）和执行进度，并报财务部门。

项目建设实行预算执行定期报告制度。项目负责人应每月将建设项目进展情况表在适当范围内通报。

项目申报文本作为技术改造项目、宣传业务项目、大型修缮项目、大型购置项目、大型会议类项目和产业类项目监督检查、预算执行的依据。项目建议书、可行性研究报告、初步设计批复作为基本建设类项目的监督检查、概算执行依据。

各业务部门要严格按照项目批复的预算、概算执行，预算执行中确需调整的项目，需按项目管理流程重新申报。未调整的项目于执行完成后进入"项目完成库"，并进行项目绩效评价，开展执行情况后评估。

7. 项目库日常管理

单位财务部门设专人负责项目库管理，确保项目库基础信息真实、有效，提高项目申报质量。

每年度项目预算、项目投资计划批复后，财务部门需对项目库进行清理。未通过评审、审批的项目予以撤销；已通过评审、审批，但未纳入当年预算的项目返回"备选项目库"；已完成确定任务的项目进入"项目完成库"，以后年度不再安排预算和投资。

各项目负责人应在年度终了或项目完成后规定的期限内报送年度总结或项目总结、竣工决算、验收报告、绩效评价报告等。项目总结、竣工决算、验收报告纳入"项目完成库"。同时，项目负责人应按规定整理项目立项、审批、实施、总结、竣工验收等资料文件送交档案室存档。

所有的项目均需进行绩效考评。项目负责人要按照财政部门及上级部门绩效考评的有关要求开展自评和撰写绩效报告。财务部门根据绩效考评结果及时调整和优化以后年度预算支出方向和结构，合理配置资源，提高预算资金的使用效益和效率。

项目库管理系统是集成度很高的综合管理信息系统，应实现网络协同办公，提高办公效率，规范项目管理过程中的各项业务流程，实现各项业务流程的阶段控制和项目的过程管理，并能实现信息资源的合理存储、传输和查询。

三、广播电视项目采购管理

广播电视是重装备、高投入的行业,因此在广播电视媒体的整体预算经费安排中,采购预算一般占较大的比重。采购管理也是单位经费管理、资产管理的重要环节。由于广播电视媒体项目的特性,其项目预算中涉及工程采购、设备采购、服务采购的预算同样也占较大比重。项目采购管理是项目管理流程中的重要环节,是项目实施管理的重中之重,应当明确项目采购为保障项目实施服务的宗旨。同时,从单位内部管理流程来看,采购管理是单位内控制衡的关键环节,也是审计监督的重点领域。采购活动既要合规合法又要满足内部管理的需要。近年来,《中华人民共和国政府采购法》及中央各部委、各地方政府都对政府采购工作的实施出台了相应的规章制度,广播电视媒体应明确相应的执行实施细则,并结合本单位的具体情况制定自行采购类项目实施办法,规范采购业务流程和相关人员的采购行为。涉及项目预算的采购业务,具备条件的尽可能制定专项经费管理办法,规范其项目预算、采购、资产等相关业务的运作流程。

(一)项目采购管理机制

广播电视媒体应建立健全以财务部门、资产部门、行政管理部门、技术部门、工程部门、审计部门、监察部门等通力配合的采购管理机制,设置独立的采购组织部门,配备专业的采购人员。

财务部门负责采购预算、采购实施计划的审核和报批,采购资金的审核和支付等;资产部门负责组织采购招标及指导工作,固定资产的出入库管理、资产登记管理等;行政管理部门负责行政办公设备采购预算、采购实施计划的编报汇总和管理工作;技术管理部门负责广播电视专业设备采购预算、采购实施计划的编报汇总和管理工作,以及技术验收;工程管理部门负责工程采购实施计划的编报汇总和管理工作,以及组织工程验收。

项目实施部门应在项目立项之初明确采购管理工作的总体思路、组织机构、具体实施所涉及的部门及相关人员等。在实施过程中根据项目经费预算中所涉及的采购预算与相关部门进行沟通、协调，申报采购预算、采购实施计划，并根据批复情况，配合涉及采购的相关部门进行采购方案的制定，采购招标、验收，招标文件的编制和实施，商务谈判和合同报批，设备器材的验收、出入库管理，招投标档案和合同管理、采购项目验收等相关事宜。

单位监察部门对采购活动的组织、运行情况进行监督检查，对重大采购项目活动、项目实施进行全程跟踪监督。

（二）项目采购实施管理

项目采购实施应实行全生命周期管理，贯穿项目实施的始终。包括：编制项目采购预算和采购实施计划，制定采购实施方案，编制采购文件，组织招标或谈判，签署采购合同，全面履行采购合同，以及组织采购项目的验收等。

1. 制定采购实施方案

科学合理的采购实施方案是项目采购成本控制的关键，采购方案包括：组织方案论证，编制详尽的采购招标工程设计、技术要求、货物需求等，选择采购方式，明确投标商资格要求等。

要坚持科学论证、民主决策，做好重大工程、重大技术改造项目等的方案论证，确保方案的合理性、有效性及前瞻性。

2. 依规确定采购方式

根据政策规定，结合项目特点、采购规模等，依法采用公开招标、邀请招标、竞争性谈判、竞争性磋商、询价采购、单一来源等方式进行采购，确保采购工作的有效性、规范性。

3. 规范采购行为，实行"阳光采购"

采购流程和操作程序严格执行财政部门、上级主管部门及单位内部的相关规定。

4. 加强合同管理，确保有效履行

根据招标采购的结果签署采购合同，并对工程进度进行跟踪管理，对服务质量进行检测，对设备到货、验收、入库进行登记，根据合同履行情况进行资金支付等。要对合同进行全流程管理，确保其有效履行。

5. 完善验收流程

采购验收制度是确保采购工程、服务和设备质量的重要保障。应根据项目的特点确定适合的验收流程，验收完成后编制验收报告。

（三）项目采购管理绩效评估

广播电视媒体应建立有效的采购绩效考评制度，科学制定采购绩效指标体系，明确绩效考评的目的、原则、程序和方法。

采购工作的原则是以最少的资源消耗，实现预定的采购目标。因而，其采购绩效评估应从采购效果和采购效率两个方面着手。采购效果是通过采购流程各个环节的工作能够实现预期目标的程度；采购效率是指为了实现预定的采购目标，控制实际消耗的水平，它直接决定采购工作的能力。

采购绩效评估是保证采购工作顺利进行的重要环节，衡量采购绩效的指标包括价格与成本指标、质量指标、采购效率指标等。需要先确定一套衡量标准、然后针对不同的方面对衡量指标进行评估。

四、广播电视项目成本管理

项目成本管理包括成本预测、成本核算、成本控制、成本分析、成本考核等一系列管理行为。按照项目管理的要求，项目负责人应在立项阶段拟定项目总预算，根据项目的资金规划、技术要求、人员需求等，进行科学合理的资源配置，坚持社会效益、公共利益优先，兼顾成本效益的原则，在项目质量及成本控制上进行最优的抉择。项目成本管理的目标就是在项目预算的基础上，根据项目目标，在成本决策的基础上，进行目标成本的分解、控制、分析、考核、评价的一系列成本管理工作。它以管理为核心，核算为手段，效益为目的，从而形成多层次、多方位的成本体系，以达到项目目标的实现。同时成本管理不仅仅是资金的管理，还包括项目质量及安全等其他因素的统一管控，应综合考虑项目的社会效益、经济效益与成本费用之间的平衡关系。

（一）项目成本预测及控制

项目成本包括项目建设实施过程中发生的全部费用。项目成本预测的过程即是项目预算编制的过程。成本的测算应遵循目标相关性原则，在确保目标任务的前提下，提高资金使用效益。与项目目标非直接相关的成本费用不得列入项目预算。重大工程预算根据相关定额进行测定，重大设备购置根据相关询价进行测算，其他费用根据相关定额标准或历史数据进行分析测算。广播电视媒体项目预算一经批准，除非发生不可抗力或任务发生重大调整，一般不得调整。因此项目立项的过程一定要结合项目目标据实进行合理的成本费用测算，以便于在项目实施过程中进行有效的成本控制。在成本控制中，应重点分析项目资金支出与相应完成的实际工作之间的关系。有效成本控制的关键在于，对经批准的成本基准及其变更进行管理。对于重大工程项目、重大技术改造项目、重大网络建设项目等，可根据需要进行跟踪审计，随时掌握项目进度及成本费用支出的合理合规性。

（二）项目成本分析及考核

对项目的实施开展成本费用的分析，能够提升项目的成本管理能力。根据项目的实施情况，通过项目实际发生的成本费用支出与预算成本的比较，让项目管理者及时发现项目实施过程中出现的管理偏差，防止在成本或资源使用报告中出现未经批准的变更事项。根据比较结果，分析偏差形成的原因，采取有效的方法和措施加以改进纠偏，为项目顺利推进实施、全面实现项目责任成本预算目标提供保障。项目成本分析，应遵循按时分析、数据真实准确、对比分析计算口径一致、全面反映项目管理成本要素及合理对项目负责人考核等原则，即及时性、真实性、一致性、全面性和可考核性的原则。广播电视媒体项目应结合项目实施进度重点分析成本预算执行的总体情况。在进行成本分析的同时，还应关注与成本数据密切相关的工作绩效数据，及时掌握项目实施进展情况、项目成果的完成情况，分析已批准预算成本的执行情况与项目目标之间的匹配度。根据成本分析结果，为项目绩效考核提供成本数据。

五、广播电视项目风险管理

所谓风险，通常意义上是指未来事项的不确定性，这种不确定性包括发生与否的不确定、发生时间的不确定和导致结果的不确定。项目风险包括内部风险与外部风险。不同项目的风险侧重点各有不同，应根据项目性质的不同，对可能遇到的风险进行预测、识别、分析，形成风险处置预案。

内部风险包括：内部资源保障风险、组织管理风险等，需要对内部人员、设备、实施现场及组织架构等进行风险防控。

外部风险包括：政治法规风险、资金成本风险、技术更新风险等。需要对项目实施过程中涉及的政策法规进行学习、理解；对项目资金保障、项目实施成本进行分析、研判，确定资金安全到位，成本有效可控等；对于广播电视项目更需要关注技术更新风险。技术更新风险是指在项目实施过程中由于对技术方案论证不充足、不深入，或者由于新技术、新工艺的发展超出了事先的预期，以及由于项目实施工期的拖延影响时效性而引发的技术更新风险等，此类风险一旦发生，将很大程度上影响项目的质量，或导致项目的夭折。

风险管理是项目管理中不可忽视的重要内容，广播电视媒体需要加强对项目潜在风险的分析，采用预警、应急响应等措施，对防范、处置各种风险的出现形成有效的处置预案，将可能发生的损失控制在可接受的范围内，从而保障项目目标的实现。

六、广播电视项目绩效管理

所有设置的项目必须进行绩效考评。项目绩效管理贯穿项目管理的各个环节，建立事前有目标、事中有监控、事后有评价、结果要运用的全过程绩效运行机制。

（一）项目绩效目标管理

1. 绩效目标的概念

绩效目标是指项目资金计划在一定期限内达到的产出和效果。绩效目标是建设项目库、编制项目预算、实施绩效监督、开展绩效评价等的重要基础和依据。按照"谁申请资金，谁设定目标"的原则由项目单位设定。绩效目标要能清晰反映项目资金的预期产出和效果，并以相应的绩效指标予以细化、量化描述。主要包括：

预期产出，是指预算资金一定期限内预期提供的公共产品和服务情况；

预期效果，是指上述产出可能对经济、社会、环境等带来的影响情况，以及服务对象或项目受益人对该项产出和影响的满意程度等。

2. 绩效指标的主要内容

绩效指标是绩效目标的细化和量化描述，主要包括产出指标、效益指标和满意度指标等。产出指标是对预算产出的描述，包括数量指标、质量指标、时效指标、成本指标等。效益指标是对预期效果的描述，包括经济效益指标、社会效益指标、生态效益指标、可持续影响指标等。满意度指标是反映服务对象或项目受益人的认可程度的指标。绩效标准是设定绩效指标时所依据或参考的标准。一般包括：历史标准，是指同类指标的历史数据等；行业标准，是指国家公布的行业指标数据等；计划标准，是指预先制定的目标、计划、预算、定额数据等；财政部门认可的其他标准。

3. 绩效目标设定的依据

绩效目标设定的依据包括：国家相关法律、法规和规章制度，国民经济和社会发展规划；单位职能、中长期发展规划、年度工作计划或项目规划；上级行政管理部门中期财政规划；财政部门中期和年度预算管理要求；相关历史数据、行业标准、计划标准等；符合财政部门要求的其他依据。

4. 设定绩效目标的主要要求

设定的绩效目标应当符合以下要求：

（1）指向明确

绩效目标要符合国民经济和社会发展规划、部门职能及事业发展规划等要求，并与相应的预算支出内容、范围、方向、效果等紧密相关。

（2）细化量化

绩效目标应当从数量、质量、成本、时效及经济效益、社会效益、生态效益、可持续影响、满意度等方面进行细化，尽量进行定量表述。不能以量化形式表述的，可采用定性表述，但应具有可衡量性。

（3）合理可行

设定绩效目标时要经过调查研究和科学论证，符合客观实际，能够在一定期限内如期实现。

（4）相应匹配

绩效目标要与计划期内的任务数或计划数相对应，与预算确定的投资额或资金量相匹配。

5. 绩效目标设定的方法

绩效目标设定的方法主要包括以下几个方面：一是对项目的功能进行梳理，包括资金性质、预期投入、支出范围、实施内容、工作任务、受益对象等，明确项目的功能特性；二是依据项目的功能特性，预计项目实施在一定时期内所要达到的总体产出和效果，确定项目所要实现的总体目标，并以定量和定性相结合的方式进行表述；三是对项目支出总体目标进行细化分解，从中概括、提炼出最能反映总体目标预期程度的关键性指标，并将其确定为相应的绩效指标；四是通过收集相关基准数据，确定绩效标准，并结合项目预算进展、预计投入等情况，确定绩效指标的具体数值。

6. 绩效目标的审核

绩效目标审核是指对绩效目标进行审查核实，并将审核意见反馈相关部门，指导其修改完善绩效目标。绩效目标审核按照"谁分配资金，谁审核目标"

的原则进行，也可委托第三方予以审核。绩效目标审核的主要内容：

完整性审核。绩效目标的内容是否完整，绩效目标是否明确、清晰。

相关性审核。绩效目标的设定与单位职能、事业发展规划是否相关，是否对申报的绩效目标设定了相关联的绩效指标，绩效目标是否细化、量化。

适当性审核。资金规模与绩效目标之间是否匹配，在既定资金规模下，绩效目标是否过高或过低；或者要完成既定绩效目标，资金规模是否过大或过小。

可行性审核。绩效目标是否经过充分论证和合理测算；所采取的措施是否切实可行，并能确保绩效目标如期实现。综合考虑成本效益，是否有必要安排项目资金。

7. 绩效目标的应用

广播电视媒体根据批复的绩效目标或单位自行设定的绩效目标组织预算执行，并根据设定的绩效目标开展绩效监控、绩效自评和绩效评价。

（1）绩效监控

预算执行中，广播电视媒体应对资金运行状况和绩效目标预期实现程度开展绩效监控，及时发现并纠正预算执行中存在的问题，力保绩效目标如期实现。

（2）绩效自评

预算执行结束后，项目负责人应组织对照确定的绩效目标开展绩效自评，填写"项目支出自评表"，单位财务部门可组织专家或委托第三方进行审核，形成单位的自评结果，作为单位预决算的组成内容和以后年度预算申请、安排的重要基础。

（3）绩效评价

广播电视媒体的上级部门可以有针对性地选择部分重点项目，在单位绩效自评的基础上，开展项目支出绩效评价，形成相应的评价结果。并在适当范围内予以公开。

（二）项目预算支出绩效评价管理

1. 绩效评价的概念

广播电视项目支出绩效评价是指广播电视媒体根据项目设定的绩效目标，

运用科学、合理的评价指标和评价方法，对预算支出的效益、效果的实现情况进行客观、公正的评价。绩效评价的主体是上级有关部门和广播电视媒体单位。

2. 绩效评价的原则

①科学规范原则。绩效评价应当科学、规范、可行，采用定量与定性分析相结合的方法。

②真实客观原则。绩效评价应当真实、客观、公正，并接受监督。

③分级分类原则。绩效评价应根据评价对象特点分级分类实施。

④绩效相关原则。绩效评价应当针对具体项目支出绩效进行，评价结果应当反映支出和绩效之间的对应关系。

3. 绩效评价的主要依据

绩效评价的主要依据包括：国家相关法律、法规和规章制度；国民经济与社会发展规划和方针政策；财政部门、广播电视行政管理部门制定的绩效评价管理制度；财政部门、广播电视行政管理部门、广播电视媒体单位制定的预算管理和财务管理制度和办法；广播电视行政管理部门及广播电视媒体的职能、中长期发展规划；广播电视行业政策、行业标准及专业技术规范；广播电视媒体项目预算申报文本中提出的绩效目标及相关材料，年度预算执行情况，会计资料、决算报告等；其他相关材料。

4. 绩效评价的内容

项目支出绩效评价的主要内容包括：项目立项情况；项目组织实施情况；项目管理制度情况；项目预算执行情况；绩效目标指标的设定和实现情况；项目的财务制度建设情况；项目资金使用情况；项目的配套资金到位情况等。绩效评价一般以预算年度为周期，对跨年度的重大、重点项目可根据项目完成情况实施阶段性评价。

5. 绩效评价指标、评价标准

项目绩效评价指标的设定应与绩效目标有直接的联系，能够恰当反映目标的实现程度；应当优先使用最具代表性、最能反映评价要求的核心指标；应当对同类评价对象设定共性的绩效评价指标，以便于评价结果的相互比较；应当将定量指标与定性指标相结合，反映支出所产生的社会效益、经济效益等。项目绩效评价指标分为共性指标和个性指标，共性指标主要有项目立项、组织实施、制度建设、预算执行率及项目支出的经济效益和社会效益等指标。

项目绩效评价标准是衡量项目绩效目标完成程度的尺度，具体包括：计划标准，是指以预先制定的目标、计划、预算、定额等数据作为评价的标准；行业标准，是指参照国家公布的行业指标数据制定的评价标准；历史标准，是指参照相关指标的历史数据制定的评价标准；其他经有关部门确认的标准。

6. 绩效评价的组织管理和工作程序

根据项目的性质不同，绩效评价工作可以由广播电视媒体组成绩效评价领导小组及工作组组织实施本单位项目的绩效评价工作；也可由上级有关部门绩效评价领导小组委托专家、中介机构等第三方对项目绩效进行评价。预算年度终了，广播电视媒体应当分析绩效目标完成情况，撰写项目支出绩效报告，并填写《广播电视项目绩效评价表》报送上级有关部门。跨年度重大项目根据需要在实施一定阶段时进行上述工作。

7. 绩效报告和绩效评价报告

广播电视项目支出绩效报告内容包括：项目基本概况；项目管理和实施情况；项目预算执行情况和财务管理情况；绩效目标及其设立依据和调整情况；总结分析绩效目标的完成情况；对照绩效目标，对所取得的业绩进行评价；分析说明未完成项目目标及其原因；其他需要说明的问题。广播电视项目绩效评价报告内容包括：单位开展绩效评价整体情况；单位为实施项目绩效目标所采取的主要措施；绩效目标的实现程度；存在问题及原因分析；评价结论及建议。绩效报告应根据项目的性质在适当范围内公开。

8. 绩效评价结果及其应用

广播电视媒体应当及时整理、归纳、分析、反馈绩效评价结果，绩效评价结果要与项目库建设和预算安排有机结合，健全项目退出机制。绩效评价报告应根据项目的性质在适当范围内公开。

(三)项目绩效评价指标体系

广播电视媒体承担的项目复杂、多样,所需指标种类繁杂,因此,需要针对绩效评价对象进行分类,分别设计指标体系。根据项目涉及的经济支出类型、具体产出内容和项目分类,分别提取关键绩效指标,编制形成项目支出的共性指标和个性指标。部分指标可依据具体项目的情况进行细化或进一步明确,既可以保证各类指标适用于该类所有项目,也可以为各个具体项目的特定绩效目标留出一定的空间,以通过分解和细化指标体现具体项目的绩效特殊性。在提取同类项目共性指标的同时,也体现出不同类型的项目产出和效果差异,以便于具体项目绩效指标的选取,提高项目绩效指标编制效率。

1. 共性指标

共性指标是指适合于广播电视媒体各项目使用的指标,包括项目管理和财务管理两部分内容。具体包括项目立项、组织实施、制度建设、项目的经济效益和社会效益目标总体完成情况,预算执行、资产管理、资金管理情况等指标。具体可见附表 A-1。

2. 个性指标

个性指标是指适用于某一类项目或工程的绩效评价指标。根据广播电视媒体项目的特点,本书选取了广播电视节目制作经费类项目、信息系统建设类项目、技术保障类项目、媒体融合项目、资产运行维护项目等的绩效指标,具体见附表 A-2 至附表 A-6。

第四节 项目管理的案例分析——融媒体云平台项目建设

一、项目设置

(一)项目背景

在 20 世纪 80 年代以前广播处于媒体统治地位,20 世纪 80 年代以后进入电视快速发展的时期。进入 21 世纪后,随着以互联网为代表的新媒体影响力越来越强，广播电视等传统媒体均面临着更加严峻的生存环境。以移动互联网门户、网络直播、手机电视、互联网电视、IPTV、人工智能机顶盒等为主的新型媒体产业给传统广播电视媒体带来了极大的冲击，传媒行业的生存环境发生了深刻的变化，面临着严峻的局面。为积极应对传统媒体生态变革，打造基于云计算、大数据的融媒体云平台，提供统一内容支撑、技术服务、数据分析、运营计费等服务一体化技术业务平台，形成立体多样、融合发展的现代传播体系。打通全流程产业链，谋求传统媒体的整体发展，逐步实现战略转型。基于此，项目单位成立项目工作筹备组，经过半年多的工作调研后，提出项目初步方案，并经过多次研讨，形成项目总体方案及项目经费的初步测算。经单位决策层审核同意后上报上级主管单位，由上级主管单位组织各方专家从技术发展、经费预算等方面充分论证后获准立项。

（二）项目立项的必要性

一是在移动互联网等新媒体迅猛发展的情况下，迫切地要求广播电视系统通过技术手段形成合力共同应对竞争和谋取发展。

二是为受众提供更加丰富多彩的公共服务内容。融媒体云平台的建设可以实现节目一次上传，多业务系统合理引用，大大减少素材在存储间的迁移次数，提高生产效率。广播电视内容的聚合迫切需要搭建能够互联互通的融媒体云平台。

三是从广播电视的技术系统来看，融媒体云平台是以云计算、大数据、虚拟化等新媒体技术构建的，是一个开放共享的平台，与现有的制播网及其他生产系统实现协同生产、资源互通，更重要的是多种技术、多种业务形态的直接应用，改变了广播电视的生产流程，提升采编、生产、制作和发布效率，也有效地降低了生产成本。将融媒体发展与创新提升到更高的水平，塑造广播电视行业新生态。

综上，融媒体云平台的建设将为广播电视主流媒体承担的公益责任提供必要的保障，并实现广播电视技术的跨越式发展。

(三)项目目标

融媒体云平台建设目标主要包括三个方面：一是以广播电视节目互联互通平台为基础，实现广播电台电视台各频率频道之间的互联；二是以云采编、云媒资、云发布系统为基础，整合广播电视节目优势内容和渠道资源，实现资源共享和规模效应；三是以广播电视节目集成播控平台为基础，抢占互联网广播音频视频阵地，实现广播电视节目的直播和回听回放。

融媒体云平台建设周期规划为3年。第一年是起步之年，建设基础IT设施平台和开发云采编、云媒资、云发布三大系统；第二年是发展之年，通过基础平台服务于广播电视节目的融合发展，拓展更加广泛的用户群体；第三年，通过云计算、大数据等技术创新，继续优化平台系统，为广播电视新闻采编提供海量新闻线索数据分析与发掘、简单快速的在线节目编辑、规范清晰的版权管理、精准智能的用户画像等功能，完善平台及软件服务功能，实现云平台对各方提供云服务的能力。通过宣传、推广、营销等手段，支持开展媒体融合发展与业务创新，让节目制作和存储流程发生根本性改变，大大提高工作效率、节约制作成本、丰富制作形态，促进广播电视内容的资源整合，提升广播电视主流媒体的传播力、公信力和影响力。

二、项目预算管理

(一)项目库管理

项目总体方案提出后，进入项目单位"备选项目库"。由于该项目属重大技术类项目，由项目单位的安全播出及科技委组织专家进行初步技术论证，论证通过后，进入项目单位"已评审项目库"，上报上级主管单位，由上级主管单位组织专家进行技术论证，纳入项目单位年度预算进行申报，进入"上报项目库"。该项目涉及媒体融合发展，技术复杂、项目投资金额较大，由财政部门组织项目评审，经评审确认的预算金额纳入项目单位年度预算，转入"财政已立项项目库"。收到财政部门批复预算后,转入项目预算执行阶段,进入"项目执行库"。由于该项目投资金额大,实施周期长,财政支持力度有限,项目单位还需要安排一定比例的配套资金。

（二）项目资金管理

1. 制定专项资金管理办法

为规范和加强专项资金管理,建立和完善项目管理机制,保障专项资金安全,发挥专项资金的使用效益,根据国家相关规章制度,结合项目管理的实际情况,项目单位制定了《融媒体云平台专项资金管理办法》。办法明确了项目经费的立项程序、使用范围、采购流程、成本费用开支标准、成本控制、审批流程等内容。

2. 单独核算分类控制

项目资金单独核算,按照支出经济分类科目设置核算科目。在资金支付过程中严格审核,按照项目预算进行分类控制,与项目批复预算基本保持一致,能够做到数据真实,核算准确。项目预算执行情况定期反馈给项目负责人及项目执行人。

三、项目成本控制

项目经评审通过后,为保证项目各项工作有序推进及各专业分组间的配合,明确分工和职责,经项目单位决策层批准,由分管媒体融合工作的单位领导担任项目负责人,单位新媒体业务部门负责人担任项目执行人。成立融媒体云平台项目领导小组,下设融媒体云平台项目办公室,通过领导决策层面、指挥协作层面、重大项目决策规划与执行操作层面统筹项目建设及管理工作,通过融媒体云平台项目,支撑项目单位建设"中央厨房",打造产品矩阵。

由于该项目投资预算大、实施周期长、技术风险大,经单位决策层批准,项目领导小组下设项目联合组,由项目单位及提供技术支持的相关科研单位共同组成项目实施主体。

项目实行月报制度，按月通报项目建设情况，包括：购买第三方服务开标、竞标情况，商务谈判，硬件、软件采购，合同签署，到货验收，资金支付等情况，并通报已上线各业务版块的运行情况。

四、项目采购管理

项目采购依照政府采购法，严格按照经批复的政府采购预算及实施计划执行。项目主体部门与单位内部采购部门、资产管理部门密切配合，严格执行单位内部有关采购流程及合同签审流程。项目对第三方的采购需求、自主研发、联合开发等涉及技术类资金支出召开联席会议并形成会议纪要，向融媒体云平台项目领导小组及项目负责人及时汇报。

五、项目风险管理

项目范围风险：由于该项目的需求范围、人员范围、目标范围均存在边界不清晰的问题，会面临诸多困难，甚至是方向性的偏差。

沟通协调风险：因项目的关联方较多，涉及多方利益且不仅仅是经济利益，存在多方沟通、协调问题。

项目周期风险：该项目目标明确且有各类硬性指标，在有限的时间内完成如此庞大的系统建设存在不确性时间风险。

项目资金风险：由于项目时间跨度大、投资规模大，涉及项目单位的中期发展规划，既有财政资金每年能否如期申请到位的问题，也有项目单位自身配套资金是否能够足额保障的问题。

项目人力资源风险：该项目较传统媒体建设有重大不同，面对新兴媒体行业，项目组织人员需要转变思路，有更宽的视野更大的格局，且行业内也缺少先行者的引领。

项目技术风险：在技术层面，该项目引进了国内相关科研单位，有过硬的广播电视技术及新媒体技术领域的专家为项目组成员，并配备专业的技术队伍提供技术支撑，其技术风险应该在可控的范围内。

六、项目绩效管理

（一）项目审计评价

该项目在执行过程中由上级单位委托第三方机构进行了阶段性项目审计评价。审计评价报告认为该项目制定了专项的经费管理办法，资金管理、采购管理等均能够按照财经管理制度执行；项目从立项、审批到执行均能够按规定的程序组织实施，并取得了预期的效果。同时，审计评价报告也提出了项目管理过程中存在的一些问题，包括：项目经费预算执行进度迟缓；超范围列支专项经费等问题。项目单位应加强项目的统筹管理，加快推进项目的实施；继续加强项目的财务管控，严格执行各类财经规章制度。

该项目经过 3 年的建设实施，已经完成各项预定目标，随着各平台版块的建设与完善，已正式投入使用。项目竣工完成后，项目单位编制竣工决算报告，上级单位组织专家进行综合验收，并委托第三方机构进行了项目审计评价，出具审计评价报告。认为该项目从立项、审批到执行均能够按规定的程序组织实施，取得了预期的效果，并对阶段性项目审计评价报告提出的问题进行了认真整改。

（二）项目绩效考评

融媒体云平台项目实施时间跨度较长，在具体实施过程中，项目分阶段建设。项目周期长、投资大、技术难度高，从立项之初即同步开展项目的绩效考评工作。

项目绩效评价工作，一般按年度进行考评，由项目单位根据设定的绩效目标对各项绩效指标进行自我评价，提交上级单位后，由上级单位委托第三方进行抽查测评。

该项目从平台生产力、平台影响力、平台保障力、组织管理、财务情况几个维度进行定性和定量的指标考核（见表 8-1）。

表 8-1 融媒体云平台项目绩效考评指标

项目名称：

一级指标	二级指标	测评点	质量性质	指标说明
平台生产力	产品数量	生产图文报道数量（条）	定量	报纸、通讯社以考核图文为主，音频、视频为辅；广播电台以考核音频为主，图文、视频为辅；电视台以考核视频为主，图文、音频为辅。
		生产音频报道数量（条）及时长（分）	定量	
		生产视频报道数量（条）及时长（分）	定量	
		生产重要报道篇数	定量	各类重大主题报道发稿数量
		生产全媒体新闻产品数量	定量	通过全媒体新闻平台所生产出的全媒体新闻数量
	产品质量	深度报道数量	定量	制作专题类内容数量
		平台新闻作品被转载数量	定量	在平台生产的新闻作品被转载量
		内容导向	定性	是否出现重大差错或导向偏差的报道
平台影响力	机构用户	接入的采编部门数量比	定量	新闻单位内部接入采编平台部门数量比重
		接入的媒体数量	定量	通过全媒体新闻平台接入的各形态媒体的数量，包括：网站、APP、微博、微信等
	外部用户	接入自主平台用户数	定量	接入平台的网站、移动客户端的互联网用户数量
		接入第三方平台用户数	定量	平台接入微博、微信以及第三方客户端的互联网用户数量
平台保障力	数据抓取能力分析	服务器数量	定量	支撑平台的服务器数量

续表

一级指标	二级指标	测评点	质量性质	指标说明
平台保障力	服务器数量	采集新闻数量和互联网数据量	定量	本单位录入新闻数量以及从互联网中采集新闻信息和用户信息等数据
		用户行为分析能力	定性	平台能否对各形态产品的用户行为进行有效分析,形成用户画像体系
	技术支撑能力	运用新技术水平	定性	支持HTML5、虚拟现实(VR)、无人机拍摄、机器人写稿等前沿技术,可以通过文字进行说明
		实施监控能力	定性	实现平台操作监控、管理、统计,确保每次编辑、签发等行为有迹可查
	平台运作机制	新闻报道协调指挥机制	定性	前方后方、各采编部门之间指挥调度、协调联络机制
		全媒体新闻采编流程	定性	一次采集、多种生成、多源传播的采编流程
组织管理	项目实施	进度	定性	项目建设总体目标是否完成
		规范	定性	项目实施是否规范
	内部管理	规章制度	定性	为保障项目建设是否制定规章制度
		考核评估	定性	是否对项目绩效进行定期考核
	公务办理	上报材料	定性	上报项目方案、月度台账、总结等材料的时效和质量
		调研任务	定性	调研任务完成情况
财务情况	预算执行情况	项目总预算执行率	定量	项目总支出占项目总预算比
		财政拨款预算执行率	定量	财政拨款支出占财政拨款预算比
		合同签订金额比率	定量	实际签订合同金额占财政拨款预算比
	资金配套情况	自筹资金额	定量	在财政拨款经费外自筹安排的资金量
	收入成本情况	经营收入	定量	项目运营过程中取得的经营收入
		收入费用率	定量	项目运营过程中取得的经营收入占运营费用的比例

续表

一级指标	二级指标	测评点	质量性质	指标说明
财务情况	资产管理情况	政府采购	定性	符合政府采购要求的项目是否规范实施政府采购程序
		资产管理	定性	形成的资产是否安全、完整，得到有效利用
		管理制度	定性	是否制定专项经费管理办法
		经费使用	定性	财政资金是否严格按规定的要求使用，财政拨款经费是否开支人员经费、公用经费、运维费用等项目

由于融媒体云平台项目建设的媒体融合平台、系统各不相同，统一的绩效考评指标统计的数据量并不全面。在前期进行绩效考评的基础上，自第三个实施年度开始即逐步优化完善指标设置，按客户端类、采编平台类、数据中心类、财务指标四大维度来统计数据进行测评（表8-2至表8-5）。

绩效评价指标进一步细化后，绩效评价的测评工作也调整为每月一次。各类数据的统计，能够及时反映各平台的网络传播能力指数。

表8-2 融媒体云平台项目业务指标测评（客户端类）

项目名称：

内容	测评点	指标测评点说明
用户规模	主要微博、微信账号情况	主要微博、微信账号（合计不超过10个）
	微博账号粉丝数	微博账号的粉丝总数
	微信账号粉丝数	微信账号的粉丝总数
	客户端累计下载量（万次）	主要客户端自客户端上线至201X年X月X日的总下载量
用户活跃度	微博用户活跃度	微博账号近一周评论数（分账号）
		微博账号近一周转发数（分账号）
	微信用户活跃度	微信账号近一月日评论数（分账号）
		微信账号近一月日转发人数（分账号）
		微信账号近一月日转发次数（分账号）

续表

内容	测评点	指标测评点说明
用户活跃度	客户端月活跃用户（万）	近一月活跃用户数
	客户端日均活跃用户（万）	日均打开客户端的用户数
	客户端人均日使用时长（分钟）	近一周的人均日使用时长
	客户端人均单次使用时长（分钟）	近一周的人均单次使用时长
	客户端日均评论数量（万）	客户端日均评论数量
内容质量	微博报道数量（条）	近一周发布报道数量（分账号）
	微博阅读数量（条）	近一周微博阅读次数（分账号）
	微信日均报道数量（条）	近一月日均发布报道数（分账号）
	微信日均收藏人数（条）	近一月日均收藏次数（分账号）
	客户端日均报道数量（条）	客户端日均报道发布数量
用户体验	微博点赞量（次）	微博近一周获得的点赞数（分账号）
	苹果商店客户端用户评价	用户评价星级
	安卓商店客户端用户评价	腾讯应用宝安卓商店用户评价星级 360手机助手安卓商店用户评价分数 安卓小米商店用户评价星级

客户端类分为用户规模、用户活跃度、内容质量和用户体验，主要统计微博、微信、客户端产品的用户数量、下载量、转发量、活跃度、评价等数据。

表8-3 融媒体云平台项目业务指标测评（采编平台类）

项目名称：

内容	测评点	指标测评点说明
融合程度	平台媒体业态数量	纳入采编平台的媒体业态数量（种类）
	全部媒体业态数量	项目单位所拥有的全部媒体业态数量
	平台媒体业态数量占全部媒体业态数量的比率	纳入采编平台的媒体业态数量占全部媒体业态数量的比率
采集生产能力	日均素材采集数量（条）	图文素材 音频素材 视频素材

续表

内容	测评点	指标测评点说明
采集生产能力	日均各形态产品生产总量（条）	采编平台各形态（含图文、音频、视频）产品的生产总量
采集生产能力	日均平台产品分别用于不同媒体业态的数量（条）及其占采编平台产品总量的比例（分不同媒体业态口径统计）	纸媒报刊 微博、微信 客户端、APP 网站页面 ……
产品影响力	日均各媒体业态采用采编平台产品数量（条）及其占本媒体行业全部产品数量的比例	纸媒报刊 微博、微信 客户端、APP 网站页面 ……

采编平台类分为融合程度、采集生产力、产品影响力，主要统计全部媒体业态数量、纳入采编平台的媒体业态数量占比、日均采集量、生产总量等数据。

表 8-4　融媒体云平台项目业务指标测评（数据中心类）

项目名称：

内容	测评点	指标测评点说明
技术指标	存储能力（T）	存储容量
技术指标	计算能力	CPU 的数量和技术指标
技术指标	实际存储的数据规模	已存储的数据规模大小
数据采集能力	近一年获得外部数据量（T）	通过多种方式获取公开的政务数据、行业数据等资源的数据规模
数据采集能力	日均数据采集量	平均媒体采集外部、内部数据量
数据应用能力	数据应用产品数量	数据中心建设的相关数据应用产品成果数量
数据应用能力	覆盖用户数量	数据中心产品覆盖的用户数量
数据应用能力	数据共享部门数量及占比	在项目单位中数据中心索服务的部门数量及占比

数据中心类分为技术指标、数据采集能力、数据应用能力，主要统计数据中心存储、计算能力、获取外部数据量、数据应用产品数量、数据共享部门数量占比等数据。

表 8-5 融媒体云平台项目财务指标测评

项目名称：

内容	测评点	指标测评点说明
预算执行	项目总预算执行率	项目总支出占项目总预算比率
	财政拨款预算执行率	财政拨款支出占财政拨款预算比率
	合同签订金额比率	实际签订合同金额占总预算比率
资金自筹	自筹资金额	在财政拨款经费外自筹安排的资金量
收入成本	经营收入	项目营运过程中取得的经营收入
	收入费用率	项目营运过程中取得的经营收入占营运费用的比率
资产管理	政府采购	符合政府采购要求的项目是否规范实施政府采购程序
	资产管理	形成的资产是否安全、完整，得到有效利用，完整有序地登记
资金管理	管理制度	是否制定专项经费管理办法
	经费使用	财政资金是否严格按照规定的要求使用

财务指标分为预算执行、资金自筹、收入成本、资产管理、资金管理，主要统计项目总预算执行率、财政拨款预算执行率、合同签订金额比率等数据指标。

每月进行的绩效指标测评，有利于项目单位呈现项目成果，也便于上级单位对项目执行的即时监控，更加直观地了解项目实施的效果，同时为项目后续的技术开发、资金投入等提供重要的决策依据。

（三）项目建设成效

按规划设计，IT 基础平台搭建完成，云采编、云媒资系统、云发布系统上线运行，融媒体云平台各项目标均按计划完成并投入使用。融媒体云平台项目的平稳运行，为项目单位融媒体的发展与创新提供了强大的技术平台，明确了坚持传统媒体和新兴媒体优势互补、一体化发展，坚持以先进技术为支撑、内容建设为根本，推进机制体制创新，确保媒体融合深入发展。

1. 业务成效

云采编系统利用互联网思维，结合（移动）互联网＋、大数据、云计算等新技术，对新闻采集、报题、写稿、编稿、审稿、发布、日播单、串联单、绩效考核等采编环节重新思考，立足广播电视特点，重构了新闻采编的业务流程，基于移动互联网技术打造开放、一体化的云采编平台。打通了各节目部门，做到全台报题、稿件共享、资讯互通、互惠互利，统一的平台减少了相互之间的沟通成本，将传统广播电视新闻采编业务与新媒体新闻发布业务无缝衔接起来。

云媒资系统旨在借助大数据和关键音频视频技术，整合、挖掘和展现历史积累的海量广播电视节目资源，为广播电视用户提供媒资库建立、节目生产制作、节目内容汇聚分享、节目搜索、标签化处理等云媒资服务，为互联网音频视频用户提供多元化的节目直播、收听收看服务。

云发布系统支持多渠道（互联网、移动互联网、车联网等）、多终端（平板、手机、数字电视、车载终端等）的分发需要，增强节目生产互动性，做好大数据分析，提供 B2B、B2C、O2O 等多种服务。

2. 管理成效

在管理方面，云采编系统、云媒资系统、云发布系统，支持各部门、岗位级别权限管理。部门负责人可以非常直观地知悉每一位编辑记者等的工作流程和业务量及工作成果被各平台的采用、转发量，让绩效考核有数据依据，做到了简单、快速、客观、便捷，同时也实现了编辑音频视频节目制作、节目发布、多渠道推广等统计功能。

由于云平台可以直观地提供报题统计、绩效考核统计等资料，部门负责人可以将绩效考核与员工薪酬对接起来，实现自动化管理、统计，让员工的工作量更加量化、直观，提升工作效率和公平性。一直困绕各频率各频道对新闻稿件采编、音频视频节目制作的绩效考核问题将迎刃而解。

融媒体云平台项目建设也为项目单位的财务管理提供了一个良好的运作平台，通过平台的大数据，可以实现单位的预算管理、成本核算、资产管理等与业务数据进行强穿透，为项目单位搭建管理会计信息系统提供了一个非常好的业务连接平台。

第五节　小结

本章主要论述了项目管理的基本理论；梳理了项目管理的脉络；分析了广播电视媒体项目管理的现状、存在的问题，媒体融合对项目管理的影响；阐述了项目管理的基本要素、运行机制；提出了媒体融合背景下广播电视项目管理的框架方案，包括项目预算管理、采购管理、成本管理、风险管理、绩效管理等，特别是对项目库管理、项目绩效管理进行了较为详细的描述；并通过对广播电视行业具有代表性的典型案例的分析，进一步阐释了项目管理的基本理念、要素内涵、技术方法在实践中的具体运用。为构建符合广播电视项目特点、规律的项目管理要素体系、知识体系和流程管理体系提出了一些思考。

第九章　广播电视管理会计报告

长期以来，广播电视媒体财务会计报告主要以财政预算、决算报告体系为主，尚未形成服务于内部治理的管理报告体系。随着媒体融合新形势新业态的不断推进，对广播电视媒体的预算战略、节目成本、内部控制、媒体项目等提出了新的管理要求，传统的财务会计报告体系已经难以满足广播电视媒体融合的快速发展和改革需要，亟待运用管理会计理论，明确广播电视管理会计报告对象、分类、要素、流程、内容等，科学构建广播电视媒体管理会计报告体系。本章从管理会计报告的概念入手，分析了管理会计报告与财务会计报告的关系，强调了管理会计报告应用的必要性，提出了广播电视管理会计报告的设计思路和框架体系。

第一节　广播电视管理会计报告概述

财政部《管理会计应用指引第 801 号——企业管理会计报告》的发布，旨在对企业管理会计报告体系的目标、构成、核心内容、管理流程等进行规范和指引。本节根据该指引的框架，结合广播电视媒体的特点对管理会计报告的应用进行了一些研究。

一、管理会计报告的基本概念

根据管理会计应用指引的定义，企业管理会计报告，是企业运用管理会计方式，根据财务和业务的基础信息加工整理形成的，满足企业价值管理和决策支持需要的内部报告。广播电视媒体管理会计报告亦遵循这一基本概念，来反映广播电视业务的价值管理信息。

融媒体背景下广播电视媒体的管理会计工作已经从以成本决策和财务控制为中心发展到了以管理控制和战略决策为中心,贯穿广播电视战略制定、计划预算、分析报告到评价和考核的整个过程,对这些活动的信息进行归集、整理、加工、使用形成管理会计信息系统。它勾勒了广播电视媒体管理活动的基本脉络。从管理会计信息系统中将财务信息、非财务信息,过去、现在和将来不同周期的信息,电视频道、广播频率、节目、栏目、新媒体业务平台、项目管理等相关信息与单位整体信息相互衔接,并有机地统筹在管理会计报告体系中。

二、管理会计报告与财务会计报告的关系

管理会计报告和财务会计报告从不同的角度共同反映单位重要的财务及业务信息,两者相互依存、相互补充,各自的侧重点又不同。

从服务对象来看,管理会计报告侧重于为单位内部管理服务,是单位决算层、管理层和业务层基于对管理活动的分析,依据确定的关键因素,对各项管理信息以价值信息为基础而进行的体系化重构过程。以利于单位加强管理,提高经济效益及运行绩效。财务会计报告侧重于为财政管理部门、上级主管部门及社会公众等外部利益相关者,提供单位一定期间内的财务状况、运行情况和现金流量等财务信息。

从信息来源来看,管理会计报告立足现在、分析过去、预测未来,跨越过去、现在和未来3个时态,其中的财务信息主要是从财务会计信息系统中提取、加工形成的。而财务会计报告主要反映已经发生的信息,大多为过去的状态。

从约束方式来看,管理会计报告在信息收集方面比传统财务会计报告要全面很多,它的数据来源、核算方法、报告形式、应用流程没有固定形式的限制,其提供的信息具有多层次、多维度的特质。管理会计报告的落脚点在于满足本单位内部管理的需要。管理会计报告属内部报告,蕴含着单位发展战略及

一些涉密信息等大量数据，只在允许的范围内传递和使用，相关人员应遵守保密规定。广播电视媒体作为事业单位，其财务会计报告的编制必须严格遵循《政府会计规则》《政府会计制度》等相关规定，具有固定的格式和规定的报告日期，以及有规定的信息披露的方式和范围等。

三、管理会计报告应用的必要性

财政部《关于全面推进管理会计体系建设指导意见》及后续各项管理会计指引的发布，辅之各大型企业成功案例的推送，标志着管理会计体系建设已经进入了规范化发展的轨道，管理会计报告的应用也被越来越多的单位所重视。在这样的发展背景下，广播电视媒体单位开展管理会计活动，构建管理会计报告体系，其必要性主要表现在以下几个方面：

1. 提供决策信息，支持战略规划

近年来，国内国际的政治经济形势已进入新常态，新媒体业务对包括广播电视在内的传统媒体已经形成巨大的冲击力，广播电视对公众的影响力及其媒体业态都有了较大的变化，广播电视媒体的战略规划和经营决策的落实和实施需要更有效的管理信息来支撑。以战略管理和价值创造为导向的强大信息管理系统，具备从多个管理视角提供多层次、多维度的信息，为管理决策提供基于数据和事实客观分析的有效价值判断依据。单位管理决策层依据所提供的相关信息，进行有效的战略规划，提升战略管理能力。

2. 预测经济前景，强化组织运营

在明确的战略目标框架下，开展全流程管理控制，通过各种管理会计工具和方法，可以有效地预测单位的资金资产状况、成本动态变化、预算执行情况等，协助各层级管理者进行计划、决策和控制，加强各个节点的价值分析，为各项业务活动进行事前预测和事中控制，及时进行分析评价、发现问题，使组织规划更加清晰，条分缕析，以期加强组织价值的提升和改善组织运营。

3. 助推绩效管理，提升治理水平

管理会计报告可以勾勒出单位完整的管理和运营轨迹，对各层级、各项业务进行跟踪、监控和评价，有效运用管理会计的监控、考核与评价功能，构建一系列量化和非量化的评价指标，以责权利相统一为核心，将决策权在不同层级之间进行合理划分。要根据可控制性原则设计对各责任主体的绩效考核指标，确定责任目标，建立有效的激励机制，调动各层级管理者及一线员工的积极性和创造力，推动综合治理水平的提高，进而提升单位价值创造能力和持续竞争力。

第二节　广播电视管理会计报告设计思路

一、管理会计报告在广播电视媒体实践中存在的问题

财政部《管理会计应用指引第 801 号——企业管理会计报告》的发布，对事业单位推进管理会计报告体系的建设起到了引领的作用。但在实践过程中，广播电视媒体管理会计报告的推进工作仍面临诸多难题，既有共性的行业难题，也存在一些单位内部实施动力不足的问题。

（一）借助管理会计报告工具加强内部治理的意识不强

借助管理会计报告体系的构建，推动广播电视行业加强内部治理工作，已形成共识，但还缺乏推动力。在市场化程度较高的东部地区、东南沿海地区，广播电视媒体已基本实现自收自支，重大项目财政给予适当补助。为了加强内部治理，管理会计工作逐步受到重视，在全面预算管理、成本核算、内部控制、项目管理、绩效考评等方面进行了有益的探索，设计了内部管理会计报告，并取得了一定的成效，但仍缺乏系统的理论指导。因此，总体来看，广播电视媒体实施管理会计的实践经验不足，已经推行管理会计的单位，一般是根据自身管理的需要进行了局部的试点及个性化的设计，其作用大小也取决于单位管理者的重视程度、不同偏好等。主要依赖财政补助的广播电视媒体，对管理会计工作推进和实施的动力则明显不足。

（二）全面管理会计报告体系没有形成

总体来说，广播电视媒体单位开展管理会计报告的应用仍处于摸索阶段，以零散使用为主。管理会计报告的编制和应用大多依附于财务会计报告，内容分散，或偏重于某一方面，或者仅仅是财务会计报告的有限补充，并没有形成规范完整科学的管理会计报告体系。管理会计报告所披露的内容，也主要侧重于财务数据，对非财务数据的归集和利用远远不够，尚未对决策信息的系统需求进行整体筹划，管理会计信息对单位决策的支持与价值创造的重要功能亦未得到有效体现。

（三）信息系统技术支持能力不足

管理会计报告是基于对单位内外部信息和数据的挖掘、加工、分析编制而成的内部分析报告，其主要为满足单位内部各层级的管理需要，内容既包括财务信息也包括大量业务信息。基于管理会计报告的特点，必须依靠强大的信息技术平台——在完整和高质量的海量信息的基础上，通过信息平台的数据抽取、数据建模、数据挖掘、多维分析等工具，对信息进行提取、分析和处理，最终生成有用信息，并对其进行可视化呈现。只有基于大数据的信息化平台才可以高效完成上述任务。管理者可以在管理会计报告平台上获得契合自身决策需求的定制化分析数据，从而做出正确的决策，并实现过程的精准有效管理。正是基于此，管理会计信息系统目前仍缺乏成熟的商业软件可供各单位自行选择。单位内部自行开发如此庞大的信息系统又是一项涉及面广、人力物力都投入巨大的系统工程，要求系统的建设者具有较高的管理智慧和强大的驾驭能力，而且系统平台开发的费用也很高昂，需要量力而行。目前广播电视媒体单位已开发实施的管理会计信息系统一般偏重于成本核算业务及预算管理业务，与财务会计系统对接的情况也各不相同，在行业内尚不具有普适性。缺乏信息系统的有效支持在很大程度上制约了管理会计功能的有效发挥。

（四）缺乏管理会计人才

管理会计人才的缺乏也是广播电视媒体单位管理会计工作推进的重要制

约因素。多年来事业单位财务会计的核算工作，使广播电视媒体单位财务工作者的思维模式存在较大的局限性，与企业财务会计已经有了一定的距离，更遑论管理会计，必须尽快解决这一短板，才能保证管理会计体系的有效推进。

二、广播电视管理会计报告设计思路

如何构建高效可靠的管理会计报告体系，在理论界一直有学者对管理会计报告架构的论述，在实践方面，一些大型企业也提供了很多可供借鉴的案例。在行政事业单位构建管理会计报告体系仍处于探索阶段，也缺乏完善并成熟的案例。构建一套符合广播电视媒体特点并能够对具体的管理实践形成有效指导的管理会计报告体系，对广播电视媒体单位仍然是一个新的课题，需要在理念上形成共识。

单位决策层以及财务管理部门应形成如下共识：一是管理会计主要服务于内部管理需要，以成本控制和价值创造为立足点，以提供决策管理有用的信息为根本目的；二是要转变长期以来固有的业务与财务分离的观念，强化业务财务一体化的设计理念；三是运用强大的信息技术，整合单位内部各业务系统，直接从业务系统提取数据，实现财务数据与业务数据的穿透与贯通，促使各层级使用系统、关注数据、强化管理。凝聚共识才能形成力量，科学谋划广播电视媒体行业管理会计的整体发展战略规划，提高管理会计信息、管理会计报告的客观性、透明性以及行业的通用性。

（一）确立业务、财务一体化的管理理念

根据财政部《管理会计应用指引第 801 号——企业管理会计报告》的设计理念，结合广播电视媒体多年来在管理会计各个领域的实践，构建广播电视管理会计报告体系应立足于成本核算系统这个关键节点，用成本核算这一核算工具为引领，以全面预算管理为抓手，构建财务与业务一体的管理会计模式。通过搭建强大的信息化平台，实现多层次、多维度的管理会计报告体系。通过全方位地整合业务系统，实现财务与业务的强穿透，实现节目制作、频率频道运营、单位整体决策的精益管理。在此理念引领下，需要设计制定整

体的管理方案，包括但不限于全面预算管理方案、成本系统管理方案、节目定额管理方案等，顶层式、体系化地搭建管理会计应用框架，明确实施规划，确保不同层级对管理会计报告的需求，构建财务业务一体化的管理会计报告框架体系。以下非典型案例足以说明各类业务数据与财务数据穿透的必要性。某广播电台有一档经济类节目已经运行很长时间，听众反馈似乎也很平淡，节目制作团队经内部讨论并报频率负责人同意决定对其进行改版或调整。该报告上报到单位的宣传管理部门以后，由于台内各信息系统之间尚未实现互联互通，且对节目的考核机制亦未覆盖到节目收听率及广告收入等指标，宣传管理部门的负责人出于职业的敏感性，立即组织专业人员核查该节目的收听率、人力成本投入及广告收入等相关情况。经核实后发现该档节目的人力成本投入并不高，节目收听率与同时段其他节目相比一直保持覆盖地区前列且很稳定，广告收入单价高且到款稳定，广告合同执行状况良好。该信息反馈到频率负责人及节目制作团队后，就果断决定保留该档节目。

　　管理会计体系的设计，应立足于本单位的内外部环境、规模大小、发展阶段等自身特征，充分考虑单位自身的文化环境、管理架构及管理水平，对单位的业务流程、管理流程进行全方位梳理，先抓主要矛盾，解决主要问题，先易后难，循序推进。在业务事项梳理的过程中，应用战略的眼光来审视每项业务在单位整体规划中的位置，把握各项业务之间的关联度。

　　例如，大部分的广播电视媒体都会有年度的法律报告、年度的内部审计报告及年度的内部控制风险报告等。这些报告是广播电视媒体业务管理某一方面的重点反映，是媒体综合管理的重要组成部分，但其分析方法与展现形式较为单一，业务的穿透能力与溯源能力不足。以法律报告而言，单位的年度法律报告可以梳理本单位的依法治理情况，外部法律环境变化对本单位业务的具体影响，单位内部风险防控情况，年度内的诉讼纠纷情况等，并警示风险提出建议。新闻传播内容领域仍是广播电视媒体法律风险重点，特别是新媒体业务涉及一些法律边界还不易把握。另外，还有一些与其他行业共性的问题，涉及人事劳动、房产、工程等。

随着文化事业、产业相关法律制度的不断完善，对于广播电视媒体而言，风险最大、利益关系方最复杂的莫过于版权问题。对此，在流程设计的过程中，可以通过节目版权确权、开发、维权等链条的合理嵌入，实现业务的可穿透、风险的可追溯。有效的法律报告，可以让决策者们清晰地了解本单位的风险何在、机会何在，从而科学决策、明辨方向、降低成本、增加效益。

（二）强化全面预算管理，落实战略目标

全面预算管理是广播电视媒体推进管理会计实施的重要抓手，也是成本核算的源头。广播电视媒体预算管理与整体战略、生产运营和管理决策紧密相连。科学的预算管理可以保障战略规划的分解落实，合理配置资源，正确引导各项管理工作的有序推进，客观公正地考核业绩，推动广播电视媒体战略目标的实现。

强化全面预算管理，必须加强预算工作的组织领导，实施全面预算管理制度，明确各预算执行部门的职责权限、授权批准程序和工作协调机制，规范预算编制、审批、执行、调整、考核和评价的流程和程序。

强化全面预算管理，需要进一步强化预算编制的整体性、精细化、预算指标设置的科学、可控、过程管控到位、结果考核有据。对全面预算管理采用自上而下下达、自下而上申报、自上而下下达、由点到面推进落实的总体思路。将全面预算管理的编制、下达、执行及绩效考评融为一体，实现全过程留痕，生成完整的预算表格系统。

强化全面预算管理，应建立以预算目标为中心的各级责任体系，将预算目标进行层层分解和落实，并作为成本核算的重要依据。通过成本核算系统，对全面预算的执行情况跟踪监测，建立执行分析制度，及时分析预算差异。

（三）扩展深化成本核算体系

在广播电视行业，管理会计的主要计量工具是成本核算。很多广播电视媒体在成本核算管理方面已经积累了诸多可供借鉴的成功案例。对业务成本

的精细化核算，既可以满足决策管理层对战略成本的监控和分析，又可以满足各层级的穿透式管理，实时掌握各类产品（节目）的生产进度、人力使用、成本耗用、资源需求及各节目时段投入产出情况，为目标管理提供责任考评数据，为各类节目生产能力总需求预测提供依据，实现技术资源和人力资源的合理配置。

广播电视媒体复杂的产品形态给预算管理、成本核算、货币计量、会计记录都带来一定的难度。因而，在设计核算的具体对象和费用归集的精准度上应有所取舍，需要运用大数据库，结合不同时期的发展方向，按照重要性原则当繁则繁、当简则简，遵循成本效益原则，既满足成本管理的需要，又要避免过度精细化所带来的人力物力的消耗。

在成本项目的设计上，鉴于技术密集型、人力资源密集型的行业特点，应重点突出人力资源成本与技术系统成本的归集与分配。

在人力资源成本的设置上，为激发节目人员的创作积极性，可以将节目的投入产出数据纳入节目准入、淘汰、考核中，改变节目制作人只埋头做节目不考虑其节目传播力影响力的状况，强化节目人员自主约束成本机制。通过人力资源管理平台设置人力成本的人／天／工时，实现人力资源管理的实时操作及人力成本的及时划转模式，可以强化节目制作人统筹管理人力资源、合理测算人力成本，既充分挖掘内部人力资源的潜力，又合理利用外部人力资源，用内生动力提升节目产品的传播力影响力，进而提升节目的创收能力，实现内容产品社会价值与经济价值的双赢与共生。

在成本归集方法的选择上，可以适度引入并有效设计内部转移价格，通过选择和分析资产流转和价值链各环节的成本动因消除不增值业务。在广播电视产品成本中重要成本项目——技术使用费的确认过程中，也可以参照市场价格确认内部收费标准，对广播电视采访设备、语录室、录制机房、录音棚、直播间、演播室、转播车、电视前期设备、后期制作工作站等可以根据具体情况实行多元化的计费标准。适当的内部转移价格是成本核算的重中之重，既可以简化成本归集流程，实现技术资源的合理配置与充分利用、提高资产使用效率，又能充分激发节目生产、管理部门与技术支持部门的积极性，增强各层级的成本意识。

三、广播电视管理会计报告体系基础

管理会计报告体系的运行主要来源于内部力量的推动。其从设计到有效运行，需要经过协调、测试、调整、完善的反复过程，需要建立相配套的运行和保障机制，才能使管理会计报告体系得以推进和有效实施。

（一）高层推动，全员形成共识

管理会计报告主要服务于内部管理需要，以成本控制和价值创造为立足点，以提供决策有用的信息为根本目的，需要摒弃财务、业务两张皮的旧观念，强化"业务财务一体化"的设计理念，从业务和管理视角汇集数据、设计报表。因此，管理会计报告体系的推进和运行需要广播电视媒体高层管理者发挥主导作用。管理会计报告体系的基础是对单位整体价值活动进行分析，因此需要决策层、管理层、业务层对管理会计报告形成统一的理解和认识，管理会计报告体系的构建才能成功，报告数据的有效性和决策的关联性才能得以保证。

（二）系统平台支持，分期阶段推进

管理会计报告体系是财务会计信息系统与各业务管理信息系统的交互。为了实现有效的信息交互，财务会计信息系统必须首先成为一个开放的平台，将原有的封闭式的核算系统扩展为开放式的网上报销系统，乃至于升级为财务共享平台，并嵌入预算管理系统、成本核算系统。系统的触角，从事项来说，可以延伸到每一项与财务信息或经济信息相关的业务；从人员来说，可以延伸到每一位员工、每一位编辑记者，特别是一直奔波在新闻第一线的记者们，为他们提供即时便利的报销通道，让每一笔费用支出的发生都可以即时归集并流转和追踪。例如，一线采访记者的差旅费、连线嘉宾的劳务费等都可以对象化到其采制的节目或素材，并随着这些素材或节目被各类节目或新媒体平台的使用而流转。反过来，每一件产成品归集的成本费用，都可以追踪到费用发生的源头。

各业务管理信息系统包括但不限于人力资源管理系统、技术资源系统、节目制播系统、媒资管理系统、节目评估系统、版权管理系统、成本核算系统、资产管理系统、无形资产管理系统、机房管理系统、广告管理系统、合同管理系统、项目管理系统、电视云平台、广播云平台等，在上述各信息系统中通过技术手段从各系统后台直接抽取数据，建设数据仓库，通过建设和优化管理平台，提供数据分析和数据挖掘等服务能力，进行业务数据、计量信息的收集，对数据进行整理、筛选、加工等分析，再对数据分析后的信息进行价值化的挖掘。上述各类管理平台与财务信息系统的对接，以及各管理平台之间的互联互通，可以让广播电视的节目栏目、新媒体平台等业务的成本费用与节目质量、广告收入、版权管理等之间有了一个可以直接对话的平台；让广播电视节目栏目、新媒体平台、重大宣传报道活动、重点项目管理等实现多层次、多维度、多方位的成本费用归集。以系统促管理，激发各层级维护系统、使用系统的动力，从而提高管理会计运行的效率和质量，引领辐射广播电视媒体整体管理水平的提升。

　　从各系统的运行功能上看，广播电视媒体庞大的技术资源系统，可以通过电脑或手机进行音乐厅、演播室、录制机房、转播车等的预约申请和费用结算；行政办公管理系统可以归集计算办公用房的使用费、水电费的分摊等，以及预约申请会议室、公务用车等的使用和费用结算；人力资源管理系统可以即时了解各业务版块人员岗位的设置及配置情况、不同岗位的人工定额情况、人员绩效工资的考核和发放情况等；合同管理系统可以实现各类业务合同从签审到执行及款项支付、后期维护等的生命周期管理；节目评估系统可以反映各节目栏目的差错率、收听率、满意度、受众参与度、线下活动、节目影响力等情况；广告管理系统可以即时反映各节目栏目的广告播出情况、合同执行情况、收入到款情况及重大宣传报道活动或一些公共事件对广告播出的影响情况等；媒资管理系统可以反映各频率频道已播出节目的情况，外购节目、外购素材的入库情况、已入库节目、素材的采用率或共享情况等；项目管理系统可以反映重大项目从立项、批复、项目实施、合同签署、资金支付、风险控制、竣工验收、运行维护等项目的全生命周期管理；广播云平台、电视云平台可以实现对媒体素材价值提供完善的数字版权保护和管理，实现对各类媒体数据全流程管理，实现各类用户素材在上传、制作、交易、入库、播出等环节中的版权管理等。科学合理的管理会计体系设计、管理会计报告设计，可以实现各类业务数据与财务数据的强关联、强穿透，进而总揽广播电视媒体经济行为、价值活动的方方面面。

由此，管理会计信息化平台建设是管理会计建设和应用的重要抓手，应按照单位需求的轻重缓急、管理能力的驾驭边界，制定总体和分阶段的方案，先易后难、稳步推进。

（三）成果分层应用，重构考核机制

在新媒体语境下，管理会计信息系统运行的成果，可以与广播电视媒体的OA办公系统、云平台等高度融合，多角度、全方位、多种计量单位、不同图表进行呈现。根据不同层级、不同时期、不同角度的需求，开发PC端、手机端等多屏推送图表数据，方便各层级的管理者即时查看图表，掌握运行数据，用手机进行分析评价，实时管理。借助企业微信等社交媒体进行业务交流，让全体人员的业务、办公与管理会计融为一体，为管理者提供充分的信息，为决策者提供更客观有效的支撑依据。

管理会计信息系统生成的各类信息、数据实时地传递给决策者管理者，可以充分发挥"考核评价"的导向作用，使管理会计的管理效能得以充分释放。在实施的过程中可以根据单位的组织架构、管理模式、网络状况、技术支持等采用多种方法：一是为战略决策层、管理层、业务层等量身建立可视化BI主页，实现数据实时传送，报表和报告及时生成，业务和财务数据清晰呈现、可跟踪可溯源；二是透过综合的业务数据使决策层管理的触角直接深入到业务层的末端，掌握节目运营及其他业务运营的每一价值链条的产品结构、产品质量、成本构成、创收能力等指标，让管理会计信息在各层级人员中流动并发挥效用，强化全体员工的预算意识、成本意识、效率意识；三是管理会计数据信息可以纳入广播电视媒体的整体评价体系中，系统生成的投入产出

等数据可直接应用于绩效考评、运营决策等过程，重构考核评价机制。

例如，节目制作部门在对记者、编辑进行工作量考核时，可以通过新闻共享平台，实时了解记者外出采访生产的新闻、记者连线，以及嘉宾访、谈、编辑整理等的中间产品的采集、制作和使用情况，根据共享平台的发稿信息及成本核算系统中的中间产品成本费用归集信息，细化考核颗粒度，对被采用的频次设定标准系数，与编辑记者绩效考核直接挂钩，可以大大调动一线编辑记者的积极性，提升其创造力，进而优化节目质量。

（四）人员配置到位，机构有效保障

要建立健全广播电视媒体财务会计机构，明确管理会计岗位、编制和职责。要选拔、培养一批具有管理会计专业背景、管理会计工具使用能力和管理会计创新思维的管理会计人才队伍。管理会计人员要跳出会计思维，具备"体系化"的视角，既要强化财务管理总体规划，更要深入广播电视媒体业务。同时，在管理会计体系具体运行和实施的过程中还必须善于用非会计语言与单位各层级的管理者及员工进行有效的沟通。面对"大数据"资产宝库，财务人员需要掌握前沿的分析技术和各类管理会计工具的应用技能，对广播电视媒体业务经营和节目流程进行全方位了解，发挥自己的效能，由旁观者变为管理的参与者实施者，将财务工作与广播电视媒体的整体发展战略、经营特点和管理方式相融合，形成财务管理的合力。只有拥有一批德才兼备、勇于创新、善于沟通的高素质的管理会计师队伍，管理会计体系才能有效落地，才能真正形成实施的主体。

第三节　广播电视管理会计报告方案框架

管理会计的核心是提升单位价值创造能力和运行绩效，其职能目标是向决策者、管理者提供决策、规划、控制和评价相关的信息，并参与过程管理。不同的业态环境，不同的单位文化、不同的组织架构、不同的战略目标、不同的发展周期需要不同的管理会计报告，因此，管理会计报告具有层次性和个性化的特点。总结部分广播电视媒体多年来在管理会计方面的实践探索，结合广播电视媒体行业的特点，依据财政部《管理会计应用指引第801号——企业管理会计报告》的规定，并借鉴其他行业及单位的成功案例，本节试图进行一些梳理，探索建立一套适合广播电视媒体的管理会计报告框架体系。

一、广播电视管理会计报告的对象

管理会计报告的对象是对管理会计信息有需求的各个层级、各个环节的管理者，结合广播电视媒体管理的实际情况，具体包括多层次的管理者：

1. 战略层

属于广播电视媒体的最高领导者，他们需要综合性和前瞻性的管理会计信息，以便进行战略性决策和前瞻性规划。

2. 管理层

属于各个职能部门的管理者，包括宣传管理、节目运行管理、新媒体业务管理、技术保障管理、人力资源管理、财务管理、资产管理、版权管理、采购管理等，他们需要与其部门活动相关的管理会计信息，以进行有效决策及绩效考评。

3. 业务层

属于开展广播电视业务的管理者和执行者，包括频率、频道、新媒体平台、项目管理等部门的负责人及电视制片人、节目监制、项目执行人、部门负责人、班组负责人等，他们需要与其具体业务活动相关的管理会计信息，以进行业务管理及过程管控。

二、广播电视管理会计报告的分类

根据财政部《管理会计应用指引第801号——企业管理会计报告》，对管理会计报告可按多种标准进行分类，大体有如下几种划分方式：

①按照管理会计报告使用者所处的管理层级可分为战略层管理会计报告、经营层管理会计报告、业务层管理会计报告；

②按照管理会计报告内容可分为综合管理会计报告和专项管理会计报告；

③按照管理会计功能可分为管理规划报告、管理决策报告、管理控制报告和管理评价报告；

④按照责任中心可分为投资中心报告、利润中心报告和成本中心报告；

⑤按照报告主体整体性程度可分为整体报告和分部报告；

⑥按照时间维度可分为历史管理会计数据归集表、管理会计月度快报信息表、全面预算管理表（未来一年）、中长期发展规划管理会计数据表；

⑦按照管理会计报告使用频率，可分为常规性定期管理会计报表和项目管理会计信息分析表，包括全面预算执行进度分析表、各类信息快报等。

具体应用中，可根据上述不同的视角结合单位组织架构管理会计信息需求，最终确定本单位管理会计报告的具体内容、报表编报方式，以及内部的编制、审批、报送和使用流程。

三、广播电视管理会计报告要素构成

在具体的实践过程中，根据管理会计活动全过程的各个责任主体及各个流程环节可以形成基于因果关系的结果报告和原因报告。因此，需要设计确定管理会计报告的指标体系，包括财务指标和非财务指标，建立管理会计报告体系数据库。这些不同的责任主体及功能节点的各类指标相互交织共同组成管理会计报告的要素。广播电视管理会计报告要素主要可以从责任中心维度和管理会计报告功能维度来把握：

1. 责任中心维度

包括投资中心、利润中心和成本中心。现阶段，大多数的广播电视媒体仍属于事业单位序列，对外进行股权投资或债权投资均受诸多因素的限制，不再赘述。在此，重点描述模拟利润中心和成本费用中心。我国广播电视行业有一项重要制度就是采编业务和经营业务两分开。即广播电视媒体不得向采编部门下达经营创收任务，记者编辑不得从事广告和其他经营活动，这是一条铁的纪律。毋庸置疑，广播电视媒体通过真实、客观、公正的新闻报道，可以形成强大的社会公信力，集聚大批的受众，也必然会成为开展广告等经营活动的重要平台。广播电视媒体是党和政府的喉舌，承担着宣传党的理论和路线方针政策、引导社会热点、开展舆论监督等重要任务，关系国家利益和重大公共利益。同时，广播电视媒体的运转经费很大程度上又依赖于广告创收及其他经营收入，因此，既要保持采编业务的相对独立自主性，又要在采编部门和经营部门之间形成一种互通合作又彼此独立运转的关系。基于此，广播电视媒体在进行管理会计体系设计时，对承担重要宣传任务的频率、频道、新媒体平台是设置为模拟利润中心还是设置为成本费用中心，需要进行一些考量；对承担经营创收任务的部门应当定位为模拟利润中心，进行明确的利润考核。

（1）模拟利润中心

模拟利润中心指能够核算内部收入、内部成本从而计算出内部利润的内部责任主体。凡是承担收入指标任务的部门都可以划分为模拟利润中心。模拟利润中心主要是从单位的价值链上进行划分的。广播电视媒体的主营业务收入主要包括广告收入、版权收入、节目交流收入等，在具体考核过程中还包括各类内部收入和内部成本等。如通过内部转移价格核定的技术收入数据，可以核算技术部门的模拟利润，纳入技术管理绩效考核指标中，技术成本作为节目投入产出比重要数据，纳入频率、频道、新媒体平台或栏目节目的目标绩效考评指标中。科学地设计各类管理指标，可以最大程度地激发各层级管理主体创造价值的积极性。

（2）成本费用中心

成本费用中心指对成本费用进行归集、分配，并承担控制、考核责任的中心。不同的组织架构和不同的管理理念，决定成本费用中心的设置层级有很大的不同，以及成本费用中心与模拟利润中心之间传递关系的不同。各频率、频道、新媒体平台或者所属部组，以及没有创收任务的部门均应设置为成本费用中心；项目管理是广播电视媒体业务管理中的重要组成部分，无论是从项目预算、财务核算及项目实施的效果都对单位的整体运营有极其重要的影响，因此项目实施组织亦应设置为成本费用中心。由于广播电视媒体的产品成本与对应的主营收入之间的匹配度较弱，再加上经营业务与采编业务分离原则的约束，一般来说，频率频道的广告创收收入及其他经营收入对其采编业务来说并不是一种硬性的约束，但需采编人员在一定程度上的柔性配合，才能保证其良性运转。创收平台的运营高度依赖于传播平台的影响力、公信力、传播力，两者又密不可分，强大的节目原创力和优质的节目内容，需要与营销理念的深度融合才能转化为持续不断的创收能力。

需要注意的是，为了客观地分析每个业务版块的盈利能力，需要计算每个频率频道及新媒体业务平台的经营收入、节目制作成本、节目传输成本及管理费用，不论收入指标是否纳入管理层考核范围，它均属于经营部门的重要分析素材。这也是广播电视媒体经营业务的重要特征之一。如何合理地设置经营考核指标，是经营部门进行盈利能力分析研究的重要内容，更是战略层进行考核指标设计体系的重要课题。

2. 管理会计报告功能维度

主要包括指标下达体系、责任控制体系、评价考核体系等。

（1）指标下达体系

主要包括经营指标、财务指标、资金指标、人力资源指标、技术保障指标、技术创新指标、社会责任指标等的设置与下达。不同的层级会根据层级及架构的特点有所不同，越到基层的指标分解程度越详细。各项指标再细化分解到每一个工作岗位，使每项指标都能得到细化支撑,确保各项指标一级保一级，层层有落实。

主要核心指标有经营收入指标、节目制作成本指标、管理费用指标，还包括频率频道有效覆盖指标、广告合同执行率指标、收听收视率指标、客户到达率指标、采编节目中间产品使用率指标、沉没成本率指标等。每一项指标的设定，都有其评价的逻辑意义。作为一个独立的实体单位，经营收入指标及成本费用指标无疑是极其重要的，但对于广播电视媒体而言，基于社会价值的考量，其节目制作成本指标并非越低越好，而是考虑如何才能更趋于合理。

例如，沉没成本指标在广播电视媒体有着较为深刻的内涵。新闻节目的生产，受宣传要求、新闻时效性等多种因素影响，客观上会存在一定量的节目采而不播，形成沉没成本。尽管沉没成本的存在具有一定客观性，但仍需从发生部门、发生费用项目、形成原因等各角度分析沉没成本的合理与否，并计算沉没成本在直接采编成本中的支出比例。同理，其他类型节目的生产也同样受诸多因素的影响，客观上存在一定量的节目制作完成或即将完成但未实现播出。因此在预算编制环节应考虑一定比例的沉没成本。要求采编部门在确定采访任务时，事前分析判断节目采而不播的可能性，合理预判采访的必要性；加强采访稿件及节目制作的质量管理，控制沉没成本。

（2）责任控制体系

主要是指将明确的预算责任和有效覆盖、有效到达、安全播出责任等，层层分解到每一个层级乃至每一个责任人，并且通过必要的手段确保其有效落实。它按照两条线进行纵向到底、横向到边的分解。预算责任主要分为指标责任与重点工作责任等,指标责任应当有清晰明确的测算基础与测算依据。下达的预算目标，应当落实到最基层单位，落实到各栏目节目组、各新媒体平台，各制片人等。做到层层有指标、层层有责任、层层有考核，建立层层分解、纵横交互、全面到位的责任控制体系。

（3）评价考核体系

主要是根据目标任务对各部门或个人进行评价，通过评价结果查找发展短板和不足，制定相应措施。与同行业先进水平对标、与历史最好水平对标，坚持对标既要有标杆又要有标准，既要有数量又要有定额。具体对标的指标主要有经济运行（如收入指标完成率、广告合同执行率）、节目影响及市场竞争（如收听收视率、客户到达率）等。根据一定时期内的预算指标及其他各项指标的执行完成情况，对各层级进行考核或奖励，并以此作为工资薪酬发放及评比各类奖项等的基本依据。单位考核严格按照工作任务的完成情况，坚持刚性原则、严格兑现，实现指标分解，责任落实与业务考核的衔接与统一，促进预算目标及各项考核指标的落地。

四、广播电视管理会计报告要素逻辑

在管理会计报告体系中，管理会计报告各要素之间相互关联、运行有序，统一为广播电视媒体的决策管理提供有效的信息。在系统运转过程中及时有效地生成、传递各类财务信息及非财务信息，为广播电视媒体创造经济价值和社会价值，为决策管理提供信息支持。使广播电视媒体的各类资源，特别是人力资源、技术资源及各类无形资产得到有效整合、充分利用和深度挖掘。

（一）运行逻辑

管理会计报告体系在广播电视媒体从战略决策层到职能管理层、频率频道、新媒体平台乃至节目栏目，再到编辑记者等各个层次间进行收集、传递、反馈和评价，每个层次都作为独立的信息报告或使用主体或信息节点，每一个层次都是一个执行、分析、决策、评价、考核的主体，并且每个层次都可划分为模拟利润中心或成本费用中心，都具有预算、成本、责任、评价、考核等方面的信息报告功能。这些层次在架构中按各自的职责分工贯彻落实广播电视媒体的总体战略规划、预算目标，对各项指标进行层层分解，责任层层落实，信息层层生成、有序传递。信息的采集、加工与处理作为管理会计报告的核心，直接决定着管理会计报告的内容、质量。

（二）效果逻辑

管理会计报告体系包括全面预算管理、成本管理、薪酬管理及绩效考评等管理会计工具在广播电视媒体实践运用中的"神经网络"，它能够在整个经营管理活动中都发挥功能，既能够尽可能地实现内部的创收增效、成本控制，又能够有效地应对外部环境的变化，从而使管理会计报告体系实现对战略层、管理层、业务层各层面的业务信息、财务信息及其他相关信息的收集、传递、反馈与评价,充分发挥为广播电视媒体经营决策等活动提供决策信息支持与价值创造的功能。

五、广播电视管理会计报告运转流程

管理会计报告的运转流程主要是指单位管理会计信息具体生成的过程,具体包括确定信息内容的颗粒度,收集、传递与反馈的流程,以及对信息的评估和利用。其实质是围绕为战略层、管理层和业务层各个层面对决策信息要求与价值创造的不同,通过单位的规划、决策、控制与评价等管理活动进行信息的收集、传递、反馈与评估,从而形成自上而下的战略规划、经营规划执行与评价过程,以及自下而上的业务活动及经营管理活动的信息不断汇总、归纳、提炼并传递,保证信息生成的有效性。

管理会计报告将单位的战略层、管理层、业务层作为主体,要尽可能地满足各个报告主体的决策信息需要。在广播电视媒体,这种层次化管理的结构特征也是很明确的。对事业单位性质的广播电视媒体而言,最高决策层一般集中在台务会,有些媒体还会设置各类专业委员会,如预算管理委员会、编委会、安全播出委员会、行政管理委员会、财经管理委员会等;对企业性质的广播电视媒体而言,最高决策层一般是指董事会、董事长、总经理、总经理办公会等。各职能部门,如宣传管理部门、技术管理部门、经营管理部门、人力资源管理部门、财务管理部门,又往往发挥着神经中枢的作用,各频率、频道、新媒体平台则是主要的业务部门,是媒体单位承担宣传作用的重要平台。各个层面的主要信息如表 9-1 所示。

表 9-1 广播电视媒体不同层次报告主体的主要信息

层级	报告主体	主要信息	主要目标
战略层	董事会、董事长、总经理、总经理办公会等;台务会、台长、各专业委员会等	单位战略目标的制定、战略规划、战略执行与评价等	实时掌握单位总体生产规划、生产能力、产品结构及资源配置等

续表

层级	报告主体	主要信息	主要目标
管理层	宣传管理、技术支持、传输传送、媒资管理、版权管理、经营管理、人力管理、财务管理部门等	节目策划、节目评估、受众管理、技术支持、安全播出管理、经营规划、媒体营销等	实时掌握宣传报道任务完成情况、安全播出任务完成情况、收入利润指标完成情况等
业务层	电视频道、广播频率、新媒体业务版块、广告经营部门、节目经营部门等、项目实施部门，以及所属各部组等	节目制作、节目购销、物资采购、成本、费用信息等	控制成本费用、提升节目质量、提升创收能力等

以管理会计报告目标作为报告流程的逻辑起点与终点，通过单位的规划、决策、控制与评价等管理活动来进行信息的收集、传递、反馈与评估，从而保证信息生成的有效性。构建规范的管理会计体系运转流程，将广播电视媒体管理活动中的价值信息与业务信息均在三层主体报告中呈现，保证信息及时、相关和可理解，从而达到价值引导业务、业务体现价值的效果。用制度和组织运转尽可能满足三个层面的信息需要，从而使单位价值目标统一、组织安排合理、资源配置到位、利益分享协同。这样，各层次、各岗位都围绕价值目标开展业务，各尽其责、各履其职，实现战略层目标统一、管理层协调到位与业务层落实执行的有效配合，将单位管理活动中的价值信息与业务信息都在三层主体报告中体现，更好地为单位提供决策信息支持，实现单位价值最大化。

第四节　广播电视管理会计报告应用

广播电视媒体的管理会计报告体系是立足于成本核算系统，用成本核算这一核算工具为引领，以全面预算管理为抓手，构建的财务与业务一体的多层次、多维度的管理会计信息体系，具体包括价值分析报告和专项分析报告。价值分析报告，包括全面预算管理报告、成本管理报告、项目管理报告、投资分析报告、经营分析报告等。专项分析报告，包括重大事项报告、风险分析报告、法律情况报告、内部审计报告、版权管理报告、媒资管理报告、人力资源分析报告等。各类报告根据其使用的主体不同，呈现的方式不同，涵盖的具体内容不同，可以为单位战略决策层、职能管理层、业务经营层等提供所需的信息，确保不同层级对管理报告个性化需求的实现，形成横向财务与业务一体、纵向分级分层管理的信息网络。

一、价值分析报告

根据我国广播电视媒体的特点，本节重点分析全面预算管理报告、成本管理报告和项目管理报告。

（一）全面预算管理报告

全面预算是广播电视媒体对一定期间广播电视业务活动、财务活动等做出的预算安排。全面预算作为一种全方位、全过程、全员参与编制与实施的预算管理模式，通过将单位的资金流与实物流、信息流相整合，优化单位的资源配置，提高资金的使用效率。全面预算报告体系主要包括业务预算、投融资预算、财务预算和项目预算等，主要提供内部管理所需的预算信息，以便单位进行全面预算管理。

1. 确定预算目标

广播电视媒体的全面预算管理，一般遵从纵向分级原则，项目预算则实行明确主体横向配合的原则，共同形成纵横交错的预算管理体系。主要内容包括以收入支出为主线的预算编报体系，实行自上而下、自下而上、再自上而下的申报及下达流程。先由战略决策层确定年度战略目标、工作任务，各部门根据任务申报预算，预算管理部门将整体预算汇总后，根据单位的整体预算目标，结合各部门的工作任务，依据预算定额，统筹考虑进行分解各级预算目标，提交决策层审议通过，以文件形式下达。已下达的预算目标，非不可抗因素，非决策层紧急安排的工作任务，一般不予调整。

2. 确定主体责任

各级预算主体需明确责任，将预算责任逐级落实到具体的部门或个人。定期编制预算执行报告，决策层、管理层、业务层可以及时掌握预算目标的执行情况，并对预算执行情况进行分析，对执行中发现的异常情况进行追踪，分析存在的问题，提出解决措施。同时，结合工作任务的完成情况及外部环境的变化，确定是否调整预算。

3. 确定报告内容

要分类确定和细化不同责任中心的管理会计报告内容，结合责任中心的实际情况，本着简洁精练、核心重要的原则，合理选定报告内容、确定分析指标。

（1）成本中心

由于成本中心承担着控制成本、降低成本的责任，成本中心的预算管理报告需要反映出可控成本责任预算分解后的具体执行情况，从而也就可以根据责任成本的预算数与实际数共同来编制，在报告中也需对预算数与实际数之间的差异进行相应的说明。

（2）利润中心

由于它既需要对成本负责，同时还要对收入与利润负责，因此，利润中心管理会计报告应该对成本的预算数与实际数、收入的预算数与实际数进行分析比较，同时分析、考核收入、成本、利润等指标具体的完成情况，并在此过程中及时发现利润中心出现的各种偏差及问题，进而采取相应的有效措施及时纠正偏差、解决问题。

（3）投资中心

广播电视媒体的投资行为主要是指对内部的固定资产投资及对下属机构的投资等。它不仅需要对收入、成本、利润进行反映、负责，还要对投资的效果进行反映、负责。因此，投资中心管理会计报告不仅需要列示报告收入、成本、利润等指标的预算数、实际数、差异，还需要列示报告反映投资效果的资产周转率、投资报酬率等指标的预算数、实际数、差异，并分析原因与进行评价。

4. 选取分析方法

预算指标体现了单位战略目标、工作任务的落实分解及具体的执行情况。应根据不同的分析指标、不同的分析维度，选取不同的分析方法，并通过合适的展现形式帮助报告使用者更好地理解报告内容，体现各项指标的横向对比情况，结构变化情况，以及随时间的纵向变动趋势等。比如，通过树状图、瀑布图、双圈图等，将同一数据不同时期的变化，或相关数据之间的交互关系等展示出来，可以提高管理报告的说服力和表现力。

全面预算管理报告涵盖内容较广，本书第六章已经有所列示，在此不再一一重复，仅补充列示部分相关报表，包括收支预算表、现金流量预算表、广告收入预算表、专用设备购置费预算表、专用设备维护费预算申报表、培训费预算表、广播电视频率频道预算核定表及分项测算表、广播电视外派机构预算核定表及分项测算表等，具体见附录B各表。

（二）成本管理报告

成本管理报告是管理会计报告体系的重要组成部分。广播电视媒体的成本管理报告具体包括成本费用汇总表、节目制作成本报表、节目播出成本报表、节目差异分析报表、中间产品采集和使用报表、沉没成本分析报告、管理费用报表、人工成本报表、技术成本报表等。

1. 明确成本核算对象

广播电视媒体的成本核算对象，一般包括电视的节目或栏目、广播频率、新媒体业务平台等。以频率频道或事业部为二级核算单位，科学界定直接节目成本、间接节目成本和分摊归集的管理费用，栏目以直接成本和可控费用为核算重点；频率频道或事业部以本级可控费用为主，归集分摊进入节目间接成本；单位层面主要核算节目或栏目的全成本和单位成本。

2. 明确成本核算期

成本核算期一般实行节目月度制和项目的全生命周期制，固定栏目与外购电视剧以月度为其成本计算期；纪录片、专题片、合拍电视剧和大型活动以项目实际制作周期为其成本计算期。期末，计算各节目总成本和单位成本。

3. 明确成本报告内容

成本管理报告反映的内容包括：人工成本、技术成本、节目制作成本、节目播出成本、其他直接费用、间接费用等。通过成本管理报告，单位各层级能够实时动态跟踪节目成本费用的归集和分配情况，及时发现实际发生额与预算额度之间的差异，把成本控制贯穿于采编、制播、管理、运营的全过程。

4. 明确使用功能

在强大的系统平台支持下，可以保障成本核算数据的溯源查询，除了一些经常性报表需要内置套表以外，各层级均可按各自的需求，自行定义报表，逐级、深入查询直至业务系统元数据，能从业务的不同经度、纬度、跨组织、跨部门、跨会计期间自定义查询，并自动汇总统计数据，按不同的责任中心多维度、多层次查询。

由于成本报表种类繁多，广播电视媒体各单位各部门自行选择的维度各不相同，考虑篇幅情况，例举成本预算总表、成本预算明细表、节目投入产出定额汇算表、各类型电视节目分钟成本明细表、谈话类电视节目分钟成本明细表、部门及栏目成本构成表、购置节目费用比较表、广播电视节目成本核算表、转播车使用统计表、稿费演播费汇总表、稿费演播费明细表等，还列示了具有明显行业特征的广播电视节目中间产品成本归集分配表及广播电视节目沉没成本明细表，具体见附录C各表。

（三）项目管理报告

项目管理报告是广播电视媒体重点项目从立项、批复、实施到绩效评价的全流程管理的综合反映。

1. 明确项目管理报告类别

项目管理报告可以分为整体报告和年度报告。对于跨年度实施的项目，在实施的不同阶段可以编制过程的执行报告或年度报告，结项以后需要编制提交完整的决算报告。从具体内容来看，还包括项目可行性研究报告、项目预算报表、项目结算报表、项目决算报告、项目绩效评价报告等。

2.明确项目管理报告内容

项目管理报告类别众多，不同的项目管理报告由于其功能、作用、主体、内容、时效等的不同，往往内容千差万别。广播电视媒体在设计项目管理报告时，要根据不同的报告管理要求，按照全面性、客观性、合理性、直观性等原则，以及自身信息网络特点，结合媒体实际情况，分类设计项目管理报告的具体内容。

为说明上述内容和特点，本书列示 XX 节目运行经费项目支出明细表、XX 网站运行项目预算明细表、XX 网站运行项目绩效评价表等，具体见附录 D 各表。

二、专项分析报告

专项分析一般是指广播电视媒体对一定时期单位业务活动、财务活动和其他经济活动进行比较、分析、研究和总结、评价的一种方法。通过专项分析，可以有效促进广播电视媒体贯彻执行国家有关政策，保证事业发展计划的完成，促进媒体充分挖掘内部潜力，努力增收节支，提高资金使用效益等。

（一）专项分析报告种类

根据广播电视媒体特点，专项分析报告包括重大事项报告、内部控制报告、人力资源报告、单位整体绩效评价报告、版权管理报告、媒资系统使用分析报告、风险分析报告、法律情况报告、内部审计报告等。专项分析报告主要偏重于业务事项的分析与评价，与价值分析报告互为补充和完善。

（二）专项分析内容

根据不同的专项分析报告，可以分类确定不同的专项分析内容。专项分类内容的选择要确保提高专项分析的可靠性，确保所选择的分析内容信息能够从可信赖的渠道获取；要确保提高专项分析的相关性，要紧密结合业务信息，紧密围绕需求目标，拓展所提供信息的深度和广度，提炼出能够对分析对象作出敏感性分析的关键指标；要确保提高专项分析的可理解性，规范个性化分析指标的计算方法，确保关键指标的逻辑性和清晰性，确保专项分析的说服力和信服度。

为说明上述内容和特点，本书以广播电视媒体人力资源分析报告、技术装备情况报告、无形资产情况表、合同签署情况报告、XX单位内部控制基础评价自测表、XX单位内部控制基础性评价扣分项列表、媒资系统数据分析报表、媒资系统入库素材明细表、媒资系统入库节目明细表、法律投诉纠纷情况表、频率频道收听收视率总表及各类分析表、内部审计报告等为例展示，具体见附录E各表。

第五节 小结

行政事业单位管理会计报告体系建设目前尚处于摸索阶段。广播电视管理会计报告的要素构成、主要报告体系、报告的核心内容等都尚未形成共识，本章主要结合近几年广播电视媒体在预算管理、项目管理、成本核算、内部控制等方面所做的一些探索工作和存在问题的分析，阐述媒体融合背景下广播电视媒体管理会计报告的应用研究。本章主要阐释了广播电视媒体管理会计报告的基本理念、设计思路、运行保障，报告的基本分类，报告的对象，以及报告的框架体系、要素构成、要素之间的逻辑关系、运转流程、具体应用等方面，并列举了部分表格以供参考。

附 录

附录 A

附表 A-1 广播电视项目绩效共性指标

一级指标	二级指标	三级指标	指标值
项目管理	项目立项	项目可行性研究论证充分	定性
		项目申报预算科学准确	定性
		项目决策程序规范	定性
	组织实施	项目实施计划清晰	定性
		项目实施职责分工明确	定性
		建立领导负责制	定性
		项目支出、合同、验收报告等管理规范	定性
	制度建设	建立健全项目管理制度	定性
		严格执行项目管理制度	定性
		项目管理制度合法合规	定性
	绩效目标	指标1：	定性/量
		指标2：	定性/量
		指标3：	定性/量
		……	定性/量
		社会效益和经济效益 项目对社会和单位发展带来的直接或间接影响和效益	定性
财务管理	制度建设	建立健全预算资金管理制度	定性
		严格执行预算资金管理制度	定性
		预算资金管理制度符合相关规定	定性
		预算资金会计核算规范	定性
	预算执行	项目总预算执行率	定量
		财政拨款预算执行率	定量
		合同签订金额比率	定量

续表

一级指标	二级指标	三级指标	指标值
财务管理	资产管理	符合政府采购要求的项目是否规范实施政府采购程序	定性
		形成的资产是否安全、完整,得到有效利用,完整有序地登记	定性
	资金使用	不存在预算资金截流、挤占、挪用情况	定性
		不存在支出依据不合规、虚列项目支出情况	定性
		不存在擅自变更预算项目情况	定性
	配套资金到位	资金到位情况	定量

附表 A-2 广播电视节目经费类项目绩效指标

绩效指标	指标名称	指标值
产出指标	节目播出时长	数量
	全年播出节目工作量	数量
	入库节目素材工作量	数量
	节目制作任务完成情况	数量
	参评节目数量	数量
	获奖作品数量	数量
	制作有声作品数量	数量
	播放录音制品向音著协付酬	数量
	重大主题宣传活动	数量
	公益活动	数量
	公益广告时长	数量
效益指标	进一步满足受众的精神文化需求	显著
	提升广播电视人才队伍素质	显著
	提高全民阅读素质	显著
	提升国家文化软实力	显著
	加强广播电视人才队伍建设及人才培训	显著
	促进社会主义文艺繁荣发展	显著
	推动公益事业发展	显著
	为国家保存声音档案	显著
	向受众提供社会化服务	显著
满意度指标	受众对节目的信息反馈	百分比/高
	受众投诉量	百分比/低
	节目覆盖对象地区取得的宣传效果	显著
	节目制作部门满意度	百分比/高
	合作单位满意度	百分比/高
	行业从业人员满意度	百分比/高
	社会公众满意度	百分比/高

附表 A-3　广播电视信息系统建设类项目绩效指标

绩效指标	指标名称	指标值
产出指标	网站系统存储容量	数量
	系统存储能力	数量
	系统计算能力	数量
	软件和数据库维护/采购数量	数量
	技术研发工作完成量	数量
	网络与信息系统平台建设及数据采集情况	数量
	技术系统开发/优化改造情况	数量/百分比
	软件开发、数据存储数量	数量
	系统验收合格率	百分比
	整体系统不间断运行时间	时间
	系统故障修复响应时间	时间
	系统运行维护响应时间	时间
	系统重大安全事故发生率	百分比
	系统安全稳定运行无故障率	百分比
	线路租用成本	费用
	数据采购成本	费用
效益指标	满足业务发展需求	显著
	降低网络传输故障情况	数量
	保障信息系统安全稳定运行	显著
	提高科研和管理工作效率	显著
	保障信息披露及时性、准确性	显著
	提高广播电视的社会影响力	显著
	延长系统正常使用年限	XX 年
	提高广播电视管理业务绩效水平	显著
	为相关项目和学科发展提供网络、高性能计算、数据等应用支持	显著
	提升信息化技术服务效果	显著
	促进运维管理体系构建	显著
	保障信息化人才队伍的稳定性	显著
满意度指标	相关部门及机构满意度	百分比
	社会公众对信息发布的满意程度	百分比
	用户满意程度	百分比

附表 A-4 广播电视技术保障类项目绩效指标

绩效指标	指标名称	指标值
产出指标	播出任务完成情况	数量
	技术设备购置数量	数量
	配套设备购置数量	数量
	网络平台使用情况	数量
	广播信号覆盖情况	数量
	设备系统运行状况	数量/百分比
	降低广播电视节目作成本	数量/百分比
	设备验收合格率	百分比
	设备系统故障率	百分比
	节目停播率	百分比
	因技术设备故障导致的节目停播率	百分比
	站点维护巡检情况	数量/百分比
	信息化系统运营维护完成情况	数量/百分比
	安全播出监测运维工作覆盖情况	数量/百分比
	安全播出信号传输情况	数量/百分比
效益指标	促进广播电视行业稳定发展	显著
	促进广播电视行业管理规范化	显著
	增强广播电视安全防范意识	显著
	健全广播电视信息安全保证体系	显著
	保障广播电视技术系统安全稳定、快捷有效运行	显著
	提升广播电视节目制作水平	显著
满意度指标	行业人员满意度	百分比/高
	合作单位满意度	百分比/高
	节目制作部门满意度	百分比/高
	用户满意度	百分比/高
	社会公众满意度	百分比/高

附表 A-5　广播电视媒体融合项目绩效指标

绩效指标	指标名称	指标值
产出指标	官微粉丝规模	数量
	官微活跃粉丝总量	数量
	官方公众号关注规模	数量
	官方公众号总阅读量	数量
	自有 APP 下载量	数量
	自有 APP 用户总数	数量
	官网访客规模	数量
	官网总访客数	数量
	第三方平台订阅量	数量
	第三方平台活跃粉丝总量	数量
效益指标	进一步满足受众的精神文化需求	显著
	坚持正确的舆论引导方向，提升主流媒体的公信力、影响力	显著
	促进正确创作观念的形成，引导优秀节目传播	显著
	提升广播电视人才队伍素质	显著
	推动公益事业发展	显著
	向受众提供社会化服务	显著
满意度指标	行业人员满意度	百分比/高
	广播电视机构满意度	百分比/高
	合作媒体满意度	百分比/高
	用户满意度	百分比/高
	社会公众满意度	百分比/高

附表 A-6 资产运行维护项目绩效指标

绩效指标	指标名称	指标值
产出指标	房屋保障面积	数量
	房屋修缮面积	数量
	运行维护覆盖范围	数量
	资产维修/购置数量	数量
	房屋运行所需水、电、暖	数量
	物业服务保障面积	数量
	设备安全运行时间	数量
	消防等安全事件的下降情况	数量/百分比
	处置突发故障时间	XX 小时内
	故障修复响应时间	时间
	运行维护响应时间	时间
	系统正常运行率	百分比
	项目/设备的验收合格率	百分比
	检查维护任务完成情况	符合业务管理制度相关规定
效益指标	改善办公环境	显著
	保障日常办公工作开展	显著
	提升业务运行效率	显著
	提升办公及其他用房使用率	显著
	促进机构中长期发展	显著
	促进工作效率的提升	显著
	推动人才队伍建设	显著
	完善行业监管体系	显著
	提升行业人员整体素质	显著
	解决重大安全问题的保障作用	显著
满意度指标	保障人员满意度	百分比/高
	相关部门满意度	百分比/高
	行业人员满意度	百分比/高
	社会公众满意度	百分比/高

附录 B

附表 B-1　201X 年收支预算

编制单位：　　　　　　　　　　　　　　　　　　　　　　　　单位：万元

项目	申报数	审核数	执行数	备注
合计				
一、上年结转结余				
……				
二、本年收入				
1. 财政拨款收入				
2. 广告收入				
3. 节目销售收入				
4. 网络传输收入				
5. 对外投资收入				
6. 其他收入				
……				
三、本年支出				
1. 人力支出				
2. 设备购置费支出				
3. 信息费用支出				
4. 版权费用支出				
5. 基础设施使用支出				
6. 其他支出				
……				
四、年末结转结余				
……				

附表 B-2　201X 年现金流量预算

编制单位：　　　　　　　　　　　　　　　　　　　　　　　　单位：万元

内容	申报数	审核数	执行数	备注
一、日常活动产生的现金流量				
财政基本支出拨款收到的现金				
财政非资本性项目拨款收到的现金				
收到的广告收入				
收到的节目销售收入				
收到的版权收入				
收到的其他与日常活动有关的现金				
日常活动的现金流入小计				
购买商品接受劳务支付的现金				
支付给职工以及为职工支付的现金				
支付的各项税费				
支付的其他与日常活动有关的现金				
日常活动的现金流出小计				
日常活动产生的现金流量净额				
二、投资活动产生的现金流量				
……				

附表 B-3 201X 年广告收入预算

编制单位：　　　　　　　　　　　　　　　　　　　　　　　　　　　　单位：万元

项目	申报数	审核数	执行数	备注
合计				
一、电视广告收入				
综合频道				
新闻频道				
财经频道				
电视剧频道				
纪录片频道				
体育频道				
……				
二、广播广告收入				
新闻频率				
财经频率				
音乐频率				
交通频率				
……				
三、新媒体广告收入				
微信公众号				
第三方平台				
……				

附表 B-4　201X 年专用设备购置费预算申报

编制单位：　　　　　　　　　　　　　　　　　　　　　　　　　　　单位：万元

部门	设备名称	设备用途	采购数量	单价	金额	备注
新闻中心	专业摄像机 运动摄像机 ……					
技术部	接入交换机					
播出部	视频在线直播系统					
……						

附表 B-5　201X 年专用设备维护费预算申报

编制单位：　　　　　　　　　　　　　　　　　　　　　　　　　　　单位：万元

部门	项目名称	项目主要内容	申报数	审核数	执行数	备注
办公室	内部网络办公平台运行维护					
财务部	财务信息系统维护					
播出部	播出系统维保 转播系统维保 智监系统维保					
……						

附表 B-6 201X 年培训费预算申报

单位：万元

主办部门	培训名称	主要内容	培训对象	时间	地点	金额	备注
人事部	马克思主义新闻观系列教育培训 媒体融合系列培训 新员工入职培训 ……						
机关党委	党性教育专题培训 ……						
总编室	新闻播报系列培训 新媒体时代受众研究 ……						
办公室	普法系列培训 ……						
……							

附表 B-7　201X 年广播电视频率频道预算核定

单位：万元

	管理费用	差旅费用	推广活动费用	节目制作费用	调整预算	预算总额
综合频率（道）						
新闻频率（道）						
经济频率（道）						
音乐频率（道）						
……						

附表 B-8　201X 年广播电视频率频道预算测算（差旅费用）

单位：万元

	人均差旅费用基数	覆盖区域系数	频率（道）定位系数	人均差旅费用	人数	差旅费用总额
综合频率（道）						
新闻频率（道）						
经济频率（道）						
音乐频率（道）						
……						

附表 B-9　201X 年广播电视频率频道预算测算（推广活动费用）

单位：万元

	推广活动费用基数	覆盖区域系数	频率（道）定位系数	推广活动费用总额
综合频率（道）				
新闻频率（道）				
经济频率（道）				
音乐频率（道）				
……				

附表 B-10　201X 年广播电视频率频道预算测算（节目制作费用）

单位：万元

	单位时间节目制作费用基数	覆盖区域系数	频率（道）定位系数	单位时间节目制作费用	首播时间	节目制作费用总额
综合频率（道）						
新闻频率（道）						
经济频率（道）						
音乐频率（道）						
……						

附表 B-11　201X 年广播电视外派机构预算核定

单位：万元

	固定费用	管理费用	差旅费用	车辆费用	调整预算	预算总额
A 部门						
B 部门						
……						

附表 B-12　201X 年广播电视外派机构预算测算（差旅费用）

单位：万元

	人均差旅费基数	区位系数	人均发稿量系数	人均差旅费	人数	差旅费用总额
A 部门						
B 部门						
……						

附表 B-13　201X 年广播电视外派机构预算测算（车辆费用）

单位：万元

	小轿车数量	小轿车年费用标准	小轿车费用	越野车数量	越野车年费用标准	越野车费用	车辆总费用
A 部门							
B 部门							
……							

附录 C

附表 C-1　201X 年成本预算

所属中心	部门	栏目	编码	预算批复	预算调整	预算总额
新闻节目中心						
交通节目中心						
……						

附表 C-2　201X 年成本预算明细

预算部门：

指标编码	指标名称	初始预算	预算调整	预算总额	发生额	余额
	差旅费					
	劳务费					
	外购节目费					
	……					

附表 C-3　节目投入产出定额汇算

项目 / 节目名	定额（投入产出比）	月收入	月成本	实际投入产出比	差异
A 节目					
B 节目					
……					

附表 C-4　各类型电视节目分钟成本明细

单位：元

栏目类别	每分钟成本构成					
	合计	薪酬和劳务	食宿行	技术及物耗	外购节目费	其他
深度报道						
谈话类						
法制						
体育						
纪录片						
电视剧						
教学类						
动画片						
……						

附表 C-5　谈话类电视节目分钟成本明细

单位：元

栏目名称	每分钟成本构成					
	合计	薪酬和劳务	食宿行	技术及物耗	外购节目费	其他
艺术人生						
音乐人生						
文化视点						
心理访谈						
文明之旅						
面对面						
从我做起						
文化正午						
……						

附表 C-6　XX 部门及栏目成本构成

部门：新闻节目中心　　　　　　　　　　　　　　　　　　　单位：元

	采访部
分钟成本	
（一）稿酬及劳务	
在职员工薪酬	
聘用人员薪酬	
稿费、劳务费	
（二）食宿行费用	
节目误餐费	
差旅费	
住宿费	
市内交通费	
长期租车费	
其他交通费	
（三）技术及物耗	
办公耗材	
设备使用费	
机房使用费	
制景服化道费用	
邮电通信费	
房租费	
（四）外购节目费	
（五）其他	

附录

附表 C-7 广播电视节目成本核算

节目名称：　　　　　节目类型：　　　　　时长：　　　　　报表日期：　　年　月　日

成本项目	直接成本	间接成本	分摊管理成本	全成本	单位成本	
					每期	每分钟
人力成本						
制播成本						
营销成本						
其他成本						
合　计						

制片人：　　　　　　审核：　　　　　　制表：

附表 C-8 广播电视节目中间产品成本归集分配

直接采访费用	中间产品名称	中间产品成本	分配基础	产成品名称	产成品成本
采访活动 A	录音录像报道			节目 A	
				节目 B	
	现场连线			节目 A	
				节目 C	
	文字消息			节目 D	
	简讯			节目 B	
	……				
采访活动 B	录音录像报道			节目 A	
				节目 C	
	现场连线			节目 B	
				节目 C	
	文字消息			节目 B	
	简讯			节目 A	
	……				
……					

附表 C-9　广播电视节目沉没成本明细

沉没成本名称	部门	形成的原因	成本总额	差旅费	稿费劳务费	节目制作费	其他费用
采访 A							
采访 B							
……							

附表 C-10　购置节目费用比较

年份	合计	电视剧费用	境内购节目	境外购节目	报道权费
2015					
2016					
2017					
2018					
……					

附表 C-11　转播车使用统计

节目名称：　　　　　　　　节目类型：　　　　　　　　报表期间：　　年　月

设备名称	准备			录制		
	单价	时长	金额	单价	时长	金额
大转播车						
卫星车（使用卫星设备）						
卫星车（不使用卫星设备）						
广播随行车						
……						

附表 C-12　稿费、演播费汇总

XX 年 XX 月　　　　　　　　　　　　　　　　　单位：元

部门	节目名称	金额
总编室		
新闻节目中心		
策划部		
编辑部		
财经节目中心		
财经新闻部		
证券部		
交通节目中心		
新媒体中心		
……		

附表 C-13　稿费、演播费明细

编制单位：　　　　　　　　XX 年 XX 月　　　　　　　　　　单位：万元

编号	节目名称	稿件、访谈、图片、视听名称	稿件字数、访谈时长、图片数量	播出日期	嘉宾姓名	身份证号码	金额
1							
2							
3							
……							

部门负责人：　　　　　　单位版权部门：　　　　　　经办人：

附录 D

附表 D-1　XX 节目运行经费项目支出明细

项目单位：　　　　　　　　　　　　　　　　　　　　　　　　单位：万元

支出内容	金额	备注
项目总预算		
（一）节目制作经费		
1. 差旅费		
2. 演播人员劳务费		
3. 委托业务费		
4. 邮电通讯费		
5. 交通费用		
6. 职工培训费		
7. 材料费		
8. 其他节目制作经费		
（二）版权购置费		
1. 图书声音版权		
2. 演播者声音版权		
3. 音乐版权购置费		
（三）节目购置费		
（四）活动宣传推广费用		
（五）专用设备购置费		

附表 D-2　XX 网站运行项目预算明细

单位：万元

项目	金额	备注
项目总预算		
（一）网站运行费用		
1. 网部平台运行维护		
2. 微信内容制作		
3. APP 内容制作		
4. 手机 WAP 网站内容制作		
5. H5 视频视计制作服务		
6. 活动推广费用		
（二）机房专线租赁费		
1. 数据中心机柜和带宽租赁		
2. CND 服务租用		
（三）后台系统维护、安全保障		

附表 D-3　XX 网站运行项目绩效评价

年度目标				
总体目标	保证 XX 网站、微博、微信、客户端、手机 WAP 网信息有效更新及故障及时修复，及时审核内容，增强用户体验，保证系统全年稳定运行无故障率 99%，为 XX 体系建设奠定技术基础			
绩效指标	一级指标	二级指标	三级指标	指标值
	产出指标	数量指标	网站发布稿件数量	4 万条
		数量指标	APP 安装用户增量	8 万个
		时效指标	平台信息更新和故障修复时效	24 小时内
		质量指标	平台内容审核率	100%
		质量指标	重大安全事故	无
		质量指标	系统无故障率	99%
	效益指标	社会效益指标	不断完善 XX 体系建设，进一步丰富内容库，做好宣传报道	长期
		可持续影响指标	塑造 XX 的品牌理念，提升 XX 影响力	长期
	满意度指标	服务对象满意度指标	网民满意度	≥85%

附录 E

附表 E-1　201X 年人力资源分析报告

编制单位：

指标	单位	数量	比重
单位总人数			
机构设置			
内设机构			
直属机构			
按系统划分			
节目系统			
其中：编辑记者			
播音主持			
新媒体从业者			
技术系统			
按专业技术等级划分			
正高级职称			
副高级职称			
中级职称			
初级职称及以下			
按学历划分			
硕士及以上			
大学本科			
大学专科			
高中及以下			

附表 E-2　201X 年技术装备情况分析报告

编制单位：

序号	指标	数量		面积		可提供标准制作时长	
		单价	数量	单位	数量	单位	数量
一	演播室	个		m²		万小时	
二	数据中心	个				万小时	
三	服务器	台					
四	网络化制作系统	终站数（个）		在线容量 T			
五	播放传送系统设备 1 自动播出系统 2 转播车 3 卫星车 4 箱载式卫星地面站 5 箱载式移动转播系统	套 辆 辆 套 套				万小时 万小时 万小时 万小时 万小时	
	……						

附表 E-3　XX 单位内部控制基础评价自测报告

类别	评价指标	评价得分（举例）
单位层面（60分）	1. 内部控制建设启动情况（14分）	
	2. 单位主要负责人承担内部控制建立与实施责任情况（6分）	
	3. 对权力运行的制约情况（8分）	
	4. 内部控制制度完备情况（16分）	
	5. 不相容岗位与职责分离控制情况（6分）	
	6. 内部控制管理信息系统功能覆盖情况（10分）	
业务层面（40分）	1. 预算业务管理控制情况（7分）	
	2. 收支业务管理控制情况（6分）	
	3. 政府采购业务管理控制情况（7分）	
	4. 资产管理控制情况（6分）	
	5. 建设项目管理控制情况（8分）	
	6. 合同管理控制情况（6分）	
参评指标得分（100分）		
剔除不适用指标后评价得分		
内部沟通协同度（10分）		
总得分（110分）		
折算成百分制后最终得分		

附表 E-4　XX 单位内部控制基础性评价扣分项

类别	评价要点	评分细则	扣分分值	扣分原因
单位层面	1.2 开展内部控制专题培训（3分）	本单位应针对国家相关政策，单位内部控制制度，以及本单位内部控制拟实现的目标和采取的措施、各部门及其人员在内部控制实施过程中的责任等内容进行专题培训。仅针对国家政策进行培训的，本项只得1分；仅针对国家政策和单位制定制度进行培训的，本项只得2分		
	2.1 单位主要负责人主持召开会议讨论内部控制建立与实施相关的议题（2分）	单位主要负责人应主持召开会议讨论内部控制建立与实施的议题。单位主要负责人主持会议，但仅将内部控制列入会议议题之一进行讨论的，本项只得1分。单位主要负责人主持内部控制工作专题会议对内部控制建立与实施进行讨论的，本项得2分		
	4.1 建立预算管理制度（2分）	本单位预算管理制度应涵盖预算编制与内部审批、分解下达、预算执行、年度决算与绩效评价四个方面。每涵盖一个方面得0.5分。对于一个方面中包含两点的，如只涵盖其中一点，仍视为这个方面未涵盖		
	4.2 建立收入管理制度（2分）	本单位收入、管理制度应涵盖价格确定、票据管理、收入收缴、收入核算四个方面。每涵盖一个方面得0.5分		
	4.6 建立建设项目管理制度（2分）	本单位建设项目管理制度应涵盖项目立项与审核、概算预算、招标投标、工程变更、资金控制、验收与决算等方面。满分2分，每有一个方面未涵盖扣0.5分，直至扣完		
	4.7 建立合同管理制度（2分）	本单位合同管理制度应涵盖合同订立、合同履行、合同归档、合同纠纷处理四个方面。每涵盖一个方面得0.5分		
	6.1 建立内部控制管理信息系统，功能覆盖主要业务控制及流程（6分）	内部控制管理信息系统功能应完整反映本单位制度规定的各项经济业务控制流程，至少应包括预算管理、收支管理、政府采购管理、资产管理、建设项目管理、合同管理等方面业务事项。六个方面业务中每存在一个方面未覆盖到的，扣1分		

续表

类别	评价要点	评分细则	扣分分值	扣分原因
业务层面	8.1 收入实行归口管理和票据控制、做到应收尽收（2分）	本单位各项收入应由财会部门归口管理并进行会计核算；涉及收入的合同，财会部门应定期检查收入金额与合同约定是否相符；按照规定设置票据专管员，建立票据台账；对各类票据的申领、启用、核销、销毁进行序时登记。上述四个方面每存在一个方面没有做到的，扣0.5分		
	10.1 对资产定期核查盘点、跟踪管理（4分）	应定期对本单位的货币资金、存货、固定资产、无形资产、债权和对外投资等资产进行定期核查盘点，做到账实相符；对债权和对外投资项目实行跟踪管理。每存在一类资产未定期核查盘点或跟踪管理的扣1分，直至扣完		
	11.2 及时编制竣工决算和交付使用资产（2分）	本单位应在建设项目竣工后及时编制项目竣工财务决算，并在项目竣工验收合格后及时办理资产交付使用手续。每存在1个建设项目未及时编制竣工验收决算的，扣1分；每存在1个建设项目未及时办理资产交付使用手续的，扣1分，直至扣完		
	12.1 加强合同订立及归口管理（3分）	本单位应对合同文本进行严格审核，并由合同归口管理部门进行统一分类和连续编号。对影响重大或法律关系复杂的合同文本，应组织业务部门、法律部门、财会部门等相关部门进行联合审核。每存在1个合同不合规定的，扣1分，直至扣完		

附表 E-5　媒资系统数据分析

年　月

序号	类型	条数	上年同期	全年累计
	新闻			
	专题			
	声乐			
	器乐			
	戏剧			
	戏曲			
	曲艺			
	广播剧/电影/电视剧			
	综艺节目			
	配乐			
	专业素材			
	文献			
	音响效果			
	合计			

附表 E-6　媒资系统入库素材明细

年　月

素材（　　条）		
资料类型	正题名	条数
文学		
专题		
曲艺		

附表 E-7　媒资系统入库节目明细

年　月

频率	播出节目（　小时）		
	资料类型	正题名	时长/小时
	新闻		
	专题		
	文学		
	文献		

附表 E-8　201X 年无形资产汇总

编制单位：

序号	无形资产类型
	牌照
	商标
	品牌标识
	系统平台
	……

附表 E-9　201X 年无形资产明细

无形资产类型：商标

序号	资产编号	资产名称	所属部门	有效期限开始时间	有效期限结束时间	证书编号	经费来源	金额	主要内容
		XX 栏目							
		XX 频道							
		XX 频率							
		图形							
		图案							
		……							

附表 E-10 201X 年合同签署情况报告

编制单位：　　　　　　　　　　　　　　　　　　　　　　　　　　　　单位：件

	政府采购类合同	小型工程合同	著作权合同	服务类合同	对外经营合同
总编室					
综合办公室					
技术管理中心					
新闻节目中心					
财经节目中心					
……					

附表 E-11 201X 年法律投诉纠纷情况

编制单位：　　　　　　　　　　　　　　　　　　　　　　　　　　　　单位：起

类型	诉讼	仲裁	纠纷
新闻侵权类			
著件权类			
其他类			
……			

附表 E-12 201X 年法律投诉纠纷情况分析报告

类型：新闻侵权类

	发生时间	投诉问题	解决方案及后续结果
新媒体平台			
新闻节目中心			
财经节目中心			
……			

附表 E-13　201X 年 XX 地区主要频率频道收听收视率（周报、月报、年报）

排名	频率	收听收视率	日均收听收视规模(千人)	人均收听收视时长(千人)
	综合频率（道）			
	新闻频率（道）			
	经济频率（道）			
	……			

附表 E-14　201X 年 XX 频率频道收听收视率分析（周报、月报、年报）

排名	栏目名称	播出时段	收听收视率	总收听收视规模(千人)	日均到达规模(千人)
	……				

附表 E-15　201X 年 XX 频率频道特定对象收听率分析（周报、月报、年报）

排名	栏目名称	播出时段	总收听收视率	特定对象收听收视率	特定对象市场份额比
	……				

附表 E-16　201X 年内部审计报告（业务审核类）

编制单位：

业务内容	审核数量	审核金额	审减金额	备注
服务类合同				
小型工程类合同				
工程项目结算				
其他合同				
竣工决算审计				
……				

附表 E-17　201X 年内部审计报告（内部审计类）

编制单位：

审计对象	审计类型	审计范围	发现的问题	整改措施
单位本级	审计全覆盖			
所属企业				
A 企业	经济责任审计			
B 企业	离任审计			
二级机构				
A 中心	经济责任审计			
B 中心	离任审计			
……				

参考文献

[1] CHRISTENSEN C, ROSENBLOOM N. Explains the Auacker's advantage: technological paradigms, organizational dynamics, and the value network[J]. Research policy. 1997（24）: 223-257.

[2] GERADIN D. Regulatory issues raised by network convergence: the case of multi-utilities[J]. Journal of network industries, 2001（2）: 113-126.

[3] JOHNSON HT, KAPLAN RS. Relevance lost: the rise and fall of management accounting[M]. Boston: Harvard Business School Press, 1987.

[4] Maney K. Megamedia shakeout: the inside story of the leaders and the losers in the exploding communications industry[M]. New York: John Wiley &Sons, Inc, 1995（4）.

[5] MALHOTRA A. Firm strategy in converging industries: an investigation of US commercial bank responses to US commercial-investment banking convergence[D]. Doctorial thesis of Maryland University, 2001.

[6] PORTER M E. How competitive forces shape strategy[J]. Harvard business review, 1979, 57（2）: 137-145.

[7] SAULBERMAN. Media and entertainment 2010 seenario: the open media eompany of the future[J]. Strategy & leadershiP, 2004, 32（4）: 34-44.

[8]《中国总会计师》编辑部. 中国特色管理会计报告体系的构建[J]. 中国总会计师, 2016（1）: 49-51.

[9] 北京市新闻工作者协会. 中国媒体融合发展报告（2013）[R]. 北京: 中国铁道出版社, 2014: 53.

[10] 财政部编写组. 事业单位财务规则解读 [M]. 北京：中国财政经济出版社，2012.

[11] 蔡雯. 从"超级记者"到"超级团队"——西方媒体"融合新闻"的实践和理论 [J]. 中国记者，2007（1）：80-82.

[12] 国家新闻出版广电总局发展研究中心. 中国广播电影电视发展报告（2014）[R]. 北京：社会科学文献出版社，2014：172-174.

[13] 国家新闻出版广电总局发展研究中心. 中国广播电影电视发展报告（2015）[R]. 北京：社会科学文献出版社，2015：17，184.

[14] 葛静，王旸. 管理会计中小企业应用文献综述 [J]. 新会计，2018（4）：42-44.

[15] 胡正荣，李继东，唐晓芬. 全球传媒发展报告（2015）[M]. 北京：社会科学文献出版社，2015：83.

[16] 李本乾，刘强. 中国传媒国际竞争力研究报告（2015）[R]. 北京：社会科学文献出版社，2015：276-277.

[17] 李明，等. 中国管理会计报告体系的框架 [N]. 中国财经报，2015-07-28.

[18] 李明安，詹静涛. 事业行政财务管理 [M]. 北京：科学出版社，1998：58.

[19] 李扣庆. 管理会计应用必须坚持问题导向 [N]. 中国会计报，2015-04-24.

[20] 李天民. 管理会计研究 [M]. 上海：立信会计出版社，1994.

[21] 林洪美. 中国媒介组织绩效评估研究 [M]. 厦门：厦门大学出版社，2009.

[22] 刘峰. 由"全"到"融"：融合背景下 SMG 全媒体战略的深化路径 [J]. 电视研究，2017（4）：18.

[23] 刘佳庆. 青岛广电管理会计的实践与应用 [J]. 财务与会计，2017（7）：41.

[24] 刘志远. 管理会计学 [M]. 上海：立信会计出版社，2004.

[25] 刘积斌. 事业单位会计理论研究 [M]. 北京：中国财政经济出版社，1997：10.

[26] 罗伯特·S. 卡普兰，安东尼·A. 阿特金森. 高级管理会计 [M]. 大连：东北财经大学出版社，1999.

［27］罗杰·费德勒．媒介形态变化［M］．北京：华夏出版社，2000：78.

［28］吕长江．管理会计［M］．上海：复旦大学出版社，2006.

［29］马健．产业融合理论研究评述［J］．经济学动态，2002（5）：78-81.

［30］马克·波斯特．信息方式［M］．范静晔，译．北京：商务印书馆，2004：13.

［31］聂辰席．融合发展 一体创新——深入学习贯彻习近平同志关于媒体融合发展的重要论述［N］．人民日报，2014-10-09（7）.

［32］韩经纶，赵军．论品牌定位与品牌延伸的关系［J］．南开管理评论，2004（7）.

［33］秦凌志．管理会计的发展历程：一个文献综述［J］．财税研究，2014（30）.

［34］企业内部控制本书研究组．企业内部控制基本规范解读及应用指南［M］．北京：中国商业出版社，2009.

［35］邱国栋．公司发展战略［M］．北京：人民出版社，2005（3，86）.

［36］宋喜群，刘晓倩．探讨媒体融合与业务创新发展趋势［N］．光明日报，2014-08-05（9）.

［37］宋献中，彭美龄，李四海．基于全价值链的成本领先战略研究——格兰仕竞争之道［J］．中国注册会计师，2014（6）：45.

［38］孙茂竹，文光伟，杨万贵．管理会计学［M］．北京：中国人民大学出版社，2015.

［39］王敬松．我国广播电视管理体制及其改革［J］．研究纵览，2007（3）：87.

［40］王明轩．即将消亡的电视［M］．北京：中国传媒大学出版社，2009：35-77.

［41］魏静．中国传媒产业链整合［J］．经济视角，2007（8）：47-49.

［42］吴大军．管理会计［M］．大连：东北财经大学出版社，2013.

［43］武卫红，黄峥．浅议CNNTV-NEWS新媒体传播能力建设［J］．北京：电视研究，2014（7）：26-29.

［44］谢国明．融合发展 包容生长［N］．人民日报，2015-12-03（23）.

［45］徐立军．浅论人机传播在大众传播中的运用［J］．声屏世界，1996（12）：37-39.

[46] 许颖. 互动、整合、大融合——媒体融合的三个层次 [J]. 国际新闻界, 2006（7）: 32-36.

[47] 杨国瑞. 基于精细化视角的广播影视事业单位财务管理研究 [M]. 北京: 中国广播电视出版社, 2012（12）.

[48] 杨娟. 中国媒介生产融合研究 [M]. 北京: 中国广播电视出版社, 2014: 12.

[49] 杨溟. 媒介融合导论 [M]. 北京: 北京大学出版社, 2013: 47.

[50] 杨振宇, 阎文实. 饭店管理会计 [M]. 北京: 北京理工大学出版社, 2018: 3.

[51] 余绪缨. 现代管理会计是一门有助于提高经济效益的学科 [J]. 中国经济问题, 1983（4）.

[52] 喻国明, 王斌. 规制与突破: 传媒产业布局的演变路径 [J] 新闻与写作, 2007（4）: 9-11.

[53] 约翰逊, 卡普兰. 管理会计兴衰史——相关性的遗失 [M]. 北京: 清华大学出版社, 2004.

[54] 张春朗. 媒介融合与广电传媒发展策略 [M]. 北京: 中国广播影视出版社, 2015: 18.

[55] 周哲. 论企业技术创新战略的选择 [J]. 湖南大学学报, 2002（5）.

[56] 郑保卫, 樊亚平, 彭艳萍. 我国媒介融合研究的回顾与前瞻 [J]. 新闻传播, 2008（2）: 8-11.

[57] 植草益. 信息通讯业的产业融合 [J]. 中国工业经济, 2001, （2）: 24-27.

[58] 中共中央宣传部新闻局. 中国媒体融合发展的实践与探索 [M]. 北京: 学习出版社, 2015: 114-115, 184.

[59] 郑蔚. 中国电视媒体的管理和经营 [M]. 北京: 中国广播电视出版社, 2006: 37.

[60] 李贻良, 张建营. 中小企业资本运营 [M]. 北京: 中华工商联合出版社, 2009: 80.

[61] 张海明. 做好传媒与资本融合的乘法——湖北广播电视台的实践探索与

未来布局 [J] 传媒，2015（14）：3.

[62] 王凡，葛旭超."传媒＋文创"：智慧无锡产业园的运作模式 [J]. 视听界，2018（5）.

[63] 单文婷，朱万能. 区域新型主流媒体的融合发展 [J]. 视听界，2018（5）.

[64] 丘创，蔡剑. 资本运营和战略财务决策（第二版）[M]. 北京：中国人民大学出版社，2016：22-32，241-243，290-315.

[65] 李守武. 管理会计工具手册（第一册）[M]. 北京：中国财政经济出版社，2016：59-62.

[66] 金莉萍. 广播电视台融媒体云平台构建 [J]. 广播与电视技术，2019（6）：50-56.

后 序

出于一份情怀，几个长期在广播电视财务战线工作的同行凑在一起，试图为广播电视、媒体融合和管理会计之间搭建起一种机制和平台。由于时间、精力等原因，书稿几番往复、起起落落，付梓之际，感慨良多。

感谢参与本书编写的几位成员：周霖女士，高华中先生，付念桃女士，刘佳庆先生和梁海根先生。他们在繁重的工作之余，克服了巨大的困难，查阅资料，坚持写作，大家多次在一起研究讨论，反复修改，相互鼓励，没有他们的努力和支持，难以完成本书的研究和写作，衷心感谢大家的辛勤付出！

感谢王化成教授的悉心指导。王化成老师对于研究工作多次在百忙之中提出了许多宝贵意见，他严谨敬业的治学态度、科学求实的工作方法和厚重坚实的理论功底给了我很大的影响和帮助，使我受益良多，在此表示真诚的感谢。

感谢财政部会计司各位领导给予我们的宝贵机会，高一斌司长等司领导的鼓励至今仍回荡在耳际，崔华清处长等多次对研究工作给予关心、指导和帮助。

感谢国家广播电视总局财务司孟冬司长、金北宁副司长、王高峰副司长对本书的关心和指导，感谢原中国国际广播电台王文俊副台长、原中央电视台董为民总会计师、原中央人民广播电台张红梅总会计师、中国爱乐乐团朱立敏总会计师、国家广播电视总局机关服务局纪委书记王学民、中国电影科研所纪委书记陈晚鸿、厦门文广传媒集团总经理林鸿美和国家广播电视总局机关服务局朱立红、沙冬霞、何佳澄、李媛媛等对本书给予的宝贵意见和帮助。

感谢上海国家会计学院各位领导、专家和老师们的支持帮助，李扣庆院长、邱铁老师、叶小杰老师、赵云燕等领导和老师们热情的鼓励和悉心的支持、指导，使我们在学习和研究中不断得到启迪和鼓舞，也才有了研究的不断深入和进展。

在撰写期间，卜伟教授和周路雪同学对本书的研究方法、思路等给予了热情洋溢的帮助和支持，在此向他们表达深深的谢意。

本书研究期间，编写组部分成员工作岗位几次变动，不同的工作岗位和经历，既给本书写作不断带来新挑战，也不断从多维角度审视本书视野和撰写思路，更深感专业探索之无穷无尽，管理会计发展之日新月异，所研究之肤浅寡陋、前路漫长。书稿付梓之际正值祖国 70 年华诞，愿我们的一份初心和情怀能够为广播电视行业改革和发展奉献绵薄之力。

杨国瑞

2019 年 7 月 5 日